日本京都中國學與東亞文化

連清吉 著

臺灣 學生書局 印行

自序　古典文獻主義

　　1906 年京都大學創立文科大學，狩野直喜擔任中國文學教授，翌年，內藤湖南聘任為東洋史講師，開啟了京都中國學研究的端緒。一般以為京都的中國學是以清朝考據學為基底的科學實證之學。狩野直喜繼承太田錦城、海保漁村、島田篁村一派的考證學，潛心於清代乾嘉的學術與清朝的制度。內藤湖南則是遠紹章學誠、錢大昕的學問宗尚，以史學的角度綜觀中國的學術發展。其實京都學派的學問性格，特別是內藤湖南的學問，不純然只是考證而已；乃是在目錄學的基礎上進行旁徵博引、精詳考證，而建立通貫宏觀的歷史識見。又由於京都自古即是日本文化之所在，而且有與江戶中期以來考證學風的傳承，在此學術環境下，「學問與趣味兼容並蓄而渾然融合的研究，才能真正地理解中國文化」，則是京都學者的為學理念。故京都中國學的學問可以說是以科學實證為學問方法的經史文化之學。

　　內藤湖南應聘京都帝國大學東洋史講師以來，於安定的環境下，以學者的生活，貫徹其以中國學的沉潛為天職的志向，窮究其學識與精力於東洋史的研究，凝集其學問於以中國為中心的東洋文化史學。至於其在學問的研究上，則以中國的史學傳承為淵源，既以劉知幾所謂才學識的兼備為是鑽研歷史的素養，又以劉向、劉歆父子辨章學術考鏡源流的目錄學為史學的方法，章學誠的「獨斷」

為是史論的理論根據，而成就「通古今之變，成一家之言」的史學
究極。

狩野直喜的學術成就除以清朝考證學為機軸而樹立京都中國學
外，於敦煌學的草創、宋元戲曲和《紅樓夢》之俗文學與小說研究的
開拓和東方文化事業的策畫，堅持為學術而學術之理想而創立「東
方文化研究」（京都大學人文科學研究所的前身）等，都是具有開創性的不
朽的文化事業。京都中國學得以匹敵北京、巴黎而為世界三大漢學
中心之一，狩野直喜是居功厥偉的。雖然狩野直喜遭受「中國崇拜」
之譏，而其學問的根底及其學術成就即在中國學的沉潛與發揚。

內藤湖南與狩野直喜或可並稱為京都近代中國學的雙璧，二人
不但各有專擅，內藤湖南沉潛於東洋文化史與滿清史的研究，狩野
直喜則致力於中國經學、文學與清朝制度史的鑽研，又開啟日本研
究敦煌文物的先聲，且能為漢詩文而與當時中國的文人學者酬唱應
對。故其所窮究的是能與中國傳統知識分子比肩的通儒之學。其弟
子如武內義雄、青木正兒、神田喜一郎、宮崎市定、吉川幸次郎、
貝塚茂樹、小川環樹等人亦能繼承師學，既有堅實的學問素養，成
就博學旁通的學問，又能優遊於詩文藝術，進而樹立以實證為主體
的學風，建立日本近代中國學，與北京、巴黎分庭抗禮，並列為世
界漢學的中心。

究明京都中國學派之二祖（內藤湖南、狩野直喜）三宗（武內義雄、
宮崎市定、吉川幸次郎）的學問宗尚，即能理解日本近代中國學的究
竟。

連　清吉　2010 年 2 月序於長崎

日本京都中國學與東亞文化

目 次

前言：
京都中國學派的二祖三宗

關鍵詞 京都中國學　二祖　三宗　考證學　文化史學　東洋史學
中國思想史學

前言：京都中國學即考證學的再思

　　1906 年京都大學創立文科大學，狩野直喜擔任中國文學教授，翌年，內藤湖南聘任為東洋史講師，開啟了京都中國學研究的端緒。一般以為京都的中國學是以清朝考據學為基底的科學實證之學。❶狩野直喜繼承太田錦城、海保漁村、島田篁村一派的考證學，潛心於清代乾嘉的學術與清朝的制度。❷內藤湖南則是遠紹章

---

❶　狩野直喜說：「我（的學問）是考證學。」（小島祐馬〈通儒としての狩野先生〉《東光》第五號，1978 年 4 月）。興膳宏也說：所謂京都學派的學問，一言以蔽之是清朝考證學。（興膳宏：〈吉川幸次郎先生の人と學問〉，《異域の眼》，東京：筑摩書房，1995 年 7 月）。

❷　有關乾嘉考據的探討是狩野直喜《中國哲學史》（東京：岩波書店，1952 年

學誠、錢大昕的學問宗尚，❸以史學的角度綜觀中國的學術發展。其實京都學派的學問性格，特別是內藤湖南的學問，不純然只是考證而已；乃是在目錄學的基礎上進行旁徵博引、精詳考證，而建立通貫宏觀的歷史識見。❹又由於京都自古即是日本文化之所在，而且有與江戶中期以來考證學風的傳承，在此學術環境下，「學問與趣味兼容並蓄而渾然融合的研究，才能真正地理解中國文化」，❺則是京都學者的為學理念。❻故京都中國學的學問可以說是以科學實證為學問方法的經史文化之學。

一、內藤湖南（1866-1934）的學問

東洋的學問未以邏輯論理的思考與論述見長，然內藤湖南則是

---

12 月）一書最精彩的所在。又代表乾嘉以來學術之一的《左傳》《公羊傳》，狩野直喜也有《春秋研究》（東京：みすず書房，1994 年 11 月）的專著。至於清朝制度的論著則有《清朝制度與文學》（東京：みすず書房，1984 年 5 月）。

❸ 內藤湖南的學問是取法章學誠、錢大昕的記載，見於神田喜一郎的〈內藤湖南先生と支那上古史補遺三題〉，《敦煌學五十年》，東京：筑摩書房，1970 年 7 月。

❹ 以內藤湖南的學問為精審考證而又有宏觀識見的評論，見於神田喜一郎的〈內藤湖南先生と支那上古史補遺三題〉（《敦煌學五十年》所收）及內藤湖南著《日本文化史》（下）（講談社學術文庫 77，1976 年 11 月）所附的桑原武夫的解說。

❺ 神田喜一郎〈大谷瑩誠先生と東洋學〉，《敦煌學五十年》，東京：筑摩書房，1970 年 7 月。

❻ 狩野直喜兼治經傳文學，又能詩善文，書法也自成一家。內藤湖南於史學的著述外，也能為詩文和歌，更著有《支那繪畫史》，論述中國繪畫的歷史。

少數的例外。如以螺旋史觀考察東亞文化的發展，以歷史加上說探究中國古史傳說形成的軌跡，以通變史觀說明中國文化史的變遷等，皆為其體系化架構學問的表現。至於其所以能考竟時代地域的異同，辨明學術文化的原始本末，而成就一家之言，固然與其以中國史家的才學識兼備為學問的究極有深厚的關連，但是其個人的際遇，生存的時代，生活的地域，學問的意識亦不無決定的影響。

秋田師範畢業是內藤湖南的最高學歷，雖沒有接受大學的教育，卻也沒有所謂學派家學的束縛，乃能成就獨特的學問。上京以後的二十年雜誌編輯與記者的生涯，養成其博聞強記的根底。至於其生存的明治時代是文明開化的時代，西化革新是時代的風尚，學問方法的突破更新自然應運而生。任教大學至逝世的京都二十餘年歲月，成就了內藤的文化史學，既於傳統與現代之間，守成而創新，又在對抗於東京的學問意識下，融合西歐的合理主義、清朝的考證學與江戶時代的文獻主義而樹立以考證為基礎的日本近代中國學。

一八九九年三月遭祝融之災，所有的藏書付之一炬，內藤湖南遂稱以往所從事者皆為雜學，今後則專心致力於中國問題的研究。一九○七年應聘京都帝國大學東洋史講師以來，於安定的環境下，以學者的生活，貫徹其以中國學的沉潛為天職的志向，窮究其學識與精力於東洋史的研究，凝集其學問於以中國為中心的東洋文化史學。至於其在學問的研究上，則以中國的史學傳承為淵源，既以劉知幾所謂才學識的兼備為是鑽研歷史的素養，又以劉向、劉歆父子辨章學術考鏡源流的目錄學為史學的方法，章學誠的「獨斷」為是史論的理論根據，而成就「通古今之變，成一家之言」的史學究

極。❼

二、狩野直喜（1868-1947）的學問

　　狩野直喜是京都帝國大學文科大學草創期，樹立京都中國學派的主導性代表人物之一。❽狩野直喜生於明治元年，感受明治文明開化的時代風潮而成就其樹立新中國學的事業。其接受啟蒙教育的熊本「濟濟黌」異於藩校「時習館」之繼承儒家傳統而以武士道精神和皇室中心主義為校訓的學風，而以西洋之個人主義和自由主義為宗尚。又鑑於日本與中國、朝鮮的歷史文化淵源和挽救在全盤歐化的潮流下，東亞文化同體之共識逐漸衰微的頹勢而教授中國語和朝鮮語。因此突破創新與維護傳統的文化使命成為狩野直喜的血脈。❾

　　明治 25 年（1892）入學東京帝國大學文科大學漢文科，師事島田篁村（1838-1898），傾心於《皇清經解》的鑽研，沉潛於清朝考證學的探究，繼承大田錦城－海保漁村－島田篁村之考證學風，奠

---

❼ 有關內藤湖南的學問，參連清吉〈內藤湖南——日本近代的文化史學家〉，《笠征華甲紀念論文集》，臺北：臺灣學生書局，2001 年 12 月，頁 307-324。

❽ 高田時雄〈支那語學支那文學　狩野直喜〉，《京大東洋學の百年》，京都：京都大學學術出版會，2002 年 5 月，頁 4。有關狩野直喜的敘述頗參採之。

❾ 「濟濟黌」於中國語和朝鮮語的教授與對東亞歷史文化的重視，見狩野直喜〈佐佐先生胸像記〉：「夙思清韓與我關係緊密，設兩國語科，選生徒學習，且勸遊歷，以睹形勢。」（收載於《君山文集》卷五。）

定其與內藤湖南以清朝考證學建立京都中國學的基礎。**❿**

　　明治 34 年（1901）8 月留學上海，結識羅振玉，涉獵「亞洲文會」圖書館所藏歐洲東洋學的著作，洞察新方法的建立與新領域的開拓是西歐東洋學的精彩而為日本漢學闕如的所在。其知交於內藤湖南亦在此時。

　　明治 36 年（1903）4 月歸國，參與臺灣舊慣調查事業而編纂《清國行政法》，於狩野直喜以制度和文學的關係研究清朝文化而講述《清朝の制度と文學》有極大的影響。明治 39 年（1906）京都帝國大學文科大學創立，狩野直喜受命為文科大學，於哲學科教授中國哲學史，二年後，文學科成立，講授中國文學和中國語學的課程。明治 41 年（1908）至昭和 3 年（1928）退休，講述「清朝學術」「清朝經學」「清朝文學」「清朝制度と文學」「公羊研究」「左傳研究」「論語研究」「孟子研究」「兩漢學術考」「魏晉學術考」「支那小說史」「支那戲曲史」等。

　　狩野直喜的學術成就除以清朝考證學為機軸而樹立京都中國學外，於敦煌學的草創**⓫**、宋元戲曲和《紅樓夢》之俗文學與小說研究的開拓**⓬**和東方文化事業的策畫，堅持為學術而學術之理想而創

---

❿　小島祐馬〈通儒としての狩野先生〉（《東光》第 5 號，頁 7），高瀨武次郎〈君山狩野直喜博士を追慕す〉（《東光》第 5 號，頁 64）。

⓫　狩野直喜於敦煌學的成就，詳見神田喜一郎《敦煌學五十年》，東京：筑摩書房，1960 年。

⓬　狩野直喜有《支那小說史》《支那戲曲史》的講述，又有關中國小說與俗文學的主張，亦見於其所著的《支那文藪》，東京：弘文堂，1927 年出版，東京：みすず書房，1973 年補訂出版。

立「東方文化研究」（京都大學人文科學研究所的前身）⓭等，都是具有開創性的不朽的文化事業。京都中國學得以匹敵北京、巴黎而為世界三大漢學中心之一，狩野直喜是居功厥偉的。雖然狩野直喜遭受「中國崇拜」之譏，而其學問的根底及其學術成就即在中國學的沉潛與發揚。⓮

三、武內義雄（1886-1966）的學問

武內義雄，三重縣人，明治 40 年（1907）9 月，入學京都帝國大學文科大學支那哲學史講座，大正 12 年（1923）4 月，聘任東北帝國大學法文學部支那哲學史教授。昭和 3 年（1928）4 月，以《老子原始》獲得京都大學文學博士。昭和 17 年 5 月兼任帝國學士院會員，20 年 4 月任命宮內省御用掛，21 年 5 月自東北大學退休，24 年 3 月辭退宮內省職位，35 年 11 月獲文化功勞之表彰，39 年 11 月頒授二等旭日重光勳章。所著《老子原始》《諸子概論》《論語の研究》《易と中庸の研究》等書編纂成《武內義雄全集》十卷，於 1978、9 年，由角川書店出版。金谷治稱武內義雄是日本

⓭ 東方文化學院設立的經緯，詳參山根幸夫〈東方文化學院の設立とその展開〉（《論集中國研究》，東京：山川出版社，1981 年）。狩野直喜堅持學術文化理想的主張，見載於日本外務省外交資料館編《總委員會關係雜件》第 2 卷，京都大學《人文科學研究所五十年》。

⓮ 高田時雄〈支那語學支那文學　狩野直喜〉，《京大東洋學の百年》，京都：京都大學學術出版會，2002 年 5 月，頁 26。

樹立中國思想史方法的第一人。**⓯**

　　武內義雄授業於狩野直喜與內藤湖南，以清朝考證學與目錄學為學問的基礎，於嚴密的校勘與正確訓詁之上，進行辨章學術，考竟源流的研究，又繼承富永仲基、內藤湖南的「加上」學說，以原典批判的觀點展開古典文獻，特別是先秦諸子的考證，開啟日本近代中國學於諸子研究之先聲。博士論文的《老子原始》（1926 年）對《老子》原文與《史記・老子傳》進行批判性的論述，考證《老子》成書及老子存在的年代，又以《老子》散文與韻文混雜於一書之中，通過綿密的實證和體系性的分析內容，而提出《老子》有原始思想的部分和後世附加法家、兵家、縱橫家等思想的部分的結論。《論語の研究》（1939）則是武內義雄運用原典批判方法而進行文獻考證的代表性著作。不但利用伊藤仁齋和崔述的研究方法，對《論語》的字句章節進行考察，更以目錄學的方法，究明《論語》的來歷，提出今本《論語》二十篇可分成河間七篇本、齊魯二篇本、齊所傳七篇、《論語》原本所無三篇等四個部分，而以河間本（〈為政第二〉至〈泰伯第八〉）為最古資料的結論。至於探究周末以迄漢初之道家思想變遷的《老子と莊子》（1930 年），《易》和《中庸》於思想發展有共同背景的《易と中庸の研究》（1943 年），是武內義雄以文獻批判進行思想史研究方法的結晶。《支那

⓯　武內義雄之學術生平，參〈先學を語る──武內義雄博士──〉（《東方學》第五十八輯，1979 年 7 月，其後收入《東方學回想》Ⅴ，頁 187-211，東京：刀水書房，2000 年 4 月），金谷治〈誼卿武內義雄先生の學問〉（《懷德》27號，1966 年），金谷治〈武內義雄〉（《東洋學の系譜》頁 249-259，東京：大修館書店，1992 年 11 月）。

思想史》（1936 年，後改名《中國思想史》）是武內義雄樹立「思想史學」的代表作，甫一出版即翻譯成中文，與前後出版的馮友蘭的《中國哲學史》並稱為有關中國思想史的劃時代的代表著作。❶⑥為其門下金谷治與再傳弟子町田三郎先生發揚其學問，建立東北大學中國哲學史研究為當代日本諸子學研究之重鎮的地位。

四、宮崎市定（1901-1995）的學問

宮崎市定，長野縣人，1922 年 4 月入學京都帝國大學史學科，1944 年 5 月任京都大學文學部東洋史學教授，1947 年 4 月，以《五代宋代の通貨問題》獲文學博士，1958 年 5 月，以《九品官人法の研究》獲日本學士院賞。著有《宮崎市定全集》二十五卷等書。⑰

---

❶⑥　金谷治〈誼卿武內義雄先生の學問〉（《懷德》27 號，1966 年），金谷治〈武內義雄〉（《東洋學の系譜》頁 249-259，東京：大修館書店，1992 年 11 月）。

⑰　宮崎市定的生平著述參〈宮崎市定自訂年譜〉（《自跋集——東洋史學七十年》，東京：岩波書店，1996 年 5 月）、《東方學》2000 年 9 月第百輯所載的〈宮崎市定博士年譜〉、〈宮崎市定博士著書目錄〉，又關於其學問的介紹，則有日比野丈夫〈宮崎先生を偲んで〉、竺沙雅章〈宮崎先生の追憶〉、横山修作〈宮崎先生を憶う〉（皆收於《東方學》1996 年 1 月第 91 輯），〈先學を語る—宮崎市定博士—〉（《東方學》2000 年 9 月第百輯），島田虔次〈宮崎史學の系譜論〉（《宮崎市定全集》月報 25，東京：岩波書店，1994 年 2 月），礪波護、間野英二〈東洋史學宮崎市定〉（《京大東洋學の百年》，京都：京都大學學術出會，2002 年 5 月）。尤其是《自跋集——東洋史學七十年》是理解宮崎市定學問性格的最佳資料。

　　宮崎市定以博通的視野廣泛地涉獵中國的政治、社會、經濟的歷史變遷，又潛心於西域的研究。於中國社會經濟史的研究，提出「景氣變動史觀」以考察社會、經濟、政治等文化現象的變遷，又蒐集西亞的文獻，學習阿拉伯文，以探究東西文化交流關係的歷史，為當時研究東西關係史的第一人。因此宮崎市定不只是中國史學家而是東洋史學家。一般以為宮崎市定是內藤湖南史學的繼承者，但是宮崎市定自稱就客觀的考察事物，徹底的解讀史料之研究方法而言，其比較接近桑原隲藏。❶❽

　　宮崎市定的學問性格是精細的個別實證研究和闊達雄渾的通史性敘述，進而強調通史為史學家的究極。❶❾因此，其於中國歷史的研究，是以實證的方法考察政治、經濟、社會等個別分野的變遷，進而體系性的架構中國史學的發展脈絡，探究中國歷史於世界的定位。至於洞察西亞的歷史性意義，即是以通史為史學家究極的產物。

　　礪波護將宮崎市定七十年的講述生涯區分為「一九二九年四月〈上海から廣東まで〉的遊紀到一九四五年夏日本敗戰的二十年」，「戰後至一九六五年京都大學退休的二十年」，「退休以

---

❶❽　宮崎市定《アジア史研究　第一・はしがき》。又島田虔次於〈宮崎史學の系譜論〉指出：宮崎市定的學問淵源於狩野直喜的漢文修養和中國制度史研究、內藤湖南的中國史學論和桑原隲藏的史學方法論。（《宮崎市定全集》第二十四卷月報二十五，東京：岩波書店，1994 年 2 月，其後收入島田虔次《中國の傳統思想》，東京：みすず書房，2001 年 5 月，頁 329-337。）

❶❾　《宮崎市定全集・刊行にあたって》。

後，優遊自適於著述的三十年」等三個時期。❷

　　第一期的學問成就在於中國經濟制度史和東西關係史的研究。當時的京都帝國大學東洋史的研究以內藤湖南之文化史學為主導，而未留意東京大學加藤繁所開拓的經濟史研究領域。宮崎市定乃從制度史的角度來探討中國經濟發展的軌跡。其於賦稅制度的考察，有〈晉武帝の戶調式に就いて〉（1935 年）一文，提出唐代均田制起源於晉的占田課田制，進而上溯三國魏的屯田制度。至於〈五代宋初の通貨問題〉（1943 年）的博士論文則是其經濟制度史研究的大成。

　　宮崎市定於中國古代史的研究方法是內藤湖南「文獻學」與濱田耕作「考古學」的結合。其自稱有關中國賦稅制度的〈古代支那賦稅制度〉（1933 年）與城郭起源試論之〈支那城郭の起源異說〉（1933 年）是「紙上考古學」。雖然如此其於〈支那城郭の起源異說〉所謂「中國亦有如希臘之都市國家存在」的提出則是日本東洋史學界的先聲。其後著作《東洋における素樸主義の民族と文明主義の社會》（1940 年）不但說明古代以來東洋世界之北方遊牧民族與南方農耕定著社會的抗爭未必只是生活方式和經濟發展程度的差異，更是根植於民族深層之人生觀殊異的對抗，對於中國社會的特質，如中國文明的發祥地與山西省解池消費地域有密接的關連，春秋時代亦有如希臘城郭都市生活營為的強調，都有其獨創性的見解。

---

❷　礪波護、間野英二〈東洋史學宮崎市定〉，《京大東洋學の百年》，京都：京都大學學術出會，2002 年 5 月，頁 220-250。

1936 年 2 月至 1938 年 8 月的二年半歐洲訪問研究是宮崎市定學術生涯的重要關鍵。**㉑**宮崎市定於大學畢業時，其師桑原隲藏屬其研究東西關係史的問題，由於未體認到西亞研究的意義和重要性而專致於中國社會文化史的研究。但是兩年在外研究，與西方學者的交流，東西史料文獻的調查，收藏銅版畫等東洋趣味的藝術品和東西方地圖，又走訪歐洲各地美術館和博物館，目睹文藝復興時期的歐洲文明，而埋首於東西關係史的研究。著述〈東洋のルネサンスと西洋のルネサンス〉（1938 年）〈十八世紀フランス繪畫と東亞の影響〉（1947 年）〈毘沙門天信仰の東漸に就て〉（1941 年）等有關東西藝術、宗教的問題，至於《菩薩蠻記》（1944 年）既記載西亞旅行的見聞，又概述西亞的歷史。其於西亞歷史的研究是日本人論述西亞歷史的先驅。

宮崎市定的第二期學術成就是「景氣變動史觀」的建立。當時的日本中國史學界盛行以唯物史觀作為研究的根據，於中國歷史的時代區分也有所論爭。宮崎市定著述《東洋的近世》（1950 年），從東西文化關係的觀點，強調東洋的近世是國民主義（nationalism）勃興的時代，又在內藤湖南所未涉及之社會經濟史的領域，以實證的方法究明五代至明清朝之社會經濟的特徵及其異於中世的所在，以補足內藤湖南宋代為中國近世的主張。宮崎市定於六十歲時，在歐美講學的兩年，目睹景氣變動對社會各方面的影響，於是蘊釀以

㉑ 間野英二〈宮崎市定の西アジアへの親近感〉，收載於礪波護、間野英二〈東洋史學宮崎市定〉，《京大東洋學の百年》，京都：京都大學學術出會，2002 年 5 月，頁 240-250。

景氣變動探究中國歷史、經濟、文化的古今變遷。1963 年，宮崎市定以「中國史上の景氣變動」為題，強調以「景氣變動史觀」作為中國時代區分和經濟史的研究方法。於吉川幸次郎《宋詩概說》的書評（1963 年）將「景氣變動史觀」公諸於世。〈六朝隋唐の社會〉（1964 年）概述「景氣變動史觀」的主旨所在。《大唐帝國——中國の中世》（1968 年），《中國史》（1978 年），〈景氣と人生〉（1990 年），《宮崎市定全集第一卷·自跋》（1993 年）詳細地敘述「景氣變動史觀」的主旨，進而以之論述世界史的體系。因此，六十歲以後的三十年，「景氣變動史觀」是宮崎史學最重要的主張。

宮崎市定自京都大學退休以後，專致於論著的執筆，《論語の新研究》（1974 年）是史家以實證精神解讀古代文獻的代表性成果，《アジア史論考》三卷（1976 年）是東西文化關係史研究的結晶，《宮崎市定全集》（1991-1994 年）樹立其於「日本東洋史學的巨峰」的地位。

五、吉川幸次郎（1904-1980）的學問

吉川幸次郎出生於神戶。大正 12 年（1923）4 月，入學京都帝國大學文學部。昭和 3 年（1928）2 月，隨狩野直喜往赴中國而留學北京，6 年 2 月，旅遊江南。其間，嘗造訪黃侃、張元濟等人，4 月歸國，受聘東方文化學院京都研究所（今京都大學人文科學研究所）所員。22 年（1947）4 月，以《元雜劇研究》獲得文學博士，6 月就任京都帝國大學文學部中國語學中國文學教授。26 年 1 月任日本

學術會議會員，39 年 1 月任日本藝術院會員。42 年（1967）3 月退休，翌年 3 月，自編《吉川幸次郎全集》二十卷，4 月起，由筑摩書房逐月刊行一卷。❷44 年 5 月獲法國學士院頒授 Stanislas Julian 賞，11 月獲文化功勞之表彰，46 年（1971）1 月獲贈朝日賞，49 年 4 月頒授二等旭日重光勳章。

　　吉川幸次郎是研究杜甫的權威，這是周所皆知的事，然而具有通古今之變的史觀，運用清朝考證學與歐洲東方學術研究的方法論，分析東西方於中國文學研究的優劣長短，以嚴密的考證與細緻的賞析，重新評述既有的研究成果，開拓新的研究領域，則是其成就一家之言，為日本近代以來研究中國文學的大家的所在。

　　吉川幸次郎自昭和 22 年（1947）起，開始於京都帝國大學文學院講授杜詩❷，主持杜甫讀書會，有關杜甫的著作收集於《吉川幸次郎全集第十二卷·杜甫篇》，自京都大學退休後，則從事杜詩的注釋，自稱要全部注釋完成得活到一百多歲，臨終前五日囑其弟子

---

❷　《吉川幸次郎全集》二十卷於昭和 45 年（1970）全部刊行，48 年至 51 年又刊行《增補吉川幸次郎全集》二十四卷。平成 7 年（1995）至 8 年 4 月，弟子興膳宏又編纂《吉川幸次郎遺稿集》三卷、《吉川幸次郎講演集》一卷，平成 9 年（1997）10 月起，再出版《決定版吉川幸次郎全集》二十八卷，皆由筑摩書房刊行。有關吉川幸次郎的學術生平，參桑原武夫、興膳宏等編《吉川幸次郎》（東京：筑摩書房，1982 年 3 月），〈先學を語る—吉川幸次郎博士—〉（東京：《東方學》第七十四輯，1987 年 7 月，其後收入《東方學回想》V，頁 147-173，東京：刀水書房，2000 年 4 月）。

❷　筧久美子〈吉川幸次郎遺稿集第二卷解說·付錄·吉川幸次郎先生京都大學文學部講義題目一覽〉，《吉川幸次郎遺稿集》第二卷，東京：筑摩書房，1996 年 2 月，頁 576-582。

小南一郎校正《杜甫詩注》第四冊。❷其於杜甫研究的執著由此可以窺知一二，至於杜詩的用語、對仗、音律、意境亦有細微的分析，故可謂之為杜甫千載之後的異國知己。吉川幸次郎不但執著地說：他是「為讀杜甫而誕生於人間世」❷的，也自負地說：「注釋杜甫要有錢牧齋的學識與見識，今日可以解析杜詩的除我之外無他」。

結語：
京都中國學是以通變史觀為主眼的文化史學

內藤湖南與狩野直喜或可並稱為京都近代中國學的雙璧，二人不但各有專擅，內藤湖南沉潛於東洋文化史與滿清史的研究，狩野直喜則致力於中國經學、文學與清朝制度史的鑽研，又開啟日本研究敦煌文物的先聲，且能為漢詩文而與當時中國的文人學者酬唱應對。故其所窮究的是能與中國傳統知識分子比肩的通儒之學。其弟子如武內義雄、宮崎市定、吉川幸次郎等人亦能繼承師學，既有堅實的學問素養，成就博學旁通的學問，又能優遊於詩文藝術，發揮京都中國學的學問性格，使京都的中國學得與北京、巴黎分庭抗禮，並列為世界漢學的中心。

---

❷ 小南一郎〈吉川幸次郎先生鎮魂〉，《吉川幸次郎》，東京：筑摩書房，1982 年 3 月，頁 203。《杜甫詩注》共出版五冊，第五冊是以遺稿刊行問世的。

❷ 黑川洋一〈杜甫と吉川先生と私〉，《吉川幸次郎全集第十二卷・月報》，東京：筑摩書房，1968 年 6 月，頁 6。

狩野直喜：
京都中國學的創始者

關鍵詞　考證學　心得之學　戲曲小說　公羊學　清朝學術　創始
京都中國學

一、狩野直喜的學術生平

　　狩野直喜（1868-1947）是京都帝國大學文科大學草創期，京都
中國學的創始者。❶明治元年，出生於熊本。就學的「濟濟黌」鑑
於日本與中國、朝鮮的歷史文化淵源，在東亞文化同體之共識的理
念下，開授中國語和朝鮮語的課程。因此突破創新與維護傳統的文
化使命成為狩野直喜的血脈，符應明治傳統與開新並立的時代思潮

---

❶　高田時雄〈支那語學支那文學　狩野直喜〉，《京大東洋學の百年》，京都
　　大學學術出版會，2002 年 5 月，頁 4。有關狩野直喜的敘述頗參採之。

新，樹立代表明治時代之中國學，是狩野直喜終身的志業。❷

　　明治 25 年（1892）入學東京帝國大學文科大學漢文科，師事島田篁村（1838-1898），傾心於《皇清經解》的鑽研，沉潛於清朝考證學的探究，奠定其以清朝考證學建立京都中國學的基礎。❸

　　明治 34 年（1901）8 月留學上海，結識羅振玉與西方漢學家，涉獵「亞洲文會」圖書館所藏歐洲東洋學的著作，洞察新方法的建立與新領域的開拓是西歐東洋學的精彩，體認實證的學問乃是明治漢學研究新取向。其知交於內藤湖南（1866-1934）亦在此時。

　　明治 36 年（1903）4 月歸國，參與臺灣舊慣調查事業而編纂《清國行政法》，於狩野直喜以制度和文學的關係研究清朝文化而講述「清朝の制度と文學」有極大的影響。明治 39 年（1906）京都帝國大學文科大學創立，狩野直喜受命為文科大學，於哲學科教授中國哲學史，二年後，文學科成立，講授中國文學和中國語學的課程。明治 41 年（1908）至昭和 3 年（1928）退休，講述「清朝學術」「清朝經學」「清朝文學」「清朝制度と文學」「公羊研究」「左傳研究」「論語研究」「孟子研究」「兩漢學術考」「魏晉學術考」「支那小說史」「支那戲曲史」等。

　　狩野直喜的學術成就除以清朝考證學為機軸而樹立京都中國學

---

❷　「濟濟黌」於中國語和朝鮮語的教授與對東亞歷史文化的重視，見狩野直喜〈佐佐先生胸像記〉：「夙思清韓與我關係緊密，設兩國語科，選生徒學習，且勸遊歷，以睹形勢。」（收載於《君山文集》卷五。）

❸　小島祐馬〈通儒としての狩野先生〉，《東光》第 5 號，頁 7，高瀨武次郎〈君山狩野直喜博士を追慕す〉，《東光》第 5 號，頁 64。

外，於敦煌學的草創❹、宋元戲曲和《紅樓夢》之俗文學與小說研
究的開拓❺和東方文化事業的策畫，堅持為學術而學術之理想而創
立「東方文化研究」（京都大學人文科學研究所的前身）❻等，都是具有
開創性的不朽的文化事業。京都中國學得以匹敵北京、巴黎而為世
界三大漢學中心之一，狩野直喜是居功厥偉的。雖然狩野直喜遭受
「中國崇拜」之譏，而其學問的根底及其學術成就即在中國學的沉
潛與發揚。❼

二、京都中國學的創始及其意義

狩野直喜生於明治維新的前一年，明治 28 年（1895）畢業於東
京帝國大學文科大學漢文學科。受到明治初期「文明開化」運動的
影響，漢學研究也不例外。中國學「文明開化」的走向及意義的設
定，是漢學研究者的究極關懷。狩野直喜或祖述鄉里前賢松崎慊堂
提倡漢唐注疏的學風，又接受島田篁村清朝經學的啟蒙，留學清

---

❹　狩野直喜於敦煌學的成就，詳見神田喜一郎《敦煌學五十年》，東京：筑摩
　　書房，1960 年。

❺　狩野直喜有《支那小說史》《支那戲曲史》的講述，又有關中國小說與俗文
　　學的主張，亦見於其所著的《支那文藪》，東京：みすず書房，1973 年。

❻　東方文化學院設立的經緯，參山根幸夫〈東方文化學院の設立とその展開，
　　《論集中國研究》，山川出版社，1981 年。狩野直喜堅持學術文化理想的主
　　張，記載於日本外務省外交資料館編《總委員會關係雜件》第 2 卷，京都大
　　學《人文科學研究所五十年》。

❼　高田時雄〈支那語學支那文學　狩野直喜〉，《京大東洋學の百年》，京
　　都：京都大學學術出版會，2002 年 5 月，頁 26。

國，目睹清朝學術風尚，以超越江戶幕府以來所持續的御用儒學，採用實證科學方法研究中國文化。即排斥因襲配合官府宰制，以修齊治平為理想而導入施行中國文化的儒學，而以經典批判之文獻考證的立場，客觀的究明中國文化本質為究極。故捨棄易流於空疏的宋明理學而繼承考證的學風，提倡復興漢代古學的新漢學。當時東京的中國學研究者雖志於中國學研究的革新，依然不能免於幕府三百年以宋明儒學為主流的因襲，因此，新漢學的旗幟不能鮮明高舉。

狩野直喜自稱其學為「支那學」，取義與西方「Sinoligy」相近，「支那」和「Sin」「China」語意同源，為世界所廣用，古代中國佛教信徒亦曾使用。支那學於大正末年至昭和初期，以京都大學為中心而盛行。「支那學會」結合研究文史哲各領域的俊秀，於昭和 10 年（1953）之時，會員超過 300 人。刊行《支那學》，登載世界漢學研究的成果。又由弘文堂發行「支那學叢書」，出版教授學人的專著和還曆退官記念論文集。故新村出編輯《廣辭苑》，盛稱狩野直喜是「京都支那學的始祖」。

狩野直喜取向於歐美漢學研究者專事研究的態度，以研究不涉及政治世事為前提，即以最純粹的中國及中國文化的研究為究極。學問的方法則以科學實證探究中國文化為主旨，上自古代下及清末，既沉潛古典儒雅的經傳詩文，也涉獵戲曲小說的俗文學。❽

---

❽ 有關狩野直喜支那學的創始及其意義的論述，參宮崎市定《清朝の制度と文學・解說》，東京：みすず書房，1984 年 5 月，頁 440-445。

三、狩野直喜的中國學講述

狩野直喜述而不作，傳世論述大抵是大學授課的講稿，死後為門下弟子或子嗣整理刊行的。❾明治 39 年（1906），京都帝國大學文科大學（文學院）設立，狩野直喜受任中國哲學史研究室教授，翌年，招聘內藤湖南任教東洋史學，二人開創與東京學風迥異的中國學。東京繼承江戶儒學，主於宋明理學的講述立說，京都則結合江戶考證、西歐實證與清朝考據而樹立古典文獻考證和原典批判的東洋學。至於學問領域，不但繼承日本古代以經學為主流的傳統，又開拓清朝研究、中國學術史、敦煌學與戲曲小說之俗文學等新領域。因此，京都中國學不但是日本近代中國學的象徵，也與北京、巴黎並稱為世界漢學研究的中心之一。茲從中國文學、經學、學術史的研究，探究狩野直喜中國學的究竟。

㈠中國文學研究

《支那文學史》是狩野直喜於明治 41 年（1908）9 月，京都帝國大學文科大學開設以來，授課的講稿，由吉川幸次郎和狩野直禎

---

❾　《中國哲學史》（1952 年 12 月，東京：岩波書店）、《兩漢學術考》（1964 年 11 月，東京：筑摩書房）、《魏晉學術考》（1968 年 1 月，東京：筑摩書房）、《支那文學史》（1970 年 6 月，東京：みすず書房）、《支那學文藪》（1973 年 4 月，東京：みすず書房）、《論語孟子研究》（1977 年 3 月，東京：みすず書房）、《漢文研究法》（1979 年 12 月，東京：みすず書房）、《讀書纂餘》（1980 年 6 月）、《清朝の制度と文學》（1984 年 6 月，東京：みすず書房）、《支那小說戲曲史》（1992 年 3 月，東京：みすず書房）、《春秋研究》（1994 年 11 月，東京：みすず書房）。

根據狩野直喜四種原稿和青木正兒的聽講筆記編輯而成，於 1970
年 6 月出版刊行。❿全書有〈總論〉，分論中國文學的範圍、從修
辭看中國文學的特色、中國文字的起源以及〈孔子以前的文學思
想〉、〈春秋戰國時代的文學〉、〈秦漢文學〉和〈六朝文學〉等
四編、二十一章、五十二節，綜述上古以迄六朝文學的特質。吉川
幸次郎強調此書具有創始性的意義，著述的旨趣則在於以沉潛之
功，成就洞察的法眼，進而建立「心得」的主張。至於狩野直喜儒
雅與文雅兼備而「風神」颯爽的學人風格，亦洋溢於字裏行間。⓫
所謂「創始」是就成書年代和文學研究領域的開拓而言。洞察的前
提是中國古典文學作品的熟讀和字義與內涵的正確理解，重視文學
形成的時代背景，考究文學的繼承發展，確立其價值序列。洞察的
所在是超離日本漢學的歪曲和缺失，直指中國文學的本質，樹立中
國文學的價值基準。又與其他文明比較，認識中國文明的特殊性及
特有的價值。至於「心得」則是中國文明的價值在於感性的尊重，
又以中國古典詩文的涵養作為創作詩文的源泉和養分的學問態度，
主張中國古典詩文的特質是「儒雅」，進而推崇沉潛於理性與知性
鍛鍊的緻密性詩文為中國古典文學的極致。⓬

　　狩野直喜於明治 41 年（1908）9 月於京都帝國大學文科大學

---

❿　狩野直禎《支那文學史・あとがき》，《支那文學史》，東京：みすず書
　　房，1970 年 6 月，頁 473、474。

⓫　吉川幸次郎《支那文學史・解說》，同上，頁 461-472。

⓬　狩野直喜《支那文學史》具有「創始」「洞察」的意義，以「心得」體認中
　　國文學「儒雅」特質的評價，見吉川幸次郎《支那文學史・解說》，同上，
　　頁 461-472。

（即文學院）的「普通講義」（相當於共同科目、通識課程）講授中國古代至六朝的文學史，大正 5 年（1916）至 11 年（1922）在「特殊講義」（中國文學、中國哲學系所的專業科目）先後講授「中國小說史」（大正 5 年）、「中國戲曲史」（大正 6 年）「清朝文學」（大正 11 年）。其於中國文學史的講述雖晚於古城貞吉《支那文學》（明治 30 年）、久保天隨（1875-1934）《支那文學史》（明治 36 年）和英人 H.D. Giles 的《Chines Literuture》（1901 年），而早於中國於辛亥革命以後有關中國文學史的諸著述，和德人 Will. Grube 的《Geschichte Chinesischen Literatur》（1909 年）。至於司馬相如以迄六朝徐陵、庾信之辭賦駢文的講述，是日本江戶漢學以來未嘗論述及之的領域，小說、戲曲史的講述，不但是京都中國文學研究的先河，其後，由於青木正兒、吉川幸次郎與小川環樹❸的繼承發揚，與久保天隨、鹽谷溫（1878-1962）相互輝映，中國傳奇小說和戲曲雜劇的研究遂成為日本大正到昭和前期（戰前）中國文學研究

❸ 青木正兒有《支那近世戲曲史》（收載於《青木正兒全集》第三卷，東京：春秋社，1972 年 9 月）《元人雜劇序說》《元人雜劇》（收載於《青木正兒全集》第四卷，東京：春秋社，1973 年 5 月），吉川幸次郎有《元雜劇研究》（收載於《吉川幸次郎全集》第十四卷，東京：筑摩書房，1968 年 9 月），小川環樹有《中國小說史の研究》（東京：岩波書店，1948 年 11 月）。久保天隨以《西廂記の研究》獲得文學博士學位，又有《支那戲曲研究》（東京：弘道館，1928 年 9 月）《支那文學史（稿本）》（東京：早稻田大學出版會，1903 年 8 月），《支那文學史》（東京：博文館印刷所，平民書房發行，1907 年 2 月）的專著。鹽谷溫於大正 2 年在東京大學講述「支那戲曲概論」，8 年以後，論著〈支那劇の發展〉、〈宋の雜劇〉、〈支那戲曲の沿革〉，翻譯《琵琶記》《桃花扇》《剪燈新話》等書。

的顯學。而清朝文學的論述，不但是日本的先驅，也早於中國和西方。再者，有關禮的論述是日本漢學研究最為疏漏的所在，狩野直喜於明治 36 年（1903）4 月中國留學歸國後到赴任京都帝國大學教授（明治 39 年）之前的三年間參與臺灣總督府調查臺灣舊慣事業，從事《清國行政法》的編纂，以故，精詳於中國的法制史，講述「清朝制度」（收載於《清朝の制度と文學》）「三禮」（收載於《支那文學史》第三編〈春秋戰國時代の文學〉第三章〈經書の文〉第四節〈禮〉），又論述〈禮經と漢制〉〈我朝における唐制の模倣と祭天の禮〉〈清朝地方制度〉（收載於《讀書纂餘》），獨樹徽幟。至於先秦經書和諸子文學價值（收載於《支那文學史》第二編〈春秋戰國時代の文學〉第三章〈經書の文〉第五章〈諸子の文〉）的提出，也是前人所未發。就此意義而言，狩野直喜於中國文學史的講述，是有創始意義的。

　　狩野直喜以為日本江戶以來漢學研究的偏差，起因於根據「日本的氣質」而取捨選擇，導致遠離中國文學本來的價值基準。如日本漢學歷來偏重《唐宋八大家文》《文章規範》等平易的選本，徂徠古文辭學派重視明代文學而輕蔑清朝文學的傾向，喜好如賴山陽感情瀉灑恣放的散文或幕末尖艷的詩風等流俗，皆未能體得中國文學的核心本旨❶乃異於歷來的好惡取捨，留意中國文學繼承發展的流衍，祖述顧炎武的「世風」說，重視文學形成的時代精神，重新選別時代主流的文學體裁，講述漢魏辭賦、六朝騈文、宋元戲曲

---

❶　狩野直喜重視「風神」（法文 "raffine"）而嫌惡「粗略」（法文 "sauvage"），故以為明代文學粗略，不是中國文學的本質。見吉川幸次郎《支那文學史・解說》，同上，頁 466。

雜劇、明清小說。又比較世界主要文明，強調中國文明的價值在於感性的尊重，而在古典文學的具現，則是「儒雅」的內涵。其於經書解釋的取向，不採江戶儒學之以程朱宋學為中心的學風，而尊重漢魏古注和唐代正義。如講述《詩經》而評論朱注得失，說：「朱子學之所以傾向於道德意識的嚴肅主義，乃取重於道德而排斥感情之所致。」**⑮**其以為「中國文明的形態是文學與哲學密接相關而發展的」，**⑯**哲學的論述蘊含著文學的感性，文學的創作亦以儒雅為內涵，而以文雅的表現為正統。狩野直喜強調「儒雅」是中國文學的本質，「儒」是古典文學所內涵的理性和知性，「雅」是洗練（法文的 raffine）而蘊藏著優雅郁鬱的芬芳。經過理性與知性鍛鍊的緻密詩文才是中國古典文學的上乘。沉潛於中國的古典文學的蘊涵，主張「儒雅」與「文雅」的融貫是中國文明異於其他文明的特質所在，此為狩野直喜的「心得」。其於詩文創作與書帖運筆亦以洗練優雅去蕪存菁的本質是尚，《君山文》《君山詩草》了無江戶漢詩文雜駁粗略的弊端，措辭與構思的純熟和緻密能與中國詩家文人比肩，書帖師法清朝劉墉和翁同龢，超脫日本低俗的習氣，於「重厚中有婀娜之姿，雄渾而溫潤」。**⑰**

---

⑮ 《支那文學史》第二編〈春秋戰國時代の文學〉第三章〈經書の文〉第三節〈詩〉，頁81。

⑯ 《支那文學史》〈總論〉第一節〈支那文學の範〉，頁3-4。

⑰ 狩野直喜漢詩文的評價，見吉川幸次郎《支那文學史·解說》，同上，頁469。書帖風格的評論，見桑原武夫〈君山先生〉，先後收載於《東光》第5號，1948年4月，頁92-98，《桑原武夫集》第二卷，岩波書店，1980年5月，頁389-404。

　　狩野直喜為何以中國古典的沉潛為學問的根底，以中國文明本質的探求為終身的職志，甚至戲言「恨不生於中國」⓳。蓋與其所生、所學、所遊、所遇的人生際遇和文化主體性的自覺認同有密接的關連。狩野直喜生於熊本，幕末熊本的學術風尚自由開放，藩學雖以朱子學為主，而古學、實學、陽明學等諸學兼容備蓄。高中的外國語教育，除了英語以外，也顧慮熊本的地理形勢和對外關係，開授中國語和韓國語。狩野直喜幼習漢文，高中兼修英語和中國語。明治 25 年（1892）入學東京帝國大學文科大學漢文科，當時東京大學以英語為授課，非通曉英語者，不能入學，可知狩野直喜於英語的熟練。至於漢文科的選擇則與幼學習染不無關係。在學期間，敬仰島田篁村祖述清代經學的學問，而傾心於《皇清經解》的鑽研，樹立以清朝考證學為基底而探究中國文化學術本質的學問宗尚。明治 34 年留學上海，體驗清末中國的學術風尚，確認中國文化的特質。於東大同學藤田豐八的引介，結識主事「東文學社」的羅振玉。又出入「亞州文會」，即王立協會北中國支部（The North China Branch of the Royal Asiatic Soceity）的圖書館，涉獵館藏歐洲東洋學的圖書，以純熟的外語而交遊於最初介紹西方所謂 Sinology 的 Joseph Edkins 等學者，開拓漢學研究的視野。赴任京都帝國大學之前，整理清朝舊慣，編纂《清國行政法》，確立以禮儀制度為中心的經學研究的取向。任教之後，與同事的內藤湖南、桑原隲藏、鈴木虎雄、高瀨武次郎、富岡謙藏和學生青木正兒、小島祐馬等人，成立「支那學社」，刊行《支那學》，致力於「京都中國學」的樹

⓳　　見吉川幸次郎《支那文學史・解說》，同上，頁 466。

立。又知交於西洋史的原勝郎、德國文學的藤代禎輔、西洋哲學的西田幾多郎、印度哲學的松本文三郎、日本史的內田銀藏、日本文學的藤井乙雄、地理學的小川琢治，經常招集「懇話會」，展開不同領域的討論會，架構宏觀的思惟體系。明治 43 年，到北京調查敦煌寫本，結識王國維，關注小說戲曲的作品，展開俗文學的研究。明治 45 年，遊歷歐洲，調查收藏於英、法的敦煌文書，與西方研究敦煌學的學者交流，理解歐洲於中國學研究的成果。

由於狩野直喜精通中、英、法語，又涉獵東西漢學，開拓中國文學新領域的研究，故原勝郎稱譽之為「國寶級的存在」❶。至於狩野直喜的學問性格，內藤湖南論說：「章實齋曰世之言學者不知持風氣而惟知風氣。夫所謂持風氣者，豈易言哉，其必聰明絕特績學淵邃，足以信乎世而孚於人，其識力足以回斡一世而導其所嚮云爾。求之今時，若狩野君山先生洵其人歟。……爰洎明治採取泰西學術，舉世風靡，至於漢學之徒浮沉隨俗，剽剝東西衒耀新異，以邀聲譽，問學之風日趨輕薄。當斯時，先生司教於京都大學，辨著述之流別，明家法之可重，雖旁通西學，知其學之方深微縝密，可資以葺補東方之罅漏，而擇言至精，痛斥雜糅純駁之弊，使學者始知所歸趨。爾來廿餘載，不獨域內學風為之一變，施及赤縣歐西，聞風而興，來而問津者踵相接天下。支那學於斯取準焉，於戲燁矣。」❷狩野直喜所謂「恨不生於中國」，雖是戲言，卻可窺知此

❶ 見吉川幸次郎《支那文學史・解說》，同上，頁 468。

❷ 內藤湖南〈景印舊鈔本禮記疏殘卷跋　代狩野教授還曆記念會昭和三年二月〉，《內藤文存卷五》，《內藤湖南全集》第十四卷，東京：筑摩書房，1976 年 7 月，頁 125。

為其以中國文學的價值基準，探究中國文學的本質，以沉潛洗練的工夫，體得「儒雅」的內涵，進而成就精通文章經術的通儒之學為究極的「心得興到」之言。大正元年（1912）狩野直喜遊歷歐洲，王國維贈詩曰：「君山博士今儒宗、亭亭崛起東海東。平生未擬媚鄒魯、肸蠁每與沂泗通。自言讀書知求是，但有心印無雷同。」**㉑**誠平生第一知己的持平之論。

　　《支那小說戲曲史》是根據狩野直喜於大正 5、6 年在京都帝國大學「特殊講義」講述「支那小說史」與「支那戲曲史」的家藏講義底稿，整理刊行出版的。前半《支那小說史》有〈總論〉〈小說の起源〉〈魏晉南北朝時代の小說〉〈唐代の小說〉〈宋元の小說〉〈《水滸傳》〉〈《演義三國志》と《西遊真詮》〉〈明代の小說〉〈清朝の小說〉〈《紅樓夢》〉十章和附錄〈支那の俗文〉，後半《支那戲曲略史》有〈總論〉〈上古より秦漢に至るまでの劇〉〈六朝隋唐の劇〉〈宋代の劇及び樂曲〉〈金の《連廂詞》と董解元の《西廂記》〉〈元の雜劇〉〈南曲と傳奇〉七章及〈元曲腳色攷〉。狩野直喜於中國古典小說的講述早於魯迅在北大開講「中國小說史略」（1920 年），開創中日兩國傾心研究俗文學的先河，而具有劃時代的意義。至於戲曲雜劇的論述，稍晚於王國維《宋元戲曲考》（1915 年），為日本研究中國戲曲雜劇的鼻祖。**㉒**

　　狩野直喜之關注中國戲曲小說，始於北京留學之時。古城貞吉

㉑　收載於《觀堂集林》卷 24。

㉒　狩野直喜於中國小說的講述而具有劃時代意義，見於神田喜一郎〈狩野先生と敦煌古書〉，《東光》第 5 號，1948 年 4 月，頁 42-50。戲曲雜劇的研究是日本的鼻祖，見於青木正兒〈君山先生と元曲と私〉，同上，頁 15-18。

說：狩野直喜在東大雖主修程朱儒學而其關心則在文學。留學北京，吾志在戲曲小說的研究。狩野君見吾收藏文學關係書籍，亦有意兼修文學。㉓蓋狩野直喜留學清朝，旨在探求中國學術，特別是經學的本質和清代考據的究竟，目睹清末文學風尚，亦決意從事小說戲曲之新領域的研究。歸國後，於明治 41 年（1908），在支那學會講演「支那戲曲の起源」，在京都帝國大學文學會講演「水滸傳の材料」㉔。又於同年 3 月和 42 年 1 月，先後在《活人》發表以英文撰寫的〈On the Authorship of the Hung-lou Meng and the Date of its Composition〉和在大阪朝日新聞登載〈支那小說紅樓夢に就て〉。二文早於蔡元培《石頭記索隱》（1912 年），胡適《紅樓夢考證》（1921 年），為中日研究《紅樓夢》的先驅。

　　明治 42 年 12 月和 43 年 1 月又分別於支那學會講演「琵琶行にもとづける雜劇」，在大阪朝日新聞刊載〈琵琶行を材料とした支那戲曲に就いて〉。43 年 4 月在京大講讀《漢宮秋》和《竇娥冤》。同年 8 月赴北京調查敦煌文書之際，也蒐集與元曲有關，如白仁甫《天籟集》等資料。又會晤王國維，談論有關元雜劇的研究㉕。44 年 2 月和 3 月先後在《藝文》，連載〈元曲の由來と白仁

㉓　古城貞吉〈狩野博士と私〉，同上，頁 71-73。

㉔　「水滸傳の材料」改題〈水滸傳と支那戲曲〉，刊載於《藝文》第 1 年第 5 號，1910 年 8 月，其後收載於《支那學文藪》，東京：みすず書房，1973 年 4 月，頁 205-215。

㉕　狩野直喜〈王安靜君を憶ふ〉記載：余於京都大學講元雜劇，王靜安君與余同步武，已著述《曲錄》《戲曲攷原》之書。余淹留北京，與王君會面，聽聞其於元雜劇之研究，甚有意義。《藝文》第 18 年第 8 號，1927 年 8 月，其後收載於《支那學文藪》，東京：みすず書房，1973 年 4 月，頁 366-373。

甫の梧桐雨〉的論文。因此，青木正兒於〈君山先生と元曲と私〉說：先生實我國於元曲研究之鼻祖。江戶時代無元曲研究。明治40 年前後，介紹《元曲選》梗概之學者有幸田伴露先生與森槐南先生二人。君山先生具體揭示其研究元曲成果之一端雖晚於二先生。明治 43 年於京都大學之講課，先論述戲曲史之大要，而後解讀《漢宮秋》《竇娥冤》二曲。其解讀方法之合理正確與幸田和森二人止於梗概之略說，自不可同日而語，正確解說元曲讀法始於君山先生。至昭和 3 年（1928）退休之十七年間、大抵每年講授，就此意義而言，先生可謂為我國研究元曲之鼻祖。❷❻

　　大正元年（1912）秋到 2 年 10 月，遊歷歐洲，調查敦煌文書，考察歐洲漢學，特別留意小說戲曲的研究動向，考證收藏於蘇俄的雜劇零本是「劉知遠諸宮調」，撰述〈支那俗文學史研究の材料〉，記載歐洲於中國戲曲小說研究的見聞。大正 5 年 9 月至 6 月，先後講授「支那小說史」和「支那戲曲史」。神田喜一郎說：狩野直喜先生縱橫驅使於英、法兩京謄寫學界未知之新資料，論述中國白話小說和彈詞起源於唐代，為劃時代的新研究。20 世紀初期的二、三十年間，中日於中國俗文學研究風行，先生的論述是居功厥偉。❷❼《支那小說史》解題敦煌出土《五代平話》《京本

---

❷❻　青木正兒〈君山先生と元曲と私〉，《東光》第 5 號，1948 年 4 月，頁 15-18。吉川幸次郎於〈先師と中國文學〉說：狩野直喜先生是元曲研究之先驅。大正初年京都大學文科大學復刻羅振玉所藏《古今雜劇三十種》，先生作跋（收錄於《君山文》和《支那學文藪》），可以窺知其開拓新分野之旨趣所在。同上，頁 18-27。

❷❼　神田喜一郎〈狩野先生と敦煌古書〉，同上，頁 42-50。

通俗小說》等宋元小說，考證《水滸傳》作者、成書年代以及與
《宣和遺事》之關係，從《紅樓夢》的語言，考證曹雪芹的出身，
書中人物的家譜及其真實性，又從人物性格刻劃的細密和文辭艷麗
纖細，品評《紅樓夢》是中國小說中的傑作。至於《支那戲曲略
史》綜述中國戲曲史的大要，論述元雜劇的結構，說明曲劇的宮
調，考證元曲的腳色，得與王國維《宋元戲曲考》相互輝映。

(二)中國經學史研究

　　狩野直喜以為中國文化本質是文學與哲學（含經學）不分的主
張，於其講述可以窺察而知。《支那文學史》第一編〈孔子以前の
文學思想〉，第二編〈春秋戰國時代の文學〉第二章〈經書の
文〉，第五章〈諸子の文〉，雖是文學史的講述，亦論述文學思
想，品評經書諸子的散文。《中國哲學史》第四編〈漢唐時代の思
想〉第一章〈西漢の經學〉，第二章〈東漢の經學〉，第三章〈魏
晉南北朝の哲學〉第二節〈經書注釋家〉，第四章〈唐時代の經
學〉，第六編〈清の學術と思想〉第二章〈漢學の豫備時代〉，第
三章〈乾嘉時代の漢學〉，第四章〈道光以後の學術と思想〉第二
節〈乾嘉の餘風を脫せね漢學者〉，第三節〈道光以後の公羊學と
其の先驅〉，第四節〈道光以後の公羊學者〉，第五節〈中國近時
の經學〉，雖是哲學思想的論述，亦兼及漢唐經傳注疏，詳論清朝
乾嘉考證與道光以後公羊學的要旨和學術沿革變遷。《兩漢學術
考》包含「兩漢學術考」和「兩漢文學考」，前者論說秦皇焚書坑
儒，漢初黃老盛行，經學博士設立，武帝董仲舒舉賢良對策，公羊
學興盛，今古文經論爭的流衍。後者於文學的講述，有後漢古文

學、辭賦、五言詩之發達與歌謠的形成，於經學的議論，則有明堂
太學設立、白虎通義、熹平石經、後漢讖緯感生之說等。《魏晉學
術考》則有以鄭玄經注為主體，兼論王肅、杜預的經說、何晏《論
語集解》、王弼《論語》《周易》注釋的三國經學，三曹、建安七
子和正始阮籍嵇康的三國文學，二陸、左思、郭璞、陶、謝的兩晉
文學和兩晉有關《易》《詩》《書》《三禮》《春秋三傳》《論
語》的經學。

　　考察狩野直喜講述篇目，可窺知其於中國學著述的主旨，乃在
於中國經學沿革變遷的究明，至於經學論述的特色則在於清末經學
研究動向的體察，而精詳於公羊學的講述。前者如兩漢學術的講
述，除論述古今文經的論爭以外，辨明「世風」，即時代精神的差
異，以致文學風格、經術取向、文化內涵而所有不同。狩野直喜強
調：由於兩漢建國之際的天下情勢、帝王將相的性向才情與天下底
定後之政治人心的差異，而其經學與文學亦有殊趣。秦末局勢，如
蒯通所說：「秦失其鹿，天下共同逐之，高材者先得。」❷❽天下動
亂，群雄蜂起，六國後裔以其門地，收服人心，而欲恢復舊，如項
羽擁立楚懷王遺緒，稱義帝而興兵起義，韓、燕、齊各地背秦自立
者紛起。又有出身草莽，如陳勝、吳廣、劉邦等，揭竿而起。劉邦
終入主關中，敗楚而建立漢朝天下。東漢鼎移情勢則與西漢不同。
新莽末年，群雄割據的情勢雖與秦末類似，而文化環境則大有不
同。秦以法治天下，二世而亡，政治學術僅略具規模而已。西漢十
一帝二百餘年，文物制度具備。雖王莽篡漢，而漢朝文化命脈承繼

---

❷❽　《漢書》卷 54〈蒯通傳〉。

未絕，鼎沸之際，時人咸稱大漢中興。如《後漢書·光武帝紀》所載，光武未起時，宛人李通以「劉氏復起，李氏為輔」的圖讖說光武。入長安，舍生奉「劉秀發兵捕不道，四夷雲集龍鬥野，四七之際火為王」的赤伏符示光武。即帝位，群臣引「劉秀發兵捕不道，卯金修德為主」的讖說祝賀。蓋高祖以匹夫起於草澤而創造帝業，光武繼承漢祚而成就中興，是兩漢建國情勢岐異的所在。

帝王及其輔弼功臣的才性亦有差異。高祖及其部屬大抵為草莽英雄而缺乏學問涵養，高祖輕蔑儒生，其輔翼之人亦未必知曉禮樂。《漢書·叔孫通傳》記載：「漢五年，已并天下，諸侯共尊漢王為皇帝於定陶。……群臣飲酒爭功，醉或妄呼，拔劍擊柱，高帝患之。叔孫通……說上曰：夫儒者難與進取，可與守成。臣願徵魯生，與臣弟子共起朝儀。……漢七年，長樂宮成，諸侯群臣皆朝。……禮畢，復置法酒。……竟朝置酒，無敢讙譁失禮者。於是，高帝曰：吾乃知為皇帝之貴也。」可知高祖與創業功臣多為英雄豪傑而學識淺薄。光武及其輔佐大臣則不然。《東觀記》曰：「（光武）年九歲而喪父，隨叔父在蕭，入小學。後之長安，受《尚書》于中大夫……大義略據。因學世事，朝政每下，必先聞知，具為同舍解說。」即帝位，朝儀罷，則與公卿郎將講論經義。天下底定，尊儒學而興太學。至於雲臺二十八將既習武藝亦通文學，如鄧禹年十三能誦詩。……有子十三人，各使守一藝，修整閨門，教養子孫，皆可為後世法。❷⑨寇恂「素好學，乃修鄉校教生

---

❷⑨ 《漢書》卷 16〈鄧禹傳〉。

徒，聘能為《左氏春秋》者，親受焉。❸馮異「好讀書，通《左氏春秋》《孫子兵法》。❸賈復少好學，習《尚書》，事舞陰李生。李生奇之，謂門人曰：賈君之容貌志氣如此，而勤於學，將相之器也。❸大抵為謹直篤實，好學之醇良君子。光武底定天下之後，避用兵而好文治務吏事。唯雖優遇功臣而置之閑職，不得參預政事。高祖生性猜疑，功臣鮮能終其天年，然豪傑性格，論功行賞，輔弼英雄皆列侯王。如石勒所論：「若逢高皇，當北面而事之，與韓彭競鞭而爭光耳。脫遇光武，當並驅于中原，未知鹿死誰手。大丈夫行事當礌礌落落，如日月皎然。終不能如曹孟德司馬仲達父子，他孤兒寡婦，狐媚以取天下也。朕當在二劉之間耳。」❸蓋光武篤實謹厚，有儒者風範，然器局偏狹，僅守成功復舊而已，高祖人品學識雖低劣，而為豪傑英邁，開創帝業。故石勒稱不及高祖而能與光武比肩。

　　建國之際的天下情勢與帝王將相才性的不同，故兩漢文化的面相，有前漢創業定新制和後漢中興守成的差異，又由於政治人心的傾向殊異，而左右經術文學的取向和展現。

　　西漢建國之初，周文化毀於秦火，高祖及輔佐其奪取天下的將相大抵於周代斯文既無體悟，亦無執著，如大火之後，清除堆積瓦礫而重新建構屋宇，了無舊制規章的拘泥。故西漢初期時代的特色是創新。如賈誼建言：「漢興二十餘年，天下和洽，宜當改正朔，

❸　《漢書》卷 16〈寇恂傳〉。
❸　《漢書》卷 17〈馮異傳〉。
❸　《漢書》卷 17〈賈復傳〉。
❸　《晉書》卷 104〈石勒傳〉。

易服色制度，定官名，興禮樂」。其與叔孫通皆以建立漢朝文化，致力於禮樂制度的創建為使命。此創新的「世風」亦反映於經說。如《漢書・藝文志》所述：「昔仲尼沒而微言絕，七十子喪而大義乖。……至秦……燔滅文章……漢興……大收篇籍，廣開獻書之路。……孝武世……建藏書之策，置寫書之官，下及諸子傳說，皆充秘府。」《漢書・儒林傳》記載：「自武帝立五經博士……迄於元始，百有餘年，傳業寖盛，支葉蕃滋。」蓋漢儒再現儒家的典籍而復興一旦滅絕的儒學，然漢儒經義則未必蹈襲東周的經學，傳承孔子及其門下弟子的學問。如公羊學家倡言孔子黜周禮而預攝漢興，以制定新法。漢代今文學即以此為前提而演繹經義，古文學不能相容的所在亦在於此。漢初存古而致力於經義的創新，儒學面目一新，又附會於漢朝鼎祚，立於學官而興盛。

西漢散文大抵不受規則形式的束縛而自由奔放，賈誼、晁錯之文長短錯雜而有新生氣象，司馬遷尤為超拔。《史記》記事雖見於《左傳》《戰國策》等書，行文蓋無模擬，疏宕錯落，清新卓爾。《漢書・司馬遷傳贊》：「其是非頗繆於聖人，論大道則先黃老而後六經，序遊俠則退處士而進姦雄，述貨殖則崇勢利而羞賤貧，此其所蔽也。然劉向、揚雄博覽群書，皆稱遷有良史之材，服其善序事理，辨而不華，質而不俚。其文直，其事核，不虛美，不隱惡，故謂之實錄。」蓋前漢初年，儒學未定為一尊，就儒學而言，雖雜而不純，然文章「質而不俚」，跌宕有緻。散文如此，詩賦亦然。高祖〈大風歌〉，武帝〈秋風辭〉，疏宕而有奇氣。司馬相如、楊雄的辭賦巨構宏觀，氣象雄偉，是東漢帝王文苑所未見者。

東漢帝王重視學術，武帝以來獎勵的經學深植人心，思想醇

厚，於經學的研究精密合理。文學作品則以細密典雅，齊整圓潤見長。雖鮮有豪邁英氣，而修辭典雅。蘇東坡於〈潮州韓文公廟碑〉盛稱韓愈「文起八代之衰」，乃鑑於文字修辭太過，形式千篇一律之弊，而以主張錯落有緻，脫俗超拔的文體為究極。實則古文體裁至東漢而有轉變的機兆，其修辭齊整而典儒雅的文風是前漢長短錯落，「質而不俚」到魏晉講求工整對偶，四六駢儷的過渡。若取譬於書畫而說明兩漢文學的差異，則西漢有漢碑樸拙骨勁的風格，潑墨山水的氣魄，東漢兼具色彩輝煌與晉帖圓潤秀媚之趣。

　　兩漢時代相承，於經學，與宋代義理相對而稱漢代考據，於文學，與六朝駢文有別而稱古文。實則兩漢經學與文學的旨趣殊異。前漢散文疏宕豪邁，東漢古文典贍嚴整。西漢經學不顧細節而重視全體大用，即以經義應用於政事。東漢則精詳於經書文字的訓詁。漢宋相較，俗稱漢人長於訓詁，宋人長於義理，漢人之以訓詁見長，是東漢古文學家之所事，西漢今文學家的經義雖異於宋儒義理，其本旨則在經術的論述。至於唐宋古文家所推崇的是前漢奇縱奔放的文風。

　　清朝批判宋明性理之學而提倡復古。乾嘉年間漢學興盛，祖述東漢賈許馬鄭的學問，精詳於經書的訓詁考校輯佚。道光以後，公羊學興起，遠紹西漢博士經說，批判東漢經學忽視師承家法。漢宋學術固然異趣，今古文經學如水火的論爭，點燃於兩漢而燎原於清朝。古文經學大成於鄭玄，而乾嘉清儒後繼轉精，文獻考證學風盛行。今文經學以立為官學而優越，道光繼之而公羊學持續至清末。清朝的「漢學」，乃兼具兩漢今古文經學而繼承更新，結實為中國近代學術。狩野直喜的中國學則是兩漢清朝之漢學血脈的承繼發

展，既以嚴密的文獻考證為學問的方法，又祖述今文經學傳承，目睹清末學風而講論公羊學。

　　狩野直喜於明治 44 年（1911）9 月至 46 年 6 月，在京都大學講授「公羊研究」。1911 年 10 月辛亥革命，民國建立。狩野直喜說：「現今公羊學一時盛行⋯⋯清朝乾嘉以後至現今（清末）公羊學極為流行」。❸日本於《左傳》的研究，江戶時代以來，不乏其人，如龜井昭陽、東條一條、帆足萬里、安井息軒、竹添光鴻等，然公羊學的研究則付諸闕如。❸至於《公羊》的講述，狩野直喜乃開啟在日本大學講述的先鋒。《春秋研究》收錄其「公羊研究」「左傳研究」（大正 2 年 9 月至 3 年 6 月）的講義，整理成〈古今文派の二大別〉〈孔子と春秋〉〈春秋と三傳〉〈三傳の沿革〉〈五行讖緯〉〈五行讖緯と孔子〉〈春秋列國の形勢〉〈春秋と革命〉〈春秋と攘夷〉〈春秋に見えたる道德思想〉〈公羊と論語〉〈公羊と禮との關係〉〈公羊と詩との關係〉〈公羊と尚書との關係〉〈公羊家と周易との關係〉十六章，附錄〈公羊傳と漢制〉〈公羊傳と漢律〉〈公羊學答問〉等。狩野直喜研究《公羊傳》的主旨在於《公羊傳》所謂春秋微言大義，即孔子政治道德理想對漢代思

---

❸　《春秋研究·第 5 章三傳の沿革》，東京：みすず書房，1994 年 11 月，頁 28-29。

❸　日本學界甚少研究公羊學之說，見吉川幸次郎〈先師と中國文學〉，《東光》第 5 號，頁 25。

想、法制有何影響，又漢代的時代和思想如何反映公羊學術。❸狩
野直喜首先強調儒學是學問而非宗教，隨著時代和地域而有所變
化。❸儒學隨時地而變遷，時而衍生不純的學說，因而產生去蕪存
菁，回歸原典本義的復興運動。清朝乾嘉的漢學復興即是，唯乾嘉
以東漢古文學為主流，道光以後則盛行西漢今文學。雖然如此，漢
代經學未必體得孔孟真義，公羊學尤其雜揉不純。

漢武帝建元 4 年，設五經博士，公孫弘、董仲舒皆治公羊，公
羊學設立學官而為春秋學的正統。宣帝別立《穀梁》為學官，至後
漢而罷，《左傳》的研究雖流行於王莽之後，與公羊學抗爭，猶如
水火，卻不能立學官，故兩漢公羊學流行，於學術政治影響深遠。
皇帝詔書或大臣奏議，常引述《公羊傳》文字，司法定奪多以春秋
大義為準據。如《漢書·匈奴傳》記載武帝太初四年，征討匈奴的
詔書：「高黃帝遺朕平城之憂，高后時單于書絕悖逆。昔齊襄公復
九世之讎，春秋大之。」❸此所謂的《春秋》，根據顏師古注，乃
《公羊傳》莊公 4 年「紀侯大去其國，大去者，何滅也。孰滅之，

---

❸ 其於公羊學的見解，或可由昭和 6 年（1931）5 月 2 日-23 日，在東方文化學
院京都研究所講演「春秋公羊學と漢制」窺知一二。講演內容整理成〈公羊
傳と漢制〉，收載於《春秋研究》，東京：みすず書房，1994 年 11 月。

❸ 儒學是學問的觀點，異乎西方和東京所謂「儒教」的看法。學問變遷與時地
的關係，同於內藤湖南「文化形成以時地為經緯」的文化形成論，二人的門
下弟子宮崎市定則歸納以「時空座標」的史學方法論。見拙著《日本近代的
文化史學家：內藤湖南》，臺北：臺灣學生書局，2004 年 10 月，頁 1-34。
〈宮崎市定的中國古代史論〉，《古典文獻的考證與詮釋》，臺北：臺灣學
生書局，2006 年 8 月，頁 13-39。

❸ 《漢書》卷 94 上，〈匈奴傳上〉。

齊滅之。曷為不言齊滅之，為襄公諱也。春秋為賢者諱。何賢乎襄公，復讎也。何讎爾遠祖也，哀公烹乎周，紀侯譖之，以襄公之為此焉者。……九世猶可以復讎乎，雖百世可也」的記事。春秋之際，諸侯會聚朝聘，必稱先君，齊紀不能互稱先君，即不能並立於天下，此春秋大義。武帝即援引《公羊傳》的春秋大義，復高祖和呂后受辱於匈奴之讎而出兵征伐匈奴。又《漢書·雋不疑傳》：「始元五年，有一男子乘黃犢車，建黃旗，……自謂衛太子。公車以聞，詔使公卿將軍中二千石雜識視。……丞相御史中二千石至者莫敢發言。京兆不疑後到，從吏收縛。或曰是非未可知，且安之。不疑曰諸君何患於衛太子。昔蒯聵違命出奔，輒距而不納。春秋是之。衛太子得罪先帝，亡不即死，今來自詣，此罪人也。遂送詔獄。」顏師古注：「蒯聵、衛靈公太子，輒、蒯聵子也。蒯聵得罪於靈公而出奔晉。及靈公卒，使輒嗣位，而晉趙鞅納蒯聵於戚，欲求入衛。魯哀公三年春，齊國夏、衛石曼姑帥師圍戚。公羊傳曰曼姑受命於靈公而立輒，曼姑之義固可以距蒯聵也。輒之義可以立乎。曰可。奈何不以父命辭王父命也。（以王父命辭父命，是父之行乎子也。不以家事辭王事，以王事辭家事，是上之行乎下也。）」靈公立嗣，是王命，即位衛侯而治民事，是王事。故立輒為君，無可非難，輒興師防父，固不可，然石曼姑為君而討伐賊子，則無不可。雋不疑據春秋之義以斷事，「天子與大將軍霍光聞而嘉之，曰公卿大臣當用經術明於大誼。」

　　武帝以後，以經義斷事之風流行，《春秋》以外的經書，如「易曰云云」「書曰云云」之引述議論者甚多，唯春秋之義更能折服人心。蓋武帝獨尊儒術，公羊學稱孔子筆削《春秋》而制王法，

如《孝經鉤命訣書》所說「孔子志在春秋，行在孝經」，故春秋之義是絕對性的存在。

公羊學立為學官而興盛，師弟相傳而學派分立，淵源流長的是開創公羊學的胡母生及其後的公孫弘、董仲舒。董仲舒三傳弟子有嚴彭祖、顏安樂二人，自成一家，東漢公羊學博士皆屬嚴、顏二派學者。至何休出，著《公羊傳解詁》十二卷而集大成。惠棟《公羊古義》比較漢石經與何休《春秋公羊傳解詁》，以為石經據嚴氏公羊春秋而何休則據顏氏公羊春秋作注。然《後漢書·何休傳》「精研六經……作春秋公羊解詁……不與守文同說，又以春秋駁漢事六百餘條，妙得公羊本意」和《公羊傳·序》「往者略依胡母生條例，多得其正。」則何休未必墨守公羊，不但廣輯公羊經師之說而集其大成，又根據胡母生和公羊壽著於竹帛的《公羊傳》，糾正嚴、顏所傳《公羊傳》的缺漏而回復《公羊傳》本來面貌。雖然如此，何休的解詁與前漢經說頗有差異。如「孔子為漢制法」之說。《公羊傳》哀公 14 年記載：「撥亂世反諸正，莫近諸春秋」，稱孔子作《春秋》，定一王之法，待後世王者出而用之。何休《解詁》則說「孔子仰推天命，俯察時變，卻觀未來，豫解無窮，知漢當繼大亂之后，故作撥亂之法，以授之」，即孔子預知周亡秦起，秦焚書而漢興，乃為漢撥亂反正之大事業而制法。又哀公 14 年春「西狩獲麟」，《公羊傳》記載：

> 何以書，記異也。何異爾，非中國之獸也 然則孰狩之，薪采者也。薪采者則微者也，曷為以狩言之，大之也。曷大之也，為獲麟大之也。曷獲麟大之，麟者仁獸也。有王者則

> 至，無王者則不至。……孔子曰孰為來哉，孰為來哉，反袂拭面，涕沾袍。

麟現則意味著有聖王出，然麟為賤者所獲，意味孔子不但感嘆未歸其主，未來世間將受如何迫害亦不可知，故見麟而泣。何休《解詁》則曰：

> 夫子素案圖錄知庶姓劉季當代周，見薪采者獲麟，知為其出何者。麟者木精，薪采者庶人。燃火之意，此赤帝將代周居其位，故麟為薪采者所執。西狩獲之者，從東方王於西也。東卯西金象也。言獲者兵戈文也。言漢姓卯金刀，以兵得天下。……夫子知其將有六國爭彊從橫相滅之敗，秦項驅除積骨流血之虞，然后劉氏乃帝。深閔民之離害甚久，故豫泣也。

孔子據圖錄五行之說而知漢代周興，採薪者獲麟與「西狩」暗示庶民出身的高祖起兵於豐沛而西入關中以得天下。至於孔子見麟而泣，乃夫子預戰國亂世，秦皇暴虐，楚漢相爭，中原擾攘三百年而生民塗炭不聊生，故悲痛不已。

《春秋》止於「哀公十四年春，西狩獲麟」的意義深遠。蓋《春秋》備四時，雖無要事，亦載記季節月令，如「夏四月」「秋八月」，乃《春秋》筆法。至於終於「十四年春」，何休以為孔子寓「木絕火王」的深意。就五行相生之序而言，春為木，夏火代之，即木德衰而火德為王，止於春，乃暗示周亡而漢興。五行相生

之說，《禮記·月令》的排次亦同。然秦至漢武之際，於五行之說，主於五行相剋說，即周為火德，秦為水德，漢為土德，或以秦為閏位，漢仍為水德。五行相生之說，據《漢書·郊祀志》所載，乃始於劉向、劉歆父子，盛於王莽之時。光武即位之前，友人示赤符，有「劉秀發兵捕不道，四七之際火為王」文句。建武 2 年即位，有「始正火德，色尚赤」之說。可知火德之說，起於前漢末，後漢以之定國。至於緯書的形成，張衡以為起於哀平之際。（見《後漢書·張衡傳》）若可信，則孔子為漢制法之說，或與緯書同時形成。蓋著於竹帛的《公羊傳》、董仲舒《春秋繁露》與司馬遷《史記》於史實的記述採《左傳》，於大義則取《公羊》，前漢公羊家或止於孔子制法待後聖，適漢代興而用之而已。後漢光武好圖讖，國家大事賴以裁定，桓譚不信圖讖，觸怒光武而遭刑。光武以後帝王皆好讖緯，公羊家借圖讖論說經義，孔子為漢制法之說亦然。

　　春秋王魯說是公羊學的特色之一。孔子制一王之法而待後聖，唯制法之人，非王者不可。《中庸》說「非天子不議禮，不制度，不考文」，雖有聖德，亦不得以匹夫制法，更不能改周制而作新法。孔子是周朝的臣民，改制王法，乃反逆的行為，故有春秋王魯說，以孔子據記載魯史的《春秋》，制作一王之法。魯侯是周公之後，孔子所出之國，據聖王之後的國史而制法，則有傳承底據。至於記事始於隱公元年，並非隱公是賢君，乃當孔子高曾祖之世，得以傳聞而知，故記事始於隱公元年。春秋王魯說，於何休《解詁》隨處可見，而《公羊傳》則無。如《公羊傳》隱公元年曰：「元年者何，君之始年也」，何休則解說為「君之始年，君魯侯隱公

也。……不言公言君之始年者，王者諸侯皆稱君，所以通其義於王者。惟王者，然後改元立號。春秋託新王，受命於魯」。由於王魯說但見於何休注，或以為非公羊本有的思想，其實不然。蓋董仲舒《春秋繁露·三代改制質文》：

> 王者之法必正號，紲王謂之帝，封其後以小國，使奉祀之。
> 下存仁王之後，以大國，使服其服，行其禮樂，稱客其朝。
> 故同時稱帝者五，稱王者三。……是故周人之王。尚推神農
> 為九皇而改號軒謂之黃帝。……春秋應天作新王之事。時正
> 黑統王，魯尚黑，紲夏親周故宋。

新王即位，上溯第三代之王紲為帝，以小國封其子孫，奉祭祀。前二代之王的子孫仍稱王，封之以大國。又新王即位，更服色，改禮樂，天下用之。然三代之前王孫雖稱諸侯而待之以客禮，存其固有服色禮樂。若周王新立，則二王為夏殷之後的杞宋，故曰「稱王者三」。舜為夏的前朝，上溯五王，皆稱帝，即「同時稱帝者五」。五帝以前的九王，稱九皇。亦即新王出，則三王五帝逐一上紲，若周死，則三王之一，上紲為帝，五帝之最早者紲為皇，九皇之最古者紲為庶人。孔子作《春秋》，以魯為王，其次第則是「紲夏親周故宋」。司馬遷《史記》自序曰：「余聞董生曰」，即學於董仲舒，其於《春秋》學說亦繼承師說，於〈孔子世家〉記述：「據魯親周故殷，運之三代」，孔子脩《春秋》以魯為主，故曰「據魯」。周亡而新入二王之列，故曰「親周」。宋為殷後，就周而言，是新，然就漢而言，是故，故曰「故殷」。所謂「三代」即魯

周殷。至於夏，則稱帝，〈夏本紀〉的天子，如「夏后帝啟」「帝中康」「帝相」「帝桀」皆稱帝而不書「王」。可知《史記》書法與董仲舒《春秋繁露》一致，即漢繼周而起，以漢為主，故紬夏而稱夏朝諸王為帝。至於所謂孔子王魯，乃孔子脩《春秋》的權宜之計而非關史實。司馬遷學於董仲舒，董仲舒繼承胡母生，則春秋王魯說或公羊學創始諸儒的共識，未必是何休等後公羊家所附加的新說。至於何休〈公羊傳·序〉所謂「孔子……傳春秋者……本據亂而作」，亦非新說，不但《公羊傳》哀公 14 年有「君子曷為為春秋，撥亂世反諸正」的記述，《史記·高祖本紀》亦記載：「群臣皆曰高祖起微細，撥亂世反之正，平定天下」。撥亂反正的春秋大義或廣為前漢公羊家所流傳。

　　三世之說亦為公羊學的特徵之一。公羊家三分魯侯十二公，隱公至僖公為傳聞高曾祖之世，文公至襄公為所聞王父之世，昭定哀為父己所見之世。唯《公羊傳》有「傳聞異辭云云」的文字而無某公至某公為一世的記載。三世載記見於《春秋繁露·楚莊王》和何休《解詁》。至於「傳聞」「所聞」「所見」之辭，《公羊傳》哀公 1 年記載：「孔子曰……春秋何以始乎隱，祖之所逮聞也」。顏安樂以孔子所生襄公 21 年以後為所見之世，20 年以前為所聞之世，則襄公跨二世。鄭玄以九九之數分三世，一世為 81 年。《春秋繁露》以襄公為一世，何休亦然。又何休以所見之世乃父己之時事，所聞之世為祖之時事，傳聞之世為傳聞於祖父之高曾祖的時事。故傳聞之世 96 年，所聞之世 85 年，所見之世 61 年，合為 242 年。再者，所見所聞所傳聞皆異辭，即孔子於三世的書法和事實記載皆有不同。如魯大夫卒的記事，隱公元年冬 12 月「公子益

師卒」。同 8 年冬 12 月「無駭卒」。則不記其卒日，非不知，乃隱公之世為高曾祖時代之人，其傳聞之事，於己恩義淺薄，不論其人之善惡，故略其卒日。所聞之世與祖同時，與祖同朝共事者，於己恩義稍重，故大夫卒，其無罪則書其卒日，有罪則不書。於所見之世，即父己時代之人，恩義深遠，不論罪之有無，均書其卒日。

　　三世之分為衰亂、升平、太平的論說，尤為切要。公羊家以為孔子的春秋大義在誅伐亂臣賊子，其微言在制一代之法。《春秋》記事始於隱公元年，意味隱公元年處衰亂之世，孔子藉《春秋》而制定之法肇始施行，至文公而時代升平，至昭公而處太平，哀公 14 年而孔子撥亂反正的大事業完成。蓋愛自親始，由近而遠，大夫之卒，以遠近而書法有異，治國亦然。傳聞時代為衰亂之世，先治其國，即魯國之事，雖小罪亦貶斥筆伐，內外先後有別，故於衰亂之世，「內其國而外諸夏，先詳內而後治外」，雖魯與諸國同處中國而區別內外。孔子之法肇始施行而嚴於魯，內有小惡而書之，外之小惡，以有所不及而不書。至於升平時代，則「內諸夏而外夷狄」，華夏境內內無己他的區別。如「外離會不書」，兩國會見之事，於衰亂之世，只記載魯與他國的會見，至於其他二國的會合則不記載。然升平時代，則外離會皆書。又「小國有大夫」，於衰亂之世，但記某人，至升平時代，則與大國大夫等同，姓名皆記載。逮及太平時代，不但華夏諸國有所記載，夷狄公卿亦書其爵位，亦即無中國與夷狄之別，而四海一家，遠近如一。衰亂、升平、太平之名和太平之世，諸夏和夷狄同視之語，但見於何休《解詁》而未見於《公羊傳》，雖然如此，所見所聞所傳聞的異辭，「內諸夏而外夷狄」，「撥亂反諸正」未必盡是後出公羊家所附加的說辭，尤

其是太平時代之華夷同視的春秋書法，即大一統的思想是《公羊傳》雖隱晦而本有的思想。由衰亂而升平、太平的三世說與隱公至哀公而逐漸混亂的史實相矛盾，但如劉逢祿《公羊何氏釋例》所說：「魯愈微而春秋之化益廣，內諸夏不言鄙疆是也。世愈亂而春秋之文益治，譏二名西狩獲麟是也」，乃公羊家以孔子據魯史制法，而不涉及史實。尤其重要的是三世說與春秋一統思想有密接的關連，雖《公羊傳》無太平之世，諸夏與夷狄為一的文字，卻未必皆是何休的假託。「大一統」見於《公羊傳》和董仲舒《春秋繁露》。

> 何言乎王正月，大一統也。（《公羊傳·隱公元年》）

何休《解詁》注：「統者始也，摠繫之辭。王者始受命改正制，布政施教於天下，自公侯至於庶人，自山川至於草木昆蟲，莫不一繫之於正月。故云政教之始。」意味政治上的大一統。董仲舒對策則說：

> 春秋大一統者，天地之常經，古今之通誼也。今師異道，人異論，百家殊方，指意不同。是以上亡以持一統，法制數變。下不知所守。臣愚以為諸不在六藝之科，孔子之術者，皆絕其道，勿使並進，邪辟之說滅息，然後統紀可一，而法度可明，民知所從矣。

意在罷百家而尊儒術，以求學術的統一，與《公羊傳》所指有異。

然政教合一，政治與學術互為內外表裏而不離，故《公羊傳》和董仲舒所見可謂一致。至於政治與學術統一之論，始於何時。春秋之際，周室衰微，諸侯並起而權勢凌駕天子之上。孔子於時勢雖有非議，而《論語》未見廢封建，構築如秦漢統一帝國的主張。至於《詩·小雅·谷風之什》〈北山〉：「溥天之下，莫非王土，率土之濱，莫非王臣」，非謂天下皆為天子所支配，乃諸侯所附與的土地和人民皆天子所封，故為王土王民。中原的統一則在秦皇之世。如琅邪刻石所載：「普天之下，摶心揖志。器械一量，同書文字。日月所照，舟所載，皆終其命，莫不得意。」《中庸》28 章所述：「今天下車同軌，書同文，行同倫」❸，秦始皇統一天下，勵行法制，整備交通，劃一貨物計量，統一文字，建構帝國基礎。唯其文字統一固能作為意思疏通的手段，而焚書坑儒，嚴刑峻法，廢絕周代以來的百家學術，未可謂為學術思想的統一。秦亡漢興，高祖之際，分諸功臣和劉氏宗親，周代封建形成再現。如《漢書·諸侯王表序》所述：「藩國大者夸州兼郡，連城數十。宮室百官同制京師。可謂撟枉過其正矣」。侯王勢力強大，富可敵國。唯異姓諸侯大抵於高祖之世消失，同姓王侯，如文帝時的淮南王屬，景帝的吳楚七國，武帝的淮南王安、衡山王賜等謀反誅伐後，中央集權局勢形成。武帝以後，諸侯有名無實，或即《公羊傳》所謂「內諸夏而外夷狄」的時代，安內而攘外，出兵四夷，統一天下，建構大帝國的機運形成。至於學術思潮，公羊學於惠帝時，筆書《公羊傳》

---

❸ 俞曲園以為《中庸》此段文字與邪刻石文辭相似，為秦人所作。見其所著《湖樓筆談》。

於竹帛而興起，武帝設立五經博士，學術復興，諸學並起，而側重公羊學的春秋大義。又採董仲舒之議，尊崇儒術而遂行學問思想的統一。就漢初以迄武帝的政治學術而言，春秋大一統的思想逐漸形成，公羊學未必是封建消弭的原因和造成武帝遠征的動機，卻是漢代政教施為的理想歸趨的底據，左右漢代政治學術傾向的強勢顯學。❹

四、京都中國學的創始者

　　狩野直喜與內藤湖南或可稱之為京都中國學的二祖，二人不但各有專擅，狩野直喜致力於中國經學、文學與清朝制度史的鑽研，又開啟日本研究敦煌文物的先聲，內藤湖南則沉潛於東洋文化史與滿清史的研究，且能為漢詩文而與當時中國的文人學者酬唱應對。故其所窮究的是能與中國傳統知識分子比肩的通儒之學，創立京都中國學。至於狩野直喜之所以為京都中國學的創始者，吉川幸次郎從以下四點作定位。

　　一、超越歷來日本漢學以儒家經典為教條式倫理道德之書的態度，主張儒家古典是探究中國文明史的資料和客觀研究學問的基底。

　　精讀中國古典，探索字義內涵，主張儒家經典的主旨不在宣揚倫理道德，又留學清國，體察清朝學術風尚的究竟。歸國後，於京

---

❹　狩野直喜於公羊學的論說，見所述〈公羊傳と漢制〉，《春秋研究》，東京：みすず書房，1994 年 11 月，頁 167-196。

都大學的講授即展開旁通中西學術精華的學養，而異於東京固守江戶以來以宋明儒學為宗尚的學風，重視漢魏古注，唐代正義與清朝考據，講述經傳注疏訓詁考證的精義，尤其推崇清儒以古注為根底，進而以古代言語制度的研究，重新解讀古典的學問方法。介紹清朝公羊學盛行的最新學術消息，講述日本漢學所未曾研究的禮學，徵引《周禮》《儀禮》《禮記》而探究中國古代竈神、祭尸等禮俗，考察釁禮、喪服等禮制。❹

二、以文獻學知識的充實作為研究的前提。

日本的文獻學萌芽於江戶末期的狩谷掖齋和澀江抽齋，而以小學和目錄學為基礎，辨彰學術考鏡源流，與中國學者同一步武的是狩野先生和內藤湖南先生❷。〈山井鼎と七經孟子考文補遺〉和〈論語研究の方法〉是運用文獻考證方法而論著的代表作。至於敦煌寫本的發現，引發其開拓新領域研究的契機。至於與中西學者共同調查研究，如與法人 Paul Pelliot 共同調查而發現《論語鄭玄注殘本》，與羅振玉、王國維共同研究而論著〈唐鈔本古文尚書釋文考〉❸，樹立京都中國學以敦煌學為研究分野之一的旗幟。

---

❹　竈神、祭尸禮俗的論著，收載於《支那學文藪》，東京：みすず書房，1973年 4 月，頁 53-86。釁禮、喪服的考察，收載於《讀書纂餘》，東京：みすず書房，1980 年 6 月，頁 203-213，297-314。

❷　狩野直喜有《漢文研究法》，東京：みすず書房，1979 年 12 月，內藤湖南有《支那目錄學》，收載於《內藤湖南全集》第十二卷，東京：筑摩書房，1970 年 6 月。至於集大成的是武內義雄《支那學研究法》（收載於《武內義雄全集》第九卷，東京：角川書店，1979 年 10 月）。

❸　〈唐鈔本古文尚書釋文考〉，收載於《支那學文藪》，東京：みすず書房，1973 年 4 月，頁 93-102。

　　三、於中國文學的研究，採取中國哲學史與中國文學史不可分的立場。

　　於京都大學講授中國哲學史與中國文學史的課程，建立文哲不分的文學批判基準，匡正歷來漢學家的偏狹。江戶漢學崇尚宋文明詩，喜好《唐宋八家文》或因應世俗學問水準的《文章規範》，狩野先生則重視《文選》，尊尚唐代以前古雅的古文和清代細緻的詩風。於大學講授清朝文學史則是日本的先例。其於古典解釋與文學品評之所以尊崇清朝的方法，蓋以當時的日本漢學是鎖國時代延長而落後時代的俚俗之學，乃超脫以明代為價值取向的基準，致力於與同時代的中國學者在同一基點從事學問研究的立場。內藤先生亦如此。二人是清末民國初年淹留京都的羅振玉、王國維、董康的論學問道之友，而狩野先生更以流暢自在的漢語交談，居中斡旋而成為異國知己。

　　四、日本學者未嘗留意的中國虛構文學的研究。

　　江戶時代於《三國演義》和《水滸傳》有部分的翻譯，而戲曲則未曾言及。蓋小說戲曲的用語非漢文語法而是口語，對江戶時代的學人而言，甚難解讀。狩野先生於東大在學期間修習現代中國語，又留學清國而更精進。其對戲曲小說進行歷史訓詁的研究，於大學講授小說戲曲，為日本中國學界的創舉。戲曲研究與王國維隔海而同時創始，小說的論述則早於魯迅《中國小說史略》。

　　綜上所述，狩野先生熟讀中國古典，細察文辭的內涵意蘊，以為「心得」而從哲學史和文學史的領域，指陳日本漢學以儒家為教條主義的歪曲，以「日本人的氣質」選擇演繹中國文學的解釋為偏狹，故有改革日本中國學研究的功績。至於以中國文明史為學問研

究的對象是其所以為日本中國學之創始者的所在，而以中國文明為世界文明之重要一環而尊重沉潛，則是其一生為學的態度與職志。**❹**

　　狩野直喜嘗答其弟子小島祐馬所問，說：「我的學問是清朝考證學」**❺**，實則狩野直喜以所生的地域學術風尚，師承淵源和際遇交遊而成就旁通東西學術，「辨著述之流別，明家法之可重」的學風，洞察當時東京學術以及其所繼承的江戶儒學的歪曲，樹立實證的古典文獻學，創始京都中國學。因此，高田時雄所說：狩野直喜雖以清朝考證學為宗尚，又批判的繼承西歐漢學的精華而形成獨特的中國學，進而主張以為學問而學問的意識，從中國的內面，即尊重中國人的價值觀，探究中國之所以為中國的所在。於京都創始研究清朝學術、戲曲小說和敦煌學，建立京都中國學之以經學和俗文學研究為主的學問傳統。**❻**

　　門下弟子武內義雄（1886-1966）以清朝考證學與目錄學為學問的基礎，於嚴密的校勘與正確訓詁之上，進行辨彰學術，考鏡源流的研究，又繼承富永仲基、內藤湖南的「加上」學說，以原典批判的觀點展開古典文獻，特別是先秦諸子的考證，開啟日本近代中國學於諸子研究之先聲。講述《支那學研究法》，從小學、目錄學、

---

❹　吉川幸次郎《支那學文藪·解說》，東京：みすず書房，1973 年 4 月，頁500-504。

❺　小島祐馬〈通儒としての狩野先生〉，《東光》第 5 號，1948 年 4 月，頁7。

❻　高田時雄〈支那語學支那文學　狩野直喜〉，《京大東洋學の百年》，京都：京都大學學術出版會，2002 年 5 月，頁 26。

校勘學、辨偽學,究明中國學術的本質,考證先秦諸子的成書和傳承變遷。《支那思想史》(1936 年,後改名《中國思想史》)則其「中國思想史學」的代表作。

宮崎市定(1901-1995)沉潛於中國古代典籍的記載,考證中國古代城郭建構的型式和演變,名曰「紙上考古學」。又專注於中國任官制度,論述《九品官人法》。從經濟的觀點,以「景氣變動史觀」,考辨中國政治的興衰沿革。立腳於東洋史的視座,以「素樸民族與文明社會」的交替,論述中國朝代的盛衰更革。以宋代為東洋的近世,立論宋代是東洋文藝復興的時代,成就其東洋史學巨峰的地位。

吉川幸次郎(1904-1980)是研究杜甫的權威,這是周所皆知的事,然而具有通古今之變的史觀,運用清朝考證學與歐洲東方學術研究的方法論,分析東西方於中國文學研究的優劣長短,以嚴密的考證與細緻的賞析,重新評述既有的研究成果,開拓新的研究領域,則是其成就一家之言,為日本近代以來研究中國文學的大家的所在。《尚書正義》的譯注是博覽群書,精詳訓詁的心血結晶。《元雜劇研究》究明元曲形成的歷史背景,品評其文學內涵和價值,是日本近代中國文學研究史上的里程碑。至於自昭和 22 年(1947)起,開始於京都帝國大學文學院講授杜詩❹,主持杜甫讀書會,自京都大學退休後,則從事杜詩的注釋。其於杜甫研究的執

---

❹ 筧久美子〈吉川幸次郎遺稿集第二卷解說·附錄·吉川幸次郎先生京都大學文學部講義題目一覽〉,《吉川幸次郎遺稿集》第二卷,東京:筑摩書房,1996 年 2 月,頁 576-582。

著由此可以窺知一二，至於杜詩的用語、對仗、音律、意境更有細微的分析，故可謂之為杜甫千載之後的異國知己。

武內義雄樹立中國思想史學，是日本近代諸子研究的先驅。宮崎市定為日本東洋史學的巨峰，開啟日本人論述西亞歷史的先聲。吉川幸次郎是日本近代中國文學研究的第一人，為世界杜甫研究的權威，或可稱之為京都中國學的三宗。

青木正兒（1887-1964）創刊《支那學》雜誌❹，收錄當時中國和日本中國學研究的著作，為近代東亞漢學研究的重要史料。大正13 年（1924）赴任東北帝國大學。其間 15 年，出版《支那近世戲曲史》（1930 年）、《元人雜劇序說》等書。《支那近世戲曲史》是周到緻密地調查整理王國維《宋元戲曲史》未論述之明清時代戲曲史料的大著。其於中國文學研究的成就則在於以史學的觀點架構中國文學發展的體系，致力於戲曲的研究，前承狩野直喜的《支那小說史》《支那戲曲史》，後啟吉川幸次郎的《元雜劇研究》，形成京都中國學於中國文學研究的傳統，也開啟日本中國文學界研究戲曲小說的熱潮。

神田喜一郎（1897-1984）於昭和 4 年（1929），赴任臺北帝國大學。9 年到 11 年的 1 年半的時間，至英、法兩國留學。調查大英博物館與法國國立圖書館所藏敦煌資料。先後出版《敦煌秘籍留真》，完成《敦煌學五十年》的著作。《敦煌學五十年》是兼顧歷

---

❹ 《支那學》共十三卷。宮崎市定推崇「支那學」是革新舊有漢學之保守性的學問，研究中國學之京都年輕學者所創刊的《支那學》不但能立足於日本學界，在世界漢學界也享有盛名。（見宮崎市定《自跋集・二 東洋史》，東京：岩波書店，1996 年 5 月，頁 26。）

史考證與東西文化交流史之世界性新學問的論述，為戰前日本敦煌
學派的集大成者。神田喜一郎繼承內藤湖南的學問，❹不但貫徹歷
史考證的學風，也堅守渾融學問與趣味於學問研究的理念，更潛心
於日本古典文化的發揚。由於擅長詩文，所以受聘為臺北帝國大學
的教授。❺《中國書道史》的研究與《書道全集》的編集是反映了
京都學派融合學問與趣味的學術理念。至於《日本における中國文
學》《日本書紀古訓攷證》則是闡述日本古典文學與中國文學的關
係的著作。

　　貝塚茂樹（1904-1987）以西洋的史學方法研究中國古代史，其
參採 Couranjun《古代都市》的論點，從民俗學的觀點對中國古代
社會進行考察而展開古代都市國家論。明治 44 年（1911）清朝滅
亡，羅振玉、王國維亡命日本，由於狩野直喜、內藤湖南的舊知而
將大量的甲骨金文的史料帶到京都，奠定京都於中國古代史研究的
基盤。貝塚茂樹即以甲骨金文的研究而構築中國古代史。著作《中
國古代史學の發展》（1946 年），編纂《京都大學人文科學研究所
藏甲骨文字　圖版冊・本文篇・索引》（1959-60 年，1968 年）。貝塚
茂樹開創以甲骨卜辭和金文等出土史料之考古學成果而研究中國古
代社會的方法，又以民俗學和西洋史學方法體系性的構築中國古代

---

❹　平岡武夫說：神田（喜一郎）先生學問的廣博不止是文學史學，也及於藝術
　　佛教。不止是中國而已，也及於日本的漢字文化。神田先生的學問正是內藤
　　（湖南）先生的學問。（「故神田喜一郎會員追悼の辭」《日本學士院紀
　　要》第四十卷第二號）。

❺　〈《先學を語る》神田喜一郎〉，《東方學回想》，東方學會編，東京：刀
　　水書房，2000 年 5 月。

史，於東洋史學界有極大的影響。**⑤**

　　小川環樹（1910-1993）的研究以中國語學和中國文學為重，其精通蘇州方言，以語言學的角度進行中國語的研究，知交於趙元任、羅常培、周祖謨、董同龢。至於文學則以小說史的研究為主，有《中國小說史の研究》（1968 年，岩波書店）的專著。昭和 30（1955）年代以後側重於唐詩和宋詩的論著選譯，有《宋詩選》《唐詩選》《王維詩集》《蘇東坡集》等譯註刊行。晚年則傾注心力於蘇東坡的研究。昭和 49 年（1974）成立「讀蘇會」，與吉川幸次郎的「讀杜會」並稱。小川環樹校訂譯註蘇東坡詩凡九百零一首。**⑤**因此，如果吉川幸次郎是杜甫千古異國的知己，小川環樹則是蘇東坡的東瀛神交。

　　青木正兒創刊《支那學》，樹立京都中國學的旗幟，繼承狩野直喜戲曲的研究，形成京都中國文學研究的傳統。神田喜一郎渾融學問與趣味於學問研究，發揮京都學派融合學問與趣味的學術理念。貝塚茂樹提出結合民俗學與史學的方法論，結實京都東洋史學研究基底。小川環樹開創以言語學研究戲曲小說的取徑，加深京都俗文學研究的成果。皆能發揮京都中國學的學問性格，或可稱之為四大家。

　　武內義雄、宮崎市定、吉川幸次郎繼承內藤湖南和狩野直喜的

---

⑤　昭和 59 年（1984），貝塚茂樹獲文化勳章，朝日新聞（10 月 23 日晚報）記　　載貝塚茂樹的功績。

⑤　有關小川環樹的敘述，參考〈先學を語る──小川環樹博士〉，《東方學》　　第九十五輯，1998 年 1 月。此文其後收入《東方學回想 IX　先學を語る　　（6）》，東方學會編，東京：刀水書房，2000 年 12 月，頁 121-146。

學問，既有堅實的素養，成就博學旁通的學問，分別優遊於思想義理、歷史文化和詩文藝術，發揮京都中國學的特質。至於青木正兒的中國戲曲研究，神田喜一郎的敦煌學論述，貝塚茂樹的卜辭銘文和古史研究，小川環樹的中國小說史研究亦能分庭抗禮兒各領風騷。二祖三宗四大家的創始繼承而形成京都中國學派，使京都的中國學得與北京、巴黎分庭抗禮，並列為世界漢學的中心。

內藤湖南：
日本近代的文化史學家

關鍵詞　文化中心移動説　螺旋史觀　加上説　宋代為中國近世説
鹹鹽説

前言：學術成就的背景

　　內藤湖南（1866-1934）字炳卿，於慶應丙寅二年七月十八日出
生於在秋田縣鹿角郡毛馬內町。以慶應丙寅（虎）年生，為內藤調
一氏的二男，故名虎次郎。由於出生地在十和田湖之南，故自號湖
南。明治十六年（1883）三月入學秋田師範學校，十八年七月畢業
於秋田師範學校高等師範科，分配至秋田縣北秋田郡綴子小學擔任
訓導。二十年八月離職上京，協助大內青巒編輯宣傳佛教教義的雜
誌《明教新誌》。此後展開其長達二十年大眾傳播工作的生涯。由
於雜誌編輯或新聞採訪的工作，形成了內藤湖南博學宏觀而且下筆

如有神的學術性格。❶由於內藤湖南的博覽多聞，見識非凡，又有洛陽紙貴的名著《近世文學史論》《諸葛孔明》《淚珠唾珠》等書，於明治四十年（1907），在狩野亨吉、狩野直喜的強力推薦下，從大阪朝日新聞社記者轉任為京都帝國大學文科大學東洋史學講師。

　　內藤湖南的著述以史學的研究居多，涉及的領域則涵蓋了中國歷史、文化史、繪畫史等範疇。中國史學的研究是內藤湖南的本領所在，東洋文化史與日本文化史的著作，則是「內藤獨斷史學」的產物。至於中國目錄學與中國繪畫史的撰述則反映出京都特有環境所產生的學問。敦煌學與甲骨金文的研究則是京都學派以清朝考證學為基礎而揚名於世界學術界的代表性學問。換句話說內藤湖南的學問是史學，至於其歷史研究，則不只是史料整理排比的「史纂」而已，也不只是文獻參互搜討的「史考」而已；乃是以博學宏觀的識見，以東洋學術於世界學術之地位為前提而鑽研學術，故小川環樹盛稱內藤湖南是「文化史學家」。❷

　　一般以為日本人並不長於建立論理的研究方法，但是於日本近代東洋學界，以博覽的識見為根底，進行精密的文獻考證，樹立富

---

❶　武內義雄曾問內藤湖南說：「在長年的記者生涯中，先生的學問是如何形成的。」內藤湖南說：「我利用記者的特權，採訪宿儒者老。我的學問就是從思考並模倣老儒學問方法而得來的。」（〈湖南先生の追憶〉，《支那學》第七卷第三號，1934 年 7 月，頁 77。）

❷　內藤湖南的史學研究具有獨斷性的說法，是桑原武夫的見解。桑原之說見於內藤湖南《日本文化史研究》解說（《日本文化史研究》下，東京：講談社學術文庫，1976 年 11 月，頁 174）。小川環樹的贊辭，見於其所著的《內藤湖南》（東京：中央公論社，1984 年 9 月，頁 41）。

有邏輯論理性學說的是內藤湖南。如以文化性「突破」（breakthrough）的觀點，陳述宋代的社會文化諸象迥異於唐代而提出「宋代是中國近世」的主張，繼承富永仲基的「加上說」而論斷中國古代思想形成的先後次第，強調「應仁之亂」是日本創造獨自文化之畫時代的歷史事件，說明文化形成經緯之「文化中心移動說」，究明文化發展徑路的「螺旋循環說」等都是內藤湖南於東洋文化史研究上卓越的論證。

何以內藤湖南得以才學識見兼備而發明通古今之變的學說，樹立獨創綜括性之學問，或與其新聞記者的經歷，生活所在的關西之獨特文化與生存時代之明治的風氣有關。內藤湖南說旅遊以增長見識與交際而開拓人生哲學的思考方式是新聞記者的特權。❸內藤湖南即善用記者的經驗，養成寬廣的視野，透徹的洞察力與敏銳的判斷能力而開展其優異的見解。

關西是大阪與京都文物集中的場所，融合自由奔放之商人性格與素樸典雅之上流風情，形成寬闊與優雅兼具的獨特文化。四十年既執著於東洋古典文化的涵詠，又與關西的文化民情朝夕相處，終成就優遊於東洋史學與雅典文化的老儒碩學而為日本近代東洋學界的典型。

內藤湖南之所以有日本集合東西學術而為創造第三文明之所在，沉潛於清朝考證學與西歐理性主義的學問而確立研究方法，開拓東洋學術甚且世界文明新局面的主張，是衍生於明治時代文明開

---

❸　武內義雄〈湖南先生の追憶〉，《支那學》第七卷第三號，1934 年 6 月，頁73-78。

化的時代風潮，蓋時代思潮開化更新，學問的研究也非有以合理為
典範與論說體系化的意識不可。

　　內藤湖南的學問之有獨創性與圓融性而能成一家之言，是建立
於學問領域廣博之上的必然趨勢，而博學宏觀的識見與優雅寬綽的
才性的形成，則與其所處的時世、生活的場所、個人的經歷有極大
的關連。

一、思想形成論——加上說

　　「加上說」是富永仲基（1715-1746）學說，見於所著的《出定
後語》一書。此書旨在論述佛教的歷史，婆羅門教是以超越人間苦
界而轉世昇天為教義的宗教，天原本是唯一的，但是後起的宗派為
了超越原有的宗派，乃於舊有的天之上，加上一個天，如此天上有
天，婆羅門教即有二十八個天，富永仲基稱此現象為「加上」。小
乘佛教是以阿含經為經典的。其後以般若經為經典的宗派出現而自
稱大乘以卑視小乘。其後以法華經為宗尚的法華宗，提唱華嚴經的
華嚴宗，以楞伽經為經典的禪宗等佛教的宗派先後出現，而且自稱
自身的宗派教義為最高至上。這也是佛教宗派以「加上」的形式而
發展的軌跡。換句話說由單純素樸而複雜高遠，乃是思想發展進化
的原則。富永仲基即以此思想進化論反觀思想學派成立的歷史演
進，指出素樸的學術思想是最初的存在，高遠的思想則是晚出的。

　　內藤湖南應用富永仲基的「加上說」，客觀地把握學術思想發
展的順序，架構中國古代思想的歷史。內藤湖南以為中國人有尚古
的傾向，時代越久遠就越優異。就諸子學派的形成而言，其所宗尚

的始祖越古遠，則其產生的時代就越晚。孔子以周公為聖賢，墨家以夏禹為聖王，孟子祖述堯舜，道家尊崇黃帝，農家以神農為始祖。就中國的歷史而言，是神農→黃帝→堯→舜→禹→殷→周。就所尚越古則其說越晚的「加上說」而言，則中國思想學派的興起順序是孔子→墨家→孟子→道家→農家。因此內藤湖南說中國諸子的學問興起於孔子，孔子所尊敬的是周公，即孔子以周公為儒家學術道統的聖賢。墨家晚出於儒家，為了表示自身的學說優於儒家，乃以早周公的夏禹為學派的始祖。其後孟子攻擊墨學為異端，以禹傳位於子啟，不若堯舜禪讓傳賢之德，因而主張儒家的起源並非始於周公，乃可上溯至堯舜。道家晚出於孟子，為超越孟子所尊崇的堯舜，乃稱自身的學術淵源黃帝。至於孔子問禮就教於老子的主張也是後出道家之徒的加上之說。至於以神農為始祖的農家，則又更為晚出了。

內藤湖南亦用此理論考察中國經典的成書經緯，如其以《易經・繫辭》有「包犧神農」之說，就上古帝王序列而言，乃於《呂氏春秋・尊師》所述「神農、黃帝、顓頊、帝嚳、堯、舜」之上，加上「包犧」，又佐以〈繫辭〉「太極生兩儀」之說類似《呂氏春秋・大樂》的「本於太一，太一生兩儀」，「河圖洛書」之說類似《禮記・禮運》的「河出馬圖」等實際例證，論斷〈繫辭〉必晚於《呂氏春秋》，乃是漢初之作。又以儒家思想的發展，探究《尚書》編次的先後次第；以時代的思潮、文章的體例與經傳的用字例，考察《爾雅》各篇成立的時代。內藤湖南以為孔子的政治理想在於周公禮樂制度的重建，故《尚書》最初成立的是有關周公記錄的五誥。換句話說〈周書〉反映孔子及其門下以周公為理想的寄

托。其後魯承周統，宜立魯為王，尊孔子為素王，孔子繼承殷之血統，因而產生尊殷的思想，故於〈周書〉之前編次有關殷商的諸篇。九流並起，對抗於墨家之尊夏禹，儒家乃祖述堯舜，故有〈堯典〉、〈舜典〉。至於記錄皋陶掌刑名的〈皋陶謨〉，乃法家名家興起以後之晚周思想，雖為《尚書》的主要篇章，卻為最晚出的部分。

內藤湖南以為《爾雅》是解釋諸經的字書，其成書的經緯與經書形成的次序息息相關。唯《爾雅》十九篇的成立時代既有不同，各篇又有最初撰述，姑謂之為原始經文的部分與後世附加增益的部分。其從思想的推移發展、經書的用字例與形成的次第，考察《爾雅》篇章形成的先後順序。如內藤湖南以為〈釋詁〉是《爾雅》最古的一篇，〈釋詁〉以「初哉首基」為始，與《尚書》成書較早的〈大誥〉〈康誥〉〈召誥〉〈洛誥〉等篇相同，然而《春秋》則不以為「初哉首基」行「肇始」之義。《爾雅》為解釋諸經的字書，若《春秋》既已存在，《爾雅》必敘述及之，故內藤湖南以為〈釋詁〉的原始經文，即「初哉首基……始也」的撰述或先於《春秋》。唯就文章結構而言，〈釋詁〉宜以「初哉首基」為始而以「求酋在卒就」為終；但是今本《爾雅・釋詁》於「求酋在卒就終也」之後，尚有「崩薨無祿卒徂落殪死也」一句。內藤湖南以為「徂落」與同篇「爰粤于那都繇於也」之「都」，同為古語或方言的特意使用，而非當時通行的文字，而且「都」字乃引自〈皋陶謨〉，典謨諸篇晚出，故「徂落」亦後世增益而附加的。

內藤湖南又以為〈釋言〉倣〈釋詁〉的體例而成的，故〈釋言〉的編成應晚於〈釋詁〉。〈釋言〉篇首有「齊殷中也」一句，

〈釋地〉的「九府」舉八方物產，有「中有岱岳」的記述，即以岱岳為中國的中央。又〈釋地〉的「四極」有「岠齊州以南」一詞，郭璞注：「齊中也」，邢昺疏：「齊中也，中州猶言中國也。」以齊的文化為中國的中心，或為天下士人聚於稷下之戰國時代的思想。至於「殷中也」，則是以殷為中央的思想，蓋與以孔子為素王的思想有關，「殷中也」的解釋，或起於孔子為素王說的時代。何以此兩種不同時代思想的詞會並存於一句之中，內藤湖南以為先有「殷中也」而後竄入「齊中也」。

　　根據上述方法的考證，內藤湖南以為《爾雅》篇章形成的時代為：〈釋詁〉的原始經文部分成於孔門七十弟子的晚期的時代，或距七十子不遠；其後又有戰國初期增益者。〈釋言〉成於以孔子為素王的時代，其後又附加有稷下學問盛行時的部分。〈釋訓〉有與〈釋言〉同時期者，亦有漢初者。〈釋親〉至〈釋天〉各篇，則成於公羊春秋發達，禮學盛行的荀子至漢后蒼高堂生的時代。〈釋地〉至〈釋水〉各篇，成於戰國末至漢初之間。〈釋草〉至〈釋獸〉各篇，或既已存在於解釋詩的時代，至於其形成，則在漢初。〈釋畜〉則成於文景之際。❹

---

❹　「加上說」見於〈大阪の町人學者富永仲基〉（《先哲の學問》，頁 68-69，東京：筑摩書房，1987 年 9 月）。〈繫辭〉的論述，見於〈易疑〉見於《內藤湖南全集》第七卷，頁 39，東京：筑摩書房，1970 年 2 月。有關《尚書》編次的論述，見於〈尚書稽疑〉（原題〈尚書編次考〉，《同書》第七卷，頁 19-23）。至於《爾雅》的考察，則見於〈爾雅の新研究〉（《同書》第七卷，頁 24-37）。

二、文化形成論
——文化以時地為經緯與文化中心移動説

　　文化以時代和土地為經緯與文化中心移動的主張見於內藤湖南《近世文學史論》❺的序論。內藤湖南用「文物與時代」「文物與風土」分別敘述華夏文化因時代地域的差異而各領風騷的情況。文物與時代的關係，內藤湖南說：順隨著時代的變遷，其文化形態有所不同。即中國學術文化發展的歷史過程中，各個時代都有其精

---

❺　《近世文學史論》的原名是《關西文運論》，連載於明治二十九年的大阪朝日新聞，敘述德川時代三百年間學術文化發展的大勢。其旨趣在論述德川時代的政治中心雖然轉移至江戶，但是學術文化的發源地則在關西、即京都與大阪一帶。再就學術文化而言，關西的學問不僅能與江戶分庭抗禮，甚且有超越江戶的所在。至於此一學術文化推移的現象，內藤湖南則是根據趙翼的「文化集中說」而提出「文明中心移動」的。雖然如此，內藤湖南又說一個國度或地域的中心並非唯一，乃有政治與文化等不同的中心。內藤湖南說：中國清朝的政治中心是北京，而文化的中心則在於經濟重鎮與人文薈集的揚州。同樣地，東京是江戶時代以來，日本的政治中心，但是文化中心則在於有富裕的經濟力與保持傳統文化的關西。以此考察現代的中國情勢，雖然政治中心在北京，經濟中心在上海，而文化中心則在臺灣。因為戰後的臺灣維繫了中國傳統文化，除了官方宰制性的儒學以外，民間也有知識階層的理論建構與社會實踐和宗教團體振興傳統文化的活動，對中國傳統文化和臺灣儒學繼承發展，作出了極大的貢獻。特別是 1975 年以來，以《鵝湖》為中心的臺灣新儒家更以關懷時代的道德使命，提出營造人文心靈和文化理想的新中原，恢宏「文化中國」的文化理念，實踐文化慧命傳承的終極理想而開展了文化的進路。此「鵝湖文化」所建構的文化理想可以說是「漢字文化圈」的普遍價值，故產生「鵝湖文化」所在的臺北即是現代中國的文化中心的所在。

華。周朝的文化結晶是典章制度，周秦之際是諸子之學，兩漢是經傳訓詁，六朝是玄學駢體，唐代是詩歌，宋代是儒學，明清則是典籍整理。其次，文物與風土的關係，內藤湖南提出了東西分殊、南北別相的主張。內藤湖南說：中國歷代的學術文化、風俗民情由於山川形勢之地域性差別的關係而有東西的不同與南北的差異。特別是南北乖隔的因素所造成的不同就更為顯著，而且此一文化現象的影響至為深遠。如北朝以經書研究為主，南朝則以詩文酬唱為尚。北宋猶尚故實；南宋則以精思為上。至於朱陸陽明的學問雖繼承北宋的儒學，而體思精微，以心性本體的窮究為極致。

　　分別敘述文物與時代、文物與風土的關係之後，內藤湖南綜論由於時代與風土的結合而形成人文化成文化薈萃的中心的現象。內藤湖南說：文化中心的所在，又因為各個時代的政治、經濟等因素而有移動的現象。趙翼於所著《二十二史劄記》中提出「長安地氣說」，其實長安以前，洛陽匯聚冀州的軍事力與豫州的經濟財富而為三代政治文化的中心所在。再者燕京雖為明清以後發布政權的所在地，但是文化的中心則在江南一帶。至於文化類型的形成是前後因襲相承的，如殷承夏禮，周因商禮而形成儒家所尊崇的禮文。但是政治文化湊合的中心所在一旦衰微以後，再度復起的可能性就微乎其微了。要而言之，內藤湖南以為文化因時而異，因地而適宜，即文化的形成乃以時地為經緯，而文化的中心所在又隨著時代的推移而有所轉移。如中國三代以迄魏晉的文化移動方向是東西方向，南北朝以後則南北方向。再者文化中心一旦轉移，昔日的風光就難再重現。長安的文物鼎盛於唐代，長安文化即代表了唐代的文化，又處於東西文明交會的所在，故唐代的長安文化即是中國文明足以

誇耀世界的象徵。但是今日的西安只是偏處西陲的一省都城，也無國際交流的要衝形勝之地位，昔日帝王紫氣象會聚的錦繡文化既已不在，所謂長安也只是秦皇漢唐陵墓所在的歷史名詞而已。

三、文化發展論——螺旋史觀

在思考東亞文化全體發展的問題時，所謂中國的、日本的、韓國的國家主義或民族意識，就各國而言，固然是相當重要的問題；但是就文化發展而言，則不是以民族為主體的自我展開的過程而已，是超越民族的獨自性和差別性而產生三度空間之文化繼承與融合的過程。換句話說東亞文化的發展是超越民族的境界，以東亞全體為一的文化形態而構築形成的。關於東亞文化的傳播是中心向周邊影響的正向運動和周邊向中心影響的相反方向運動交織而成的「螺旋循環」。❻內藤湖南說：東亞文化的中心在中國，中原文化首先流傳到周邊的地區，周邊民族受到中國文化的刺激，也形成文化的自覺。中世以後隨著周邊民族的勢力增強，文化擴張的運動也改變其方向，逐漸由周邊向中心復歸。此正向運動與相反運動，作用與反作用交替循環即是東亞文化形成的歷史。❼因此，就東亞文

---

❻ 內藤湖南〈學變臆說〉說：文化傳播的路徑不是直線的，而是螺旋狀而提昇。（《淚珠唾珠》所收，《內藤湖南全集》第 1 卷，東京：筑摩書房，1996 年 1 月）。

❼ 有關內藤湖南「螺旋史觀」的學說，參宮崎市定〈獨創的なシナ學者內藤湖南博士〉（《宮崎市定全集》24，東京：岩波書店，1994 年 2 月），小川環樹〈內藤湖南の學問とその生涯〉（《內藤湖南》，東京：中央公論社，

化發展而言，其主體雖然是中國的文化，中世以後則形成包含中國以內的東亞文化的時代。至於東亞文化形成的軌跡，則是最初發生於黃河流域的中國文化逐漸發展而影響周邊民族的「中心向周邊」的發展徑路。周邊民族吸收中國文化而產生「文化自覺」，周邊民族自覺的結果，終於形成影響中國的勢力，周邊的文化也流入中國，即「周邊向中心」發展的文化波動。

　　內藤湖南以螺旋史觀的文化發展論作為區分中國歷史的主要根據。內藤湖南以為三代到西晉是中國文化向外擴張的時代；五胡十六國到唐代中葉，則是周邊各民族逐漸強大，其勢力漸次地威脅到中原。到了唐末五代，外族的勢力達到頂點。宋元明清以迄現代則是中心向周邊與周邊向中心的反復循環。❽就中國歷史的發展而言，中國歷史上曾發生了二次政治、社會、文化等人文現象的轉換期，而形成上古、中世、近世的三時代。其在《支那上古史》的〈緒言〉❾中說：

　　　第一期　上古　開闢（太古）至東漢中葉

　　　　　　　　　中國文化形成、充實而向外部擴張的時代。

　　　第一過渡期　東漢中葉至西晉

　　　　　　　　　中國文化停止向擴張的時代。

　　　第二期　中世　五胡十六國至唐中葉

　　1984 年 9 月）。

❽　〈日本文化とは何ぞや（その二）〉，《日本文化史研究》（上），東京：講談社學術文庫 76，1987 年 3 月，頁 25-32。

❾　《內藤湖南全集》第十卷，東京：筑摩書房，1969 年 6 月，頁 9-13。

　　　　　異族勢力入侵，佛教等外來文化傳入。

　　　　　貴族主導中國社會、文化的時代。

　　第二過渡期　唐末至五代

　　　　　外來勢力極於鼎盛的時代。

　第三期　近世前期　宋至元

　第四期　近世後期　明至清

　　　　　固有文化復興而文化歸於庶民。

　　　　　異族支配而君主獨裁（專制政治）的時代。

　　中國於古代時代，在黃河流域形成了所謂「中華文化」，然後向四方擴張發展，促使中國周邊的各民族產生文化自覺，此即所謂「內部向外部」的波動。到了中世、即南北朝至五代，外族挾持武力入侵中原，周邊民族的文化也隨之傳入中國，即「外部向內部」的波動。此文化波動的方向改變是區分中國上古與中世的依據所在。再者中世時，周邊民族的勢力強大，逐漸威脅中土，進而侵入中原，甚至支配中國領土，此間維繫中華文化於不墜的是貴族。中國貴族在東漢中葉以後，逐漸擁有其政治社會的勢力，至南北朝而到達鼎盛，唐朝的貴族依然保持著其舉足輕重的優異情勢。雖然如此，即使異民族統治中國，維護中國傳統文化的還是公卿顯貴的族群。換句話說內藤湖南以為東漢以來貴族勢力勃興也是區分中國上古與中世的根據。

四、宋代為中國近世說

　　時代由唐末五代而推移到趙宋是朝代的更替，貴族政治崩壞而君主專制出現的政治現象，是決定中世與近世之分界點的因素之一。內藤湖南以為中國中世的君主與貴族的地位並未有明顯的差距，特別是外戚的權勢更甚，有時甚至凌駕天子之上，篡奪王位。但是宋代以後，天子主宰朝政的地位鞏固，外戚的權威失墜，王位篡奪之事也不易產生。又由於君主專制的局勢形成，任官制度也隨之改變。魏晉以至唐代，重要官位始終為貴族所獨占，所謂「九品中正」無非是保障貴族權利的制度。科舉始於隋代，唐代因襲，而真正能發揮公平科考，唯才是任之功能的，則是宋代以後。換句話說唐以前的中世，貴族是社會的特權階級，獨領了政治文化的風騷；但是宋代以後，由於科舉任官的制度公平地實行，有才學見識的士人庶民取得了政治運作與表現當代文化的發言權。再就學術研究與文學創作而言，在經學方面，漢唐以重視師法傳統之經傳注疏為主；宋代則以個人新義為主，在哲學思想上，唐代是以佛學研究為主流；宋代則以心性義理之儒學思想體系之建立為依歸。在文學創作上，六朝以至唐代是以詩賦為主流；宋代則以散文作為敘述自由意識的工具。在經濟方面，到唐代為止，大抵是以實物經濟為主，宋代則改變為貨幣經濟。就繪畫而言，六朝到唐代是壁畫為主，又以金碧山水是尚，到了五代宋代，則流行屏障畫一，又以墨畫為多。而且宋代文人畫的興起，則象徵著由嚴守家法之畫工專擅而趨向表現自由意志之水墨畫。由於宋代的文化現象大異於唐朝，

故內藤湖南以為宋代揭開中國近世歷史的序幕。❿其於〈近世支那
の文化生活〉⓫說：「文化生活經過長期的發展以後，其產生復歸
自然的呼聲乃是必然的結果。唐代以前庭園等建築都以人工彫琢為
極致；到了宋代，天子的御園也取自然的逸趣，建築或採民家質樸
的風味。繪畫上則山水的自然之美尤勝於樓閣之危聳華麗。至於養
身之道，唐代以前常以藥石作為強身；宋代以後則重視全身的滋
養，甚至有主張自然的回復體力以治病者。文明發展的同時，自然
破壞也伴隨而來，因此宋代以後或有意識性地提出資源保護的法
律。特別是元、滿入主中國，自身急激的中國化的同時，過度文化
生活的反動，即回歸自然的意識於是產生。如清朝維護森林，保護
野生人參的法律或可反映對於環保的意識。」因此，在中國的歷史
空間裏，所謂時代區分，固然有時代差異的各別意義，卻更是歷史
流衍中文化突破的意識。故時代的區分並不只是以朝代交替為根
據，社會制度的變遷、文化內涵的差異所具有意義，才是其重要的
因素。即所謂「時代」，不只是政權更迭轉移的象徵而是政治、社
會、經濟、思想、學術等人文現象的的綜合體。從政治史、社會
史、經濟史、思想史、學術史的角度進行總合性的探討，才能清楚
地說明歷史流衍中的「時代」的特徵，正確地把握「時代」的文化
意義。換句話說「時代」包含著時間與空間的兩層意義，「時代」
的空間意味著文化的形成，而時間的意義在於文化的突破。至於突

---

❿　〈概括的唐宋時代觀〉，《內藤湖南全集》第八卷，東京：筑摩書房，1969
　　年8月，頁111-119。

⓫　《內藤湖南全集》第八卷，東京：筑摩書房，1969年8月，頁120-139。

破的意義，不是前所未有的創造而是繼承性的創新。譬如絢爛的三彩是唐代文化的代表，而純白青白的創造則是宋代的象徵。超越華美的外觀而重視素樸沉潛之內在精神是宋代知識分子於文化意識上的突破。

五、中日文化影響論——鹹鹽說

關於文化的意義，內藤湖南說：「文化是以國民全體的知識、道德、趣味為基礎而構成的。知識、道德、趣味等文化的基礎要素，到底有多少依然存在於現在的日本。至於政治、經濟等反映人生需求而產生的諸事象，是否完全符應民眾的願望。再者知識、道德、趣味等文化基礎是否也順應民眾的要求。都是探究文化時所必需考慮的問題。」⑫

即「文化」是「知識、道德、趣味」的綜合，既有繼承古往的接續性，又有是否符合當代民眾的需求與國民全體如何體現的時代性與普遍性。至於當代日本人如何理解其自身的文化。內藤湖南說：

> 日本文化的形成就像製造豆腐一樣，日本雖然擁有做成豆腐的素材——豆漿，卻沒有使之凝聚成豆腐的題材的力量，中國文化就像使豆漿凝聚成豆腐的「鹹鹽」。再舉一個例子來

---

⑫ 〈日本文化とは何ぞや（その一）〉，《日本文化史研究》（上），東京：講談社學術文庫76，1987年3月，頁15。

　　說：兒童雖然擁有形成知識的能力，但是必須要經過長者的
　　教導，才能具有真正的知識。日本分的形成也是這樣的。❸

世界上任何一國的國民都抱持著自身文化古老悠久或先進優越性的
想法。日本自然也不例外。早在江戶時代，新井白石（1656-
1725）、賀茂真淵（1696-1769）、本居宣長（1729-1801）等人就提出日
本歷史悠久文化先進的見解。❹而明治時代以來，隨著政治安定經
濟發展而國力強大的情勢影響，大日本主義的思潮高漲，所謂日本
文化「自發性」的論調成為當時學術界的共識。民間大眾也認同於
日本文化悠久優越性的主張。但是內藤湖南則以為除了世界文明發
源的少數幾個國家以外，所謂文化自發的情形是不可能存在的。日
本並非沒有形成文化的素質，或可稱之為「文化雛型」，但是日本
文化的雛型也只不過是渾沌狀態而已，在經過中國文化的點化刺
激，進行分解結合以後，才凝聚成粗具形式的日本文化。換句話說
內藤湖南以為日本文化的形成是外發性的。如果說日本的文化雛型
是豆漿，則中國文化就是「鹹鹽」，而日本式東洋文化形態就是豆
腐。亦即由於受到一如點化劑存在的中國文化的催化，像豆漿似渾
沌狀態的日本文化雛型才凝聚成豆腐般的日本式的東洋文化。
　　要而言之，內藤湖南以為日本文化的形成是外發性的，而其主
要的助力是中國文化。在日本文化演進發展的過程中，始終與中國

───────────────

❸　〈日本文化とは何ぞや（その一）〉，《日本文化史研究》（上），東京：
　　講談社學術文庫 76，1987 年 3 月，頁 15。
❹　〈日本國民の文化的素質〉，《日本文化史研究》（下），東京：講談社學
　　術文庫 76，1987 年 3 月，頁 101-103。

文化密接的關連，這是學術界的通說。但是就歷史文物的保存與符應本土需求的觀點而言，內藤湖南以為「應仁之亂」。**⑮**

六、應仁之亂是日本近世文化形成的契機

　　日本學術文化的發展頗受中國的影響。自聖德太子以後至平安朝是接受漢唐注疏之學與唐代的文化。德川時代的二百五、六十年則是宋明理學、宋代文化與清朝考證學。就學術文化的性質形態而言，前者是貴族文化、宮廷文學；後者則是庶民文化，而學術也由朝廷普及至民間。此一學術文化轉型的契機則是應仁之亂，內藤湖南從日本文化獨立的歷史背景、覃精竭慮於文物的保存與文化的傳播等事例，說明應仁之亂是日本脫離中國模式而創造日本獨特文化的重要關鍵。

　　有關日本文化獨立的歷史背景，內藤湖南以為藤原時代到鎌倉時代的四五百年間**⑯**，日本的社會形態起了巨大的變化，即武士的

---

⑮　所謂「應仁之亂」（1467-1477）是室町時代末期以京都為中心而發生的大亂。將近十年的戰亂，使京都幾乎形成墟廢，幕府失墜、莊園制度崩壞。地方武士的勢力強大，因而加速了戰國大名領國制度的發展。又由於公家（即公卿大夫）避難到地方，造成文化普及至地方的一個因素。是日本獨特文化創生的重要關鍵。

⑯　藤原時代是指平安後期遣唐使廢止（894）以後的三百多年間。政治上是攝關、院政、平氏掌政的時期。學術文化上「唐風」（即中國色彩）逐漸淡薄，宗教上則是淨土宗盛行。鎌倉時代（1885-1333）的文化特色是武士階級吸收公家文化，進而創造出反映時代性的新文化。影響所及，皇族公卿也產生思想改革的自覺。

勢力急劇擴張，逐漸形成「下剋上」的局勢。政治社會的情勢如此，思想文化也產生由下往上，即由武士庶民的文化影響到皇族公家的現象，造成日本思想文化革新的機運。內藤湖南以為後宇多天皇（1267-1324）到南北朝（1336-1392）的一百年間，是日本文化獨立成型的重要關鍵。至於獨立文化之所以產生，內藤湖南以為有內在和外在的因素。後宇多天皇以後的南朝系的天皇頗多抱持著改革的思想，因而孕育了革新的機運，是日本文化之所以能獨立的內在因素。而蒙古軍隊攻打日本九州北部、即所謂「文永、弘安之役」是日本文化獨立的外在因素。內藤湖南說：

> 後醍醐天皇繼承其父後宇多天皇革新的觀念，所謂思想獨立與創造獨立文化的理想既已根植於心。在學問研究方面，以為漢唐注疏之學僅止於字句訓詁而不能發揮經典的義理。宋代理學恰好可以體現其學術宗旨，因而以宋學作為經典詮釋的根據。**⑰**

由於宋學的影響，在後醍醐天皇的時代對於經書的理解有了新的詮釋。至於佛教的解釋也不墨守所謂傳統佛教的真言或天台的教理；而以鎌倉時代興起的禪宗為歸宗。換句話說由於後醍醐天皇提倡宋學和禪宗，當時學術界乃呈現出新思想、新解釋的學問思潮。這是日本學術文化革新而趨向獨立的內在的因素。至於「文永、弘安之

---

⑰　〈日本文化の獨立〉，《日本文化史研究》（下），東京：講談社學術文庫76，1987 年 3 月，頁31。

役」何以是日本文化獨立之外在因素，內藤湖南說：

> 蒙古來襲的防禦是日本開國以來的大事件，因此舉國上下無
> 不祈求神佛以免除國難。結果神靈顯驗，九州北部地區颶風
> 突起，蒙古船隻沉沒殆盡而敗退。中華文化是日本的根源，
> 中國仍不免為蒙古所滅亡，而日本卻得到神佛之助而免於蒙
> 古的迫害。由於此一戰役，日本產生「日本為神靈之國」而
> 且是世界最為尊貴的國家的思想，也助長日本文化獨立的趨
> 勢。……雖然經過足利時代是日本文化發展的暗黑時期，文
> 物毀於戰火，古老的文化也蕩然無存。雖然如此，龜山後宇
> 多天皇到南北朝之間所產生的「日本為神靈之國」的新思想
> 與日本文化革新獨立的理想，即以日本為中心的思想依然存
> 在著，終於在德川時代構築了日本獨立文化的原型。此一新
> 思想與文化獨立的理想之所以能維繫不墜，主要是因為應仁
> 之亂時公卿學者於文物保存與流傳的苦心經營。**❸**

關於應仁之亂的時人如何覃精竭慮於文物保存與文化傳播的情形，
內藤湖南說：應仁之亂雖然是日本歷史上的黑暗時代；當時的貴族
士人卻竭盡所能地保存古來相傳的文物、傳播可能失傳的文化與技
藝，因此應仁之亂也是日本獨特文化形成的時代。在文物保存方
面，內藤湖南說：目錄學不但是圖書分類、書目品評的學問，也是
擁有悠久文化的表徵。《本朝書籍目錄》是足利時代所編纂的圖書

---

❸　同上，頁 27-31。

目錄，從編目看來，有中國傳來的，也有日本固有的書籍，雖然未必能顯現出日本絕無僅有的獨特性，卻足以證明在混亂時代中，日本人極盡可能地保存古來相傳的文化。⑲如一條兼良為避免所藏的書籍遭到戰火的焚燬，將充棟的書籍藏之於書庫。豐原統秋為了家傳的笙譜能傳諸後世而撰述《體源抄》一書。可見於擾攘之際，盡力保存古代文化之一端，是當時公卿士族共通的理念。在保存中華文物上，中國人也未必如此費心，就此意義而言，日本人竭盡心血以保存古來相傳的文化，因而得以傳之後世的文化就說是日本的文化。⑳再者知識技藝的傳授，固然是應仁亂後，公卿貴族用以糊口的手段，卻由於時代思潮的影響，形成日本獨特的文化。如神道的傳授，從奈良時代到平安時代的神代記事，並沒有哲學性的思考。到了鎌倉時代末期到足利時代之間所形成的神道，則用佛教的教義解釋《日本書紀》神代卷的記述，神道因而具備了哲學性的意義。如吉田家的神道即是。又由於吉田神道具有形上架構，吉田神道乃建立其權威性。即非得到吉田家的傳授就不是正統的神道。其他的技藝傳授、如和歌亦然。換句話說由於尊敬專業性、正統性與權威性而形成所謂「某家」「某道」「某流」之「文化正統」的觀念，是在應仁之亂前後的黑暗時代。㉑

---

⑲　〈日本國民の文化的素質〉，《日本文化史研究》（下）東京：講談社學術文庫 76，1987 年 3 月，頁 96-97。

⑳　〈應仁の亂について〉，《日本文化史研究》（下），東京：講談社學術文庫 76，1987 年 3 月，頁 73-74。

㉑　〈日本國民の文化的素質〉，《日本文化史研究》（下），東京：講談社學術文庫 76，1987 年 3 月，頁 98-100。

結語：京都中國學的樹立

內藤湖南有關東洋文化史的一系列研究論述，是脫離傳統漢文的「場」而以世界為目標之學風下的產物。其以為日本文化中固然有中國文化的存在，但是由於前人的愛惜保有與融合受用，中國既已亡佚的文物，卻尚存在於日本，進而形成「日本的」文化，此「受容而變容」的文化即是日本獨特的文化形態。明治以來，更以「受容而變容」的形態融通西洋近代文化與東洋傳統文化而形成的日本近代學術文化。因此於明治三十三年主張日本近代中國學宜以融合東西學術，創造第三新文明為目標。至於學問的方法則是以通古今之變的史觀，運用清朝考證學與歐洲東方學術研究的方法論，分析東西方於中國學研究的優劣長短，進而以嚴密的考證，重新評述既有的研究成果，開拓新的研究為究極。❷以內藤湖南、狩野直喜為中心而創刊的《支那學》雜誌，則是實現以合理的科學的精神為治學的態度，蒐集了達到世界學問水準之研究論著的具體成果，確立了日本近代中國學的基礎。再者以內藤湖南、狩野直喜為中心之京都中國學派所從事的「敦煌學」與「俗文學」的研究，更開啟以「與中國當代考證學風同一步調」之新學風為目標，而形成合乎世界學術水準的學問，故狩野直喜與內藤湖南可以說是京都中國學的雙璧。而其門下弟子又有鑽研史學的貝塚茂樹、宮崎市定，精通文學的小川環樹、吉川幸次郎、青木正兒，深究思想的武內義雄、

---

❷ 〈讀書に關する邦人の弊風付漢學の門徑〉，《內藤湖南全集》第 2 卷，《燕山楚水》，東京：筑摩書房，1996 年 12 月。

小島祐馬，旁通文史的神田喜一郎、桑原武夫等人繼承狩野直喜與
內藤湖南二人以清朝考據學為基底之科學實證的學風，對中國學的
各分野進行精湛的研究，不但是近代日本中國學的權威，也形成京
都中國學派，而於世界漢學界有舉足輕重的地位。㉓

㉓ 關於京都中國學學者的參見《東洋學の系譜》第 1、2 集（江上波夫編著，東
　　京：大修館書店，1992 年 11 月、1994 年 9 月），《東方學回想》（全 9
　　卷，東京：刀水書房，2000 年 2-10 月），張寶三《唐代經學及日本近代京都
　　學派中國學研究論集》（臺北：里仁書局，1998 年 4 月）。

武內義雄：
日本近代諸子學的先驅

關鍵詞　舌人意識　中國學研究法　中國思想史學　諸子學

一、武內學形成的學術環境

　　武內義雄（1886-1966），三重縣人，明治 40 年（1907）9 月，入學京都帝國大學文科大學支那哲學史講座，大正 12 年（1923）4 月，聘任東北帝國大學法文學部支那哲學史教授。昭和 3 年（1928）4 月，以《老子原始》獲得京都大學文學博士。昭和 17 年 5 月兼任帝國學士院會員，20 年 4 月任命宮內省御用掛，21 年 5 月自東北大學退休，24 年 3 月辭退宮內省職位，35 年 11 月獲文化功勞之表彰，39 年 11 月頒授二等旭日重光勳章。所著《老子原始》《諸子概論》《論語の研究》《易と中庸の研究》等書編纂成《武內義雄全集》十卷，於 1978、9 年，由角川書店出版。

　　金谷治先生敘述其師武內義雄的學問，指出武內義雄就學於京都大學時，聽講於狩野直喜「清朝學術沿革史」的授業，而精讀閣

若璩《尚書古文疏證》，感佩其考證的精確和引證的該博。因此，致力於清朝考證學的鑽研。古希（七十）祝壽宴會，講演「高郵王氏の學問」，說明戴段二王之細密實證的乾嘉學風，正確詮釋古代語言的「舌人意識」是其學問宗尚的所在。由此可知，武內義雄的學問是以清朝考證學為基礎，其研究是以確實解讀原典為出發點。正確解讀原典是古典研究和歷史研究必然的基底，唯「武內學」則兼融訓詁學、校勘學、目錄學和原典批判的方法論。武內義雄以清朝訓詁學，尤其是王引之「舌人意識」為底據，審慎的解釋古典的文句。其譯注的《論語》《老子》即是精密訓詁的結晶。然而正確解讀古典，除了訓詁以外，又有校正傳承誤衍的必要。江戶時代享保年間（1716-1736）山井鼎（1680-1728）著作的《孟子七經考文》流傳清朝，阮元等人取法而校勘異本異文，校正文字和校定版本而展開校勘的學問。不過，武內義雄的校勘又應用目錄學的方法，以歷代圖書目錄和日本的古抄本，考究異本的源流，辨明正確的文本。《論語之研究》《老子の研究》則是武內義雄運用校勘目錄學而著述的成果。

　　武內義雄除了運用訓詁學和校勘學之外，又加上原典批判的方法，而展開其思想史學的方法論。原典批判（texte critique）的方法確立於西歐的古典研究，但是武內義雄的原典批判的思維是受到其師內藤湖南的影響。內藤湖南彰顯江戶儒者富永仲基（1715-1746）的《出定後語》，以富永分析佛典古代記錄是後代加上的「加上法」，分析篇章的內容，考辨經典的成書年代。❶內藤湖南著作

---

❶　內藤湖南推衍富永仲基的「加上法」而提出「歷史考證加上說」。有關內藤

〈爾雅の新研究〉〈易疑〉，而武內義雄則致力於《老子》《論語》《易》《中庸》的考定，進而樹立其中國思想史學。❷

　　武內義雄八十年的生涯，蓋可分為京都受業清朝考證學，東北著述諸子、思想史學和晚年講述著書的三個時期。其學問的基底是京都中國學、清朝考證學、江戶校勘學和漢代以來的目錄學而樹立的是原典批判的文獻考證學和中國思想史學。茲以武內義雄的《支那學研究法》論述其中國學方法論，《論語之研究》說明其文獻考證學，《老子の研究》探究其原典批判學，《中國思想史》《中國思想史ノート》究明其中國思想史學。

二、中國學方法論：
以《支那學研究法》為例

　　《支那學研究法》是武內義雄自東北大學退休而移居東京的昭和 22 年（1947）孟秋，應來訪的東北大學學生的請求，修改舊作而成的。全書凡三篇，〈第一總論〉是修正大正 13 年（1924）於東北地方中等教員講習會講演的〈漢學研究法〉而成，〈第二文字學〉是昭和 6 年（1931）刊載於《岩波講座日本文學》，〈第三目錄學〉是昭和 7 年（1932）於東北大學圖書館講習會講演的修訂。❸

　　湖南的「歷史考證加上說」，參見連清吉《日本近代的文化史學家——內藤湖南》，臺北：臺灣學生書局，2004 年 10 月，頁 77-104。

❷　金谷治〈武內義雄〉，《東洋學の系譜》，東京：大修館書店，1992 年 11月，頁 249-259。

❸　見武內義雄《支那學研究法・はしがき》，《武內義雄全集》第九卷，東

金谷治先生說：《支那學研究法》雖是為有志於中國學研究之初學者提示最基礎的方法而刊行的，卻超越入門書的範疇，是武內先生學術圓融之後的著作，不但以獨創的見解，敘述自身的學問方法，也明確的顯示繼承清朝考證學之京都中國學方法論的核心所在。❹

　　武內義雄以為中國學的範圍極廣，各個領域應當有各別的研究方法，但是所有領域既以中國古典文獻為根本資料，自然也存在著共通的研究方法，而中國學研究的基礎就是文字學和目錄學。〈第二文字學〉分別說明文字的形、音、義。〈文字之形〉章首先敘述甲骨文字以來漢字的變遷，其次以《說文解字》為中心，說明六書的構造，繼承江永與狩谷掖齋的「四體二用」之說，進而指出《說文解字》在究明文字構造和本義，而《爾雅》和《方言》則在說明文字運用和轉義。〈文字之音〉章羅列魏晉以迄明代韻書五十四種，並根據《隋志》以及其他著錄所載韻書的時代順序，探究音韻的變遷，進而將五十四種韻書歸為六類，區分為魏晉以前，六朝末年到唐初，唐代中葉到五代，宋元，元明以後等五個時期。〈文字之意義〉章則說明文字的本義，轉注義和假借義，繼承清朝考證學之明古音以正訓詁的傳統，強調究明魏晉以前的音韻，才能理解文字的假借轉注。進而主張中國古典存在著韻文與散文混融並在的現象主張，如今本《老子》即是古代口頭傳的韻文和後代新出之散文合編而成的。

京：角川書店，1979 年 10 月，頁 1-2。

❹　金谷治〈武內義雄《支那學研究法》《中國思想史ノート》解說〉，《武內義雄全集》第九卷，其後收載《金谷治中國思想論集》下卷，東京：平河出版社，1997 年 9 月，頁 431。

　　武內義雄在所著〈王引之〉❺一文，引述龔自珍〈工部尚書高郵王文簡公墓表銘〉：

> 吾之學於百家未暇治，獨治經。吾治經，於大道不敢承，獨好小學。夫三代之語言與今之語言，如燕越之相語也。吾治小學，吾為之舌人焉。其大歸曰用小學說經，用小學校經而已矣。……吾用小學校經，有所改，有所不改。周以降書體六七變，寫官主之，寫官誤，吾則勇改。孟蜀以降，槧工主之，槧工誤，吾則勇改。唐宋明之士，或不知聲音文字而改經，以不誤為誤，是妄改也，吾則勇改其所改。若夫周之沒漢之初，經師無竹帛，異字博矣，吾不能擇一以定，吾不改。假借之法，由來舊矣，其本字什八可求，什二不可求，必求本字以改假借字，則考文之聖之任也，吾不改。寫官槧工誤矣，吾疑之且思而得之矣，但群書無佐證，吾懼來者之滋口矣，吾又不改。

說明王引之的學問宗尚在於「為三代之舌人」而致力於假借字的考究，用以精確的訓詁古典的文義。金谷治說：就（武內）先生的學問而言，文字學是其研究方法的根底，不過其文字學不是如同說文學者往語源研究的方向推進，是將重點放在歸納使用例的訓詁方面，即旨在正確解讀獨古典的文字學，而不是一味的探究文字的形音而已。這就是王引之的「舌人意識」的宗旨，也是《支那學研究

---

❺　收載《武內義雄全集》第十卷。東京：角川書店，1979 年 10 月，頁 284-286。

法》之「文字學」的內容。❻

〈第三目錄學〉敘述劉歆《七略》以迄《明史·藝文志》之正史目錄與分類的變遷，敘述劉向《別錄》到《四庫全書總目提要》的解題，明末清初藏書家的目錄，說明校勘學勃興的經緯。目錄學的重視是京都中國學的傳承，不但內藤湖南有《支那目錄學》的專著，狩野直喜《中國哲學史》也指出古典的批評、訓詁和校勘是中國古典的研究法，目錄學則是選別中國哲學史文獻的重要依據。❼換句話說，武內義雄繼承師說，強調文字學和目錄學是中國學研究法的基礎。

〈第一總論〉是武內義雄著述《支那學研究法》要旨的所在，既說明文字學和目錄學是中國學研究法的基礎，也強調輯佚、校讎和整理是中國學的共通研究法。輯佚盛行於清朝而功績顯著，然武內義雄強調日本收藏的舊鈔本，頗多中土所失傳的。如皇侃《論語義疏十卷》收藏於宮內府圖書寮和足利學校圖書館，寬延（1748-1751）年間根本遜志（1699-1764）校刻足利學校所藏本，其後傳入中國，先後編入《四庫全書》《知不足齋叢書》。又如《群書治要》，宋代以後散逸不見，而日本古來貴重，輒進講天聽。鎌倉時代亦為將軍所尊重，建長（1249-1256）文應（1260-1261）之際，清原

---

❻　金谷治〈武內義雄《支那學研究法》《中國思想史ノート》解說〉，《武內義雄全集》第九卷，1979 年 10 月，東京：角川書店。其後收載於《金谷治中國思想論集》下卷，東京：平川出版社，1997 年 9 月，頁 432。

❼　內藤湖南《支那目錄學》，收載《內藤湖南全集》第十二卷，東京：筑摩書房，1970 年 6 月。狩野直喜於中國古典之研究法和目錄學重要性的論述，見《中國哲學史·第一編總論》，東京：岩波書店，1953 年 12 月，頁 12-29。

教隆手抄寫本而藏於金澤文庫，德川時代移至紅葉山文庫，現藏於宮內府圖書寮。刊行版本則有元和活字本、天明尾州藩本等。河村益根、岡田挺之、窪木青淵等人自《群書治要》輯錄《孝經》而刊行《鄭注孝經》，傳入中國，清儒詳加考證，皮錫瑞的《孝經疏證》堪稱最為完備。至於林述齋校刊中國失傳而日本珍藏古本的《佚存叢書》，楊守敬據以蒐集而成《古逸叢書》，則是中日文化交流的韻事。因此，武內義雄強調：「廣為搜訪，提供新資料，進而促進研究，是我國學者的責務。」❽

　　校讐起源於漢代，劉向《別錄》：「一人讀書，校其上下，得謬誤為校，一人持本，一人讀書，若怨家相對為讐」。唐陸德明校對經典異文而作《經典釋文》三十卷。明末清初，藏書風氣盛行，清初，畢沅盧文弨校勘古典，校正舊本的謬誤，至乾嘉而校勘學隆盛。唯乾嘉學者之校勘大抵根據宋元以後的版本而甚少使用隋唐的古抄本。日本則有不少隋唐抄本及其轉寫的古寫本，享保（1716-1736）時，山井鼎（1680-1728）根據足利學校所藏古抄本和舊版本校定經書而成《七經孟子考文》。清儒阮元翻刻於江西，且於所作《宋本十三經注疏校勘記》，多所引用。清末敦煌文書出土，亦為校勘的重要資料。因此，對照校讐宋元以來舊版、日本所藏隋唐古抄本和敦煌出土古抄本而確定精善的文本是古典研究的第一步。至於校定善本時，所需留意用心的是目錄學的精通，書籍系統的確定，嚴格底本的選定，留意古書的引文，勿妄改經典底本。金谷治

---

❽　《支那中國學研究法》，《武內義雄全集》第九卷，東京：角川書店，1979年10月，頁14-28。

以為武內義雄於校勘方法的論述中，最用心的是「書籍系統的確定」。校勘的資料雖然是多多益善，但是異文的正誤則未必取決於數量的繁多。同一系統的底本雖多，而未必多益，確定書籍系統而選定三四底本進行校勘，勝於任意摘取數十刊本的校勘。武內先生於校勘學的代表性著作是《論語》的校定。❾

　　文獻蒐集校勘之後，要綜合性的整理文獻成立的先後關係，就需要洞察文獻的歷史背景。但是歷史記載要皆傳統的通說，要判別傳統解釋的正誤，避免獨斷，則有確立客觀標準的必要。富永仲基的「加上法」就是整理文獻的尺度標準。武內義雄以為清儒的文獻考證極其縝密確實，但是文獻未必始終存在，若文獻付諸闕如，無法進行考證時，富永的「加上法」則能彌補闕漏，打破無從下手研究的瓶頸。就此意義而言，富永仲基的「加上法」是整理古典文獻，研究中國學時，可資運用的重要方法。❿武內義雄嘗說：「我於中國思想展開的思考，頗得力於（富永）仲基的方法論」。金谷治說：最初應用加上法的是內藤湖南的《尚書》研究，武內先生繼承內藤的研究，從文獻學的立場轉向思想展開的把握。仲基所謂「言有三物」，即「言有人、言有世、言有類」，文獻語言皆有特性，非把握因人、時代和表現方式的差異性不可。武內先生既適用於文獻批判，也應用於思想背景的歷史考察，而建構思想史學。

---

❾　金谷治〈武內義雄《支那學研究法》《中國思想史ノート》解說〉，《武內義雄全集》第九卷，1979 年 10 月，東京：角川書店。其後收載於《金谷治中國思想論集》下卷，東京：平川出版社，1997 年 9 月，頁 436。

❿　《支那中國學研究法》，《武內義雄全集》第九卷，東京：角川書店，1979年 10 月，頁 51-64。

《中國思想史》的著作即是樹立中國思想史學的里程碑。⓫

三、文獻考證學：以《論語之研究》為例

日本江戶時代的學問是以宋代儒學的研究為主流，《四書》是學者和武士必讀之書，因此，有關《論語》的研究也最多。⓬至於《論語》篇章的考證，伊藤仁齋（1627-1705）指出：

> 論語二十篇相傳分上下，猶後世所謂正續集之類乎。蓋編論語者，先錄前十篇，自相傳習，而又次後十篇、以補所遺者。故今合為二十篇云。何以言之。蓋觀鄉黨一篇，要當在第二十篇，而今嵌在中間，則知前十篇既自為成書。且詳其書，若曾點言志，子路問正名，季氏伐顓臾諸章，一段甚長。及六言六蔽，君子有九思三戒，益者三友，損者三友等語，皆前十篇所無者。其議論体製亦自不與前相似。故知後十篇乃補前所遺者也。（《論語古義・總論》）

⓫　金谷治〈武內義雄《支那學研究法》《中國思想史ノート》解說〉，《武內義雄全集》第九卷，1979 年 10 月，東京：角川書店。其後收載於《金谷治中國思想論集》下卷，東京：平川出版社，1997 年 9 月，頁 436-437。

⓬　安井小太郎《經學門徑書目》載錄書目可為佐證。詳參連清吉〈清代與日本江戶時代經學考證學的異同——通過梁啟超《清代學者整理舊學成績》與安井小太郎《經學門徑書目》的檢討〉，《日本江戶時代的考證學家及其學問》，臺北：臺灣學生書局，1998 年 12 月，頁 177-204。

以〈鄉黨篇〉的內容異於《論語》的其他諸篇，宜置於全書的末尾，就今本《論語》排列〈鄉黨篇〉於第十篇，則可推測《論語》乃經過兩次的編集，以〈鄉黨篇〉為分界，包含〈鄉黨篇〉在內的前十篇為第一次的編集，後十篇則猶如補遺的形式，是補充前十篇之不足而編集完成的。再就文章的體例而言，前十篇大抵為語錄問答式的文體，而後十篇則有如「曾點言志」「子路問正名」「季氏伐顓臾」等長編議論的文章。這又是《論語》一書可分為前後各十篇的根據所在。

　　武內義雄著述《論語之研究》，於〈序說〉首先敘述中日《論語》注疏史，何晏《集解》和朱子《集註》是中國詮釋《論語》的二大系統，至於伊藤仁齋的原典批判與山井鼎的文本校勘則是江戶儒學的代表。其後，說明《論語》的版本及其校勘，進行《論語》的原典批判，考察《論語》傳本的思想內容。其於《論語》的考證，除祖述伊藤仁齋的考證方法之外，又應用目錄學的方法，究明《論語》傳本的源流。武內義雄說：

> 研究古典的態度有三，第一是語言學的態度，即解釋字句而把握文義的訓詁學，第二是宋明性理學的態度，即根據讀者抱持的思想而毫無矛盾的說明古典的涵義，第三是原典批判的態度，即考察書籍的變遷，探究書籍的源流，闡明書籍原始的意義。⓭

⓭　武內義雄《論語之研究·結論》，《武內義雄全集》第一卷，東京：角川書店，1978 年 7 月，頁 192。

武內義雄以原典批判的態度，對《論語》進行研究。其以為今本
《論語》乃綜輯漢初所存《魯論》《齊論》《古論》而成，這是眾
所周知的，但是漢初以前的面貌，則不得而知。於是根據王充《論
衡・正說》：「至武帝，發取孔子壁中古文，得二十一篇，齊魯二
（篇），河間七篇，（計）三十篇」的記載，由於文字變遷而產生各
種異本，主張在《古論》發掘以前，即有《齊魯二篇本》，《河間
七篇本》以及所謂孔子語錄之「傳」的存在，進而將現行《論語》
二十篇還元於《古論》的篇次，再比對《齊魯二篇本》《河間七篇
本》的內容，主張今本《論語》蓋分為以下四個部分：

 ㈠學而第一、鄉黨第二是壁中《古論》的篇次，獨立成書，或
  為《齊魯二篇本》。

 ㈡雍也第三、公冶長第四、為政第五、八佾至第六、里仁第
  七、述而第八、泰伯第九等七篇是《河間七篇本》，而子罕
  第十是後人所附加的。

 ㈢先進第十一～衛靈公第十五，子張第十九～堯問第二十等七
  篇是齊人所傳孔子語錄，或為《齊論》的原始形式。

 ㈣季氏第十六、陽貨第十七、微子第十八是後人增補的。

至於成立的順序，則為：

 ㈠《河間七篇本》 即《魯論》，乃以曾子為中心，曾子、孟
  子學派所傳的孔子語錄，是《論語》最古的形式。

 ㈡《齊論》七篇 以子貢為中心，於齊國傳承的《論語》。

 ㈢《齊魯二篇本》 就內容及用語而言，乃齊魯儒學，即折衷
  曾子學派和子貢學派而成的，或為孟子遊齊之後所作。

 ㈣子罕、季氏、陽貨、微子諸篇 孔子語錄的補遺，內容駁

　　雜，年代亦有差異，其最晚出者，或形成於戰國末年至秦漢之際。

　　傳本的先後順序亦可窺知儒學的宗尚，乃隨時代而有所推移。《河間七篇本》成立於魯國，孔子的理想在於周文禮樂的復興，唯「人而不仁，如禮何，人而不仁，如樂何」，禮樂的復興，要歸於仁道忠恕的實踐。亦即《河間七篇本》以行仁體道之精神生活為依歸。《齊論》七篇則重視禮樂的形式。如孔子回答弟子問仁的「克己復禮為仁」（〈顏淵篇〉），「出門如見大賓，使民如承大祭。己所不欲，勿施於人」（〈顏淵篇〉），則以禮為重。至於己所不欲，勿施於人」是忠恕之教，但是〈衛靈公篇〉的「子貢問曰，有一言而可以終身行之者乎。子曰其恕乎，己所不欲，勿施於人」即「行仁之方」，唯說「恕」一字而已。《齊論》於仁道的實踐，專主於「恕」，且以「禮」取代「忠」。《齊魯二篇本》則忠信與禮並重，〈鄉黨篇〉記載孔子的一舉一動，行為舉止要皆禮節的具現。即仁道精神與禮樂形式並重，是魯學與齊學的折衷。至於子罕、季氏、陽貨、微子諸篇內容駁雜，〈季氏篇〉的說明流於形式，〈微子篇〉夾雜老莊思想，或成立於戰國末年至秦漢之際。

　　探溯漢代以前的《論語》傳本的源流，則現行《論語》二十篇的成書經緯即可究明。綜輯《齊魯二篇本》和《河間七篇本》，補足〈子罕篇〉，就是《古論》的上論，修正〈子罕篇〉而附加〈鄉黨篇〉，就是《魯論》的上論。上論之後，加入《齊論》七篇和形成於戰國秦漢之際的〈季氏〉〈陽貨〉〈微子〉三篇，即下論。上

下二十篇即現今通行的《論語》。❹

　　對於武內義雄的原典批判方法論，和辻哲郎（1889-1960）盛贊說：武內博士不但嚴密的校勘文本，也對原典進行批判，清朝考證學者雖使用校勘，於原典之自由批判卻未充分運用，武內博士將創始於日本的學問縝密精確的開展，可說是原典批判的正道。……（武內博士）綿密論證而分現存《論語》為四類，然後詳細考察各篇的篇章順序和內容，將漫然無章的語錄系統化，設定以曾子為中心之魯學學派和以子貢為中心之齊學學派，接續先秦儒學的發展，究明原始儒學成立演變的歷史。是劃時代的經典之作。❺岡村繁先生於〈武內博士著《論語之研究》〉則引述吉川幸次郎解說《論語之新研究》之詞「深造」二字，說：「深造」一詞出自《孟子·離婁下》的「君子深造之以道，欲其自得之也。」意謂不斷前進而到達學問深奧的境地。……對於前人的新見解而提出嚴峻的批判，是學術界的常道，如宮崎市定《論語の新研究》即對武內義雄《論語之研究》提出批評。但是著者（武內義雄）以該博深遠的古典知識和慎重精緻的古典分析為基礎，不斷追究真實的執著的學問營為，是後進學者所宜珍視效法的所在。❻

---

❹　武內義雄《論語之研究·結論》，《武內義雄全集》第一卷，東京：角川書店，1978 年 7 月，頁 192-195。

❺　和辻哲郎〈武內博士の《論語之研究》〉，所著《孔子·付錄》，東京：岩波文庫，1988 年 12 月，頁 144-150。

❻　岡村繁〈武內博士著《論語之研究》〉，《新しい漢字漢文教育》第 43 號，東京：全國漢文教育學會，2006 年 11 月，頁 94-95。宮崎市定《論語の新研究》，東京：岩波書店，1974 年 6 月。宮崎市定於〈第二章論語の成立〉說：《論衡·正說》的「齊魯二（篇），河間七篇，（計）三十篇」，當作

四、原典批判學：以《老子の研究》為例

　　金谷治強調以目錄學為基礎，辨明精善的底本是武內義雄校勘學的特色。廣蒐異本固然是校勘的基礎，但是究明版本流傳的「系譜」，「不貴多而貴精」，選別精善的資料，取得精善的定本，則是武內義雄校勘學的方法論。如《論語》的校定，根據書目著錄選定宮內省圖書寮的嘉曆抄本、東洋文庫的正和抄本等善本，校訂文本的異同，確定二者皆為明經博士清原教隆校訂本的傳本，津藩的有造館本亦然。因此，日本所傳《論語》的善本皆出自清原家。至於中國《論語》的版本則為唐開成石經的源流。乃以幕末北野學堂倣刻的清原家本為祖本和開成石經本進行校對，確定《論語》的文本，1933 年 4 月出版的岩波文庫譯注本即是。有關《老子》的校定，有《老子の研究》（1927 年改造社出版）和譯注《老子》（1928 年岩波文庫）的二種定本。前者旨在王弼注本，後者則在河上公本的復原。《論語》有何晏《集解》和朱子《集註》的二大系統，《老子》則有王弼注本、河上公本和唐玄宗御注本三個系統，校定各系統的祖本而取得最古最正確的原本，才是精善緻密的校勘。校定文本是具有完結性的重要作業，是古典研究必要的基礎的研究，但是校勘學除了校定正確的文本之外，還需要對原典進行批判性的修正，這是武內先生校勘學的旨趣。其所以校定《老子王弼注》，乃

　　「齊論又多問王篇治道篇」，武內博士於《論語》內容的分析極為精細，有不朽的價值。然與《論衡》的記述結合，則說得力反而薄弱。於《論語》成書的問題，與其贊同武內博士新說，不如採行歷來的通說。《論語の新研究》，頁 10-20。

由於王弼注本缺乏善本，乃參考王弼的注文，考察本文押韻的關係，探討思想內容，修正王弼注本。❶

武內義雄於《老子の研究》敘述其校定《老子王弼注》的方法有三：

㈠區別用韻和無韻的部分。

《道德經》文體不一，韻文與散文錯雜，韻文為古代口傳者，散文則是後塵敷衍附加者。如第 26 章：

> 重為輕根，靜為躁君。是以聖人終日行，不離重，雖有榮觀，宴處超然，奈何萬乘之主而以身輕天下。輕則失根，躁則失君。

「重為輕根，靜為躁君。輕則失根，躁則失君」為韻文，乃老子之言，「是以……輕天下」為散文，乃後人敷衍老子輕重靜躁之文。《韓非子・喻老篇》「制在己曰重，不離位曰靜。重則能使輕，靜則能使躁。故曰重為輕根，靜為躁君。……萬乘之主以身輕於天下，無勢之謂輕，離位之謂躁，是以生幽而死。故曰輕則失臣，躁則失君」，可為佐證。「故曰」以前的辭句是韓非的疏解，故曰以後則是《老子》經文。

㈡於用韻的文章，根據用韻校正誤字錯簡，區別章節。

---

❶ 金谷治〈誼卿武內義雄先生の學問〉，《懷德》第 37 號，1966 年，其後收載於《金谷治中國思想論集》下卷，東京：平川出版社，1997 年 9 月，頁 423-426。

比較《老子》異本而無法判定正誤時，或可以韻腳作為判斷的依據。如第 54 章：

> 修之於身，其德乃真。修之於家，其德乃餘。修之於鄉，其德乃長。修之於國，其德乃豐。

第七句之「修之於國」，《韓非子・解老篇》作「修之於邦」。「國」與「豐」的韻不合，乃根據《韓非子》改作「邦」。又可用韻腳校正錯倒。如王弼本第 69 章：

> 行無行，攘無臂，扔無敵，執無兵。

河上公本亦同。然「行、臂、敵、兵」用韻不諧。王弼注：「謙退哀慈，不敢為物先用戰，猶行無行，攘無臂，執無兵，扔無敵」，第三、四句倒置。「行、臂、兵、敵」則諧韻。宜據王弼注，改為「行無行，攘無臂，執無兵，扔無敵」。又可根據押韻，明確的區分章節。如第 22 章：

> 曲則全，枉則正，窪則盈，敝則新。少則得，多則惑。是以聖人抱一，為天下式。不自見故明，不自是故彰，不自伐故功，不自矜故長。夫唯不爭，故天下莫能與之爭。古之所謂曲則全者，豈虛言哉，誠全而歸之。

就用韻而言，全章分為四節，末尾的「夫唯……誠全而歸之」非韻

文，乃後人所加。前三節可視為語義相連的敘述，亦可視為單獨成立的格言。唯第二節「聖人抱一」一句，古來注家以為「抱一」承接前六句，而第一、二節相連，但是考察用韻的情形，由於押韻不同，未可視為相連的敘述。

㈢用韻的部分，或有老子後學的文字，綜觀道家變遷大勢，視之為後起思想而刪去。

漢以前的道家思想可區分為前後二期。前期是西元前四百年到三百年間，代表人物為老子、關尹、列子、楊朱。其思想大抵無異，僅修身處世之方稍有不同。後期是西元三百五十年以後的一百年間，代表學者為道家之屬的田駢、莊周一派和轉為法家者流的慎到、韓非一派。（《老子の研究·第三章》之四「先秦道家變遷の大略」）據此論述而分析《老子》韻文的部分，其中或有類似慎到一派的法家之言，主張利己為我的楊朱之說，論兵的兵家之言，長生久視的神仙方士之術。除去後學點變的部分，則可還元《老子》的原貌。

武內義雄綜括其於《老子》考證校勘的研究，蓋有以下五個要點。

一、比較考究現行諸本，以選定正確的文本。

二、旁徵漢人所引佚文，以校訂所選定的文本。

三、根據用韻與否，區別文體的新舊，刪除新出的部分。

四、究明先秦道家發展的變遷，判別後學思想的部分而刪除。

五、檢尋剩餘的部分和《莊子·天下篇》所述老子學說是否一致。

如此考校而取得的文本，就比較接近《老子》的原貌。⑱

　　町田三郎先生指出：探究武內義雄《老子の研究》的旨趣，乃在於審慎的考察道家文獻以作為究明道家思想變遷的基礎。至於其所運用的研究方法，則是援引目錄學和校勘學等實證的方丈，進行文獻資料的研究和批判。武內義雄所思索檢考證的研究方法和校勘的成果，超越當時學界的水準，宜有極高的評價。⑲

五、中國思想史學的樹立：《中國思想史》和《中國思想史ノート》的著作

　　《中國思想史》出版於昭和 11 年（1936），當時日本學界慣用「哲學史」的名稱，而武內義雄之所以使用「思想史」，旨在以歷史的考察，究明思想體系展開的軌跡或思想發展的變遷。蓋歷來哲學史的著作，大抵採取列傳式的記述，如狩野直喜《中國哲學史》即是。列傳式的記述固然可以清楚的理解思想家的事蹟和思想淵源，但是於思想發展的歷史考察則付諸闕如。武內義雄《中國思想史》將中國思想區分為上世、中世、近世三期，上世期又區分為

---

⑱　〈第五章　道德經の研究方針〉之〈七　道德經の批判〉，《武內義雄全集》第五卷老子篇，東京：角川書店，1978 年 3 月，頁 188-192。

⑲　町田三郎〈道家思想研究史のための覺書—武內・津田兩博士の業績を中心に—〉，《東北大學教養部紀要》15，1972 年 2 月。其後收入《中國古代の思想家たち》，東京：研文出版，2006 年 2 月，頁 205-230。連清吉中文翻譯〈津田左右吉與武內義雄——關於大正期道家思想之研究〉，《日本幕末以來之漢學家及其著述》，臺北：文史哲出版社，1982 年 3 月，頁 201-225。

「諸子時代」和「經學時代」，中世為「三教交涉的時代」，近世是「儒教革新的時代」。至於其著述旨趣，可由篇目窺知一二，如上世的「孔門二學派」「稷下之學」「論理學之發達」，中世的「儒教而老莊」「老莊而佛教」「道教之成立」，近世的「儒學新傾向」「佛教新傾向」「宋學勃興」「宋學大成」，乃從思想流變的觀點，究明中國思想的時代主流和歷史變遷。不但是當時嶄新的研究方法，對其後中國思想史學的發展也有決定的影響。

　　《中國思想史ノート》是武內義雄講授「中國思想」的筆記，金谷治說：《中國思想史》精鍊簡潔，而《中國思想史ノート》詳細宏觀，二者相互輔成，可以察知武內先生樹立中國思想史學的用心。於中國中世思想的論述，《中國思想史ノート》用力於佛教的形成與發展的敘述，不如《中國思想史》由儒家到道家，由道家到佛教、道教，再轉成經學統一、宋學勃興的詳密，但是以「人文地理學的風土論」理解中國思想的地域性差異及其歷史演變，則是《中國思想史ノート》的特色。如於中世哲學的論述，則主眼於三國鼎立的情勢，而分論〈魏與儒學〉〈蜀漢之道教〉〈吳之佛教〉。至於古代諸子時代分為創設、折衷、綜合三期，創設期由孔子到孟子以前，是儒、墨、道諸學派由於地域風土的不同而發生對立的時期，折衷期則以齊稷下為中心，各家交流而折衷融合風氣盛行的時期，綜合期是秦昭王到漢景帝，傾向統一總合的時期。以稷下的折衷融合區隔前後，主張諸子思想的地域性差異，從思想史的觀點究明先秦思想的所在，既是超拔於當時的學界，也足為今日研究參考的洞見。武內先生《中國思想史》和《中國思想史ノート》出版以來半世紀以上，中國思想史學當然有長足的進步，但是其以

文獻學的操作為基礎，對中國思想作內在的解析和展開軌跡的探
究，即以訓詁考證或原典批判為根據的思想史研究方法，依然是今
後所宜繼承的方法。畢竟中國思想史之作為科學而成立，則必須有
實證的基礎，武內先生的研究是近代中國學界最初樹立的指標，其
以王引之「舌人意識」為訓詁學之科學性格的極致，繼承伊藤仁齋
和富永仲基的考證學風，而樹立中國思想史學。誠如西順藏所說，
武內先生的研究方法是「訓詁學和思想史學的巧妙結合」❷，自有
其不朽的研究意義與學問價值。❷

　　武內義雄融合文獻考證學和思想史學而樹立思想史學的手法，
或可說是荻生徂徠（1666-1728）「古文辭學」的祖述。荻生徂徠標
榜李攀龍、王世貞「文必秦漢，詩必盛唐」的文學理論，於〈答堀
景山書〉說：

> 　　不佞從幼守宋儒傳注，崇奉有年，積習所錮，亦不自覺其非
> 矣。藉天之寵靈，暨中年得二公（李攀龍、王世貞）之業以讀
> 之。其初亦苦難入焉，蓋二公之文資諸古辭，故不熟古書者
> 不能以讀之。古書之辭，傳注不能解者，二公發諸行文之
> 際，渙如也，不復須訓詁。蓋古文辭之學者，豈徒讀之邪，
> 亦必求出諸其手指焉，能出諸其手指而古書猶自吾之口出

---

❷　西順藏〈《武內義雄全集第八卷思想史篇一》解說〉，《武內義雄全集》第
　　八卷，東京：角川書店，1978 年 11 月，頁 414。

❷　金谷治〈武內義雄《支那學研究法》《中國思想史ノート》解說〉，《武內
　　義雄全集》第九卷，東京：角川書店，1979 年 10 月。其後收載於《金谷治
　　中國思想論集》下卷，東京：平川出版社，1997 年 9 月，頁 429-441。

焉。夫然後宜與古人相揖於一堂之上。焉用紹今，豈鄉者徘徊乎門牆之外，仰人鼻息以進退者邪，豈不愉哉。（《徂徠集》）

進而指出：「古有聖人，今無聖人，故學必古。然無古無今，無今無古，今豈可廢乎。……通古以立極，知今以體之。……欲知今者必通古，欲通古者必史，史必志，而後六經益明，六經明而聖人之道無古今。夫然後天下可得治。」❷❷然而「余學古文辭十年，稍稍知有古言，古言明而後古義定，先王之道可得言已。……千有余歲之久，儒者何限……而不識孔子所傳何道也。」❷❸乃奪胎換骨於李攀龍、王世貞「古文辭學」的文學理論，主張：「不佞好古文辭，足下所知也。近來閑居無事，輒取六經以讀之。……稍稍知古言與今言不同，迺遍採秦漢以上古言以求之，而後悟宋儒之妄，宋儒皆以今言視古言，宜其沒於舊理之窟也。……李攀龍王元美者僅為文章之士，不佞乃以天之寵靈，得六經之道。蓋中華聖人之邦，孔子沒垂二千年，猶且莫有爾，迺以東夷之人得遺聖人之道。」❷❹建立研究《六經》的「古文辭學」理論。荻生徂徠是轉化文學主張為發明經義的理論，武內義雄則將訓詁實證的學問基底飛躍成思想史學的科學建構，乃融通中日古今學問的精華，足以繼承發展的研究方法論。

---

❷❷　荻生徂徠《學則》。

❷❸　荻生徂徠《論語徵·序》。

❷❹　荻生徂徠〈與田中省吾書〉。

六、日本近代諸子學的重鎮

　　武內義雄授業於狩野直喜與內藤湖南，以清朝考證學與目錄學為學問的基礎，於嚴密的校勘與正確訓詁之上，進行辨章學術，考竟源流的研究，又繼承富永仲基、內藤湖南的「加上說」，以原典批判的觀點展開古典文獻，特別是先秦諸子的考證，開啟日本近代中國學於諸子研究之先聲。博士論文的《老子原始》對《老子》原文與《史記・老子傳》進行批判性的論述，考證《老子》成書及老子存在的年代，又以《老子》散文與韻文混雜於一書之中，通過綿密的實證和體系性的分析內容，而提出《老子》有原始思想的部分和後世附加法家、兵家、縱橫家等思想的部分的結論。《論語の研究》則是武內義雄運用原典批判方法而進行文獻考證的代表性著作。不但利用伊藤仁齋和崔述的研究方法，對《論語》的字句章節進行考察，更以目錄學的方法，究明《論語》的來歷，提出今本《論語》二十篇可分成河間七篇本、齊魯二篇本、齊所傳七篇、《論語》原本所無三篇等四個部分，而以河間本（〈為政第二〉至〈泰伯第八〉）為最古資料的結論。因此，金谷治稱之為日本近代考證學派的大師。至於探究周末以迄漢初之道家思想變遷的《老子の研究》是武內義雄以文獻批判進行思想史研究方法的結晶。而《中國思想史ノート》、《中國思想史》是武內義雄樹立「思想史學」的代表作，與前後出版的馮友蘭的《中國哲學史》並稱為有關中國思想史的劃時代的代表著作。故金谷治稱之為中國思想史學的創始

者。㉕

　　武內義雄於大正 12 年（1923）應聘東北帝國大學，講述中國思想史學，任職二十餘年，於中國古代思想，尤其是先秦諸子學的講述著作，最有成就。其門下金谷治與再傳弟子町田三郎先生發揚其學問，金谷治著作《秦漢思想史研究》《管子の研究》《孔子》《老莊を讀む》及《論語》《孟子》《大學》《中庸》《莊子》《荀子》《韓非子》的譯注，町田先生著作《秦漢思想史の研究》，譯注《韓非子》《孫子》《呂氏春秋》，建立東北大學中國哲學史研究為日本近代諸子學研究之重鎮的地位。

㉕　同前注引書《金谷治中國思想論集》下卷，東京：平川出版社，1997 年 9 月，頁 441。

宮崎市定：
日本東洋史學的巨峰

關鍵詞 紙上考古學　東洋史　東西關係史　景氣變動史觀　東洋
史學巨峰

一、宮崎市定的講述生涯

　　宮崎市定（1901-1995）長野縣人，1922 年 4 月入學京都帝國大
學史學科，1944 年 5 月任京都大學文學部東洋史學教授，1947 年
4 月，以《五代宋代の貨幣問題》獲文學博士，1958 年 5 月，以
《九品官人法の研究》獲日本學士院賞。著有《宮崎市定全集》二
十五卷等書。

　　礪波護將宮崎市定七十年的講述生涯區分為「一九二五年四月
〈上海から廣東まで〉的遊記到一九四五年夏日本敗戰的二十
年」，「戰後至一九六五年京都大學退休的二十年」，「退休以

後，優遊自適於著述的三十年」等三個時期。❶

第一期的學問成就在於中國經濟制度史和東西關係史的研究。當時的京都帝國大學東洋史的研究以內藤湖南之文化史學為主導，而未留意東京大學加藤繁所開拓的經濟史研究領域。宮崎市定乃從制度史的角度來探討中國經濟發展的軌跡。其於賦稅制度的考察，有〈晉武帝の戶調式に就いて〉（1935 年）一文，提出唐代均田制起源於晉的占田課田制，進而上溯三國魏的屯田制度。至於〈五代宋初の貨幣問題〉（1943 年）的博士論文則是其經濟制度史研究的大成。

礪波護說宮崎市定於中國古代史的研究方法是內藤湖南「文獻學」與濱田耕作「考古學」的結合。宮崎市定嘗自稱有關中國賦稅制度的〈古代支那賦稅制度〉（1933 年）與城郭起源試論之〈支那城郭の起源異說〉（1933 年）是「紙上考古學」。雖然如此，其於〈支那城郭の起源異說〉所謂「中國亦有如希臘之都市國家存在」的提出則是日本東洋史學界的先聲。其後著作《東洋における素樸主義の民族と文明主義の社會》（1940 年）不但說明古代以來東洋世界之北方遊牧民族與南方農耕定著社會的抗爭未必只是生活方式和經濟發展程度的差異，更是根植於民族深層之人生觀殊異的勢力消長。

宮崎市定強調中國社會的特質，如中國文明的發祥地與山西省

---

❶ 礪波護、間野英二〈東洋史學宮崎市定〉，《京大東洋學の百年》，京都：京都大學學術出會，2002 年 5 月，頁 220-250。有關宮崎市定史學的論述，頗參考此文。

解池之鹽產而形成政治經濟中心有密接的關連，說明春秋時代亦有如希臘城郭都市生活的營為。至於北方遊牧民族與南方農耕社會的勢力消長，是素樸主義與文明主義抗衡的主張，都有其獨創性的見解。

　　1936 年 2 月至 1938 年 8 月的二年半歐洲訪問研究是宮崎市定學術生涯的重要關鍵。❷宮崎市定於大學畢業時，其師桑原隲藏屬其研究東西關係史的問題，由於未體認到西亞研究的意義和重要性而專致於中國社會文化史的研究。但是兩年的在外研究，與西方學者的交流，東西史料文獻的調查，收藏銅版畫等東洋趣味的藝術品和東西方地圖，又走訪歐洲各地美術館和博物館，目睹文藝復興時期的歐洲文明，於是埋首於東西關係史的研究。著述〈東洋のルネサンスと西洋のルネサンス〉（1938 年）〈十八世紀フランス繪畫と東亞の影響〉（1947 年）〈毘沙門天信仰の東漸に就て〉（1941 年）等有關東西藝術、宗教的問題，至於《菩薩蠻記》（1944 年）既記載西亞旅行的見聞，又概述西亞的歷史。其於西亞歷史的研究是日本人論述西亞歷史的先驅。

　　宮崎市定的第二期學術成就是「景氣變動史觀」的建立。當時的日本中國史學界盛行以唯物史觀作為研究的根據，於中國歷史的時代區分也有所論爭。宮崎市定著述《東洋的近世》（1950 年），從東西文化關係的觀點，強調東洋的近世是國民主義（nationalism）

---

❷　間野英二〈宮崎市定の西アジアへの親近感〉，收載於礪波護、間野英二〈東洋史學宮崎市定〉，《京大東洋學の百年》，京都：京都大學學術出會，2002 年 5 月，頁 240-250。

勃興的時代，又在內藤湖南所未涉及之社會經濟史的領域，以實證
的方法究明五代至明清朝之社會經濟的特徵及其異於中世的所在，
以補足內藤湖南宋代為中國近世的主張。宮崎市定於六十歲時，在
歐美講學的兩年，目睹景氣變動對社會各方面的影響，於是蘊釀以
景氣變動探究中國歷史、經濟、社會、文化的今昔沿革。1963
年，宮崎市定以「中國史上の景氣變動」為題，強調以「景氣變動
史觀」作為中國時代區分和經濟史的研究方法。於吉川幸次郎《宋
詩概說》的書評（1963 年）將「景氣變動史觀」公諸於世。〈六朝
隋唐の社會〉（1964 年）概述「景氣變動史觀」的主旨所在。《大
唐帝國──中國の中世》（1968 年），《中國史》（1978 年），〈景
氣と人生〉（1990 年），《宮崎市定全集第一卷・自跋》（1993 年）
詳細地敘述「景氣變動史觀」的主旨，進而以之論述世界史的體
系。因此，六十歲以後的三十年，「景氣變動史觀」是宮崎史學最
重要的主張。

　　宮崎市定自京都大學退休以後，專致於論著的執筆，《論語の
新研究》（1974 年）是史家以實證精神解讀古代文獻的代表性成
果，《アジア史論考》三卷（1976 年）是東西文化關係史研究的結
晶，《宮崎市定全集》（1991-1994 年）樹立其於「日本東洋史學的
巨峰」的地位。❸

---

❸　《宮崎市定全集》24 卷・別卷 1 卷，為揭示各卷的內容旨趣，宮崎市定自訂
　　五字以內的書名，至於全集的構成則如礪波護所說：第 1 卷至 17 卷是代表宮
　　崎市定發揮其學問本領的中國史學論著，第 1 卷《中國史》和第 2 卷《東洋
　　史》是中國通史，第 3 卷至第 16 卷是斷代史，宮崎市定的中國歷史區分大抵
　　繼承內藤湖南所說宋代是中國近世開端的主張而提倡古代、中世、近世、最

二、宮崎市定的學問

　　宮崎市定以博通的視野廣泛地涉獵中國的政治、社會、經濟的歷史變遷，又潛心於西域的研究。於中國社會經濟史的研究，提出「景氣變動史觀」以考察社會、經濟、政治等文化現象的變遷，又蒐集西亞的文獻，學習阿拉伯文，以探究東西文化交流關係的歷史，為當時研究東西關係史的第一人。因此宮崎市定不只是中國史學家而是東洋史學家。一般以為宮崎市定是內藤湖南史學的繼承者，但是宮崎市定自稱就客觀的考察事物，徹底的解讀史料之研究方法而言，其比較接近桑原隲藏。❹

　　宮崎市定的學問性格是精細的個別實證研究和闊達雄渾的通史

　　近世的四區分說。第 3 卷至第 5 卷是古代史，第 6 卷《九品官人法》至第 8 卷《唐》是中世史，第 9 卷《五代宋初》至第 15 卷《科舉》是近世史，第 16 卷《近世》是最近世史，第 17 卷《中國文明》則收錄〈中國に於ける奢侈の變遷〉等探究中國文明本質的論著。第 18 卷《アジア史概說》是以西亞文明先進性的史觀而展開的通史性論著，第 19 卷《東西交涉》是宮崎市定 1936 年 2 月至 1938 年 8 月留學法國間的研究成果，第 20 卷《菩薩蠻記》則是留學中，遊歷西亞各地的記錄。第 21 卷、22 卷是有關日本歷史文化的論著，第 23、24 卷是《隨筆》，別卷《政治論集》是有關中國近世和最近世之政治論文的翻譯。至於《自跋集——東洋史學七十年》則別出刊行，收載全集各卷卷末所附的跋文 25 篇及〈宮崎市定自訂年譜〉。（見《自跋集——東洋史學七十年》解說，東京：岩波書店，1996 年 5 月，頁 454-456。）

❹　宮崎市定《アジア史研究　第一・はしがき》。又島田虔次於〈宮崎史學の系譜論〉指出：宮崎市定的學問淵源於狩野直喜的漢文修養和中國制度史研究、內藤湖南的中國史學論和桑原隲藏的史學方法論。（《宮崎市定全集》第二十四卷月報二十五，東京：岩波書店，1994 年 2 月，其後收入島田虔次《中國の傳統思想》，東京：みすず書房，2001 年 5 月，頁 329-337。

性敘述，進而強調通史為史學家的究極。因此，其於中國歷史的研究，是以實證的方法考察政治、經濟、社會等分野的變遷，進而體系性的架構中國史學的發展脈絡，究明中國歷史於世界史上的定位。至於以精細的實證研究和闊達雄渾的通史性敘述，探究西亞的歷史性意義而完成的《アジア史概說》，也是其以通史為史學家究極的代表性著作。❺茲根據宮崎市定的《自跋集——東洋史學七十年》的論述，以「世界史的構圖」「東洋史論」「中國古代都市國家論」、「景氣變動史觀」、「九品官人法」、「中國近世論」、「中國近代文化論」等，來說明宮崎市定於東洋史學的主張。

(一)世界史的構圖

宮崎市定將世界的歷史區分為四個時期，第一期的古代是都市國家形成、解體而後古代帝國成立的時期，第二期的中世是古代帝國崩壞後，分裂割據而毫無秩序的時期，第三期是文藝復興的興起而各國產生民族自覺，形成新文化的時期，第四期是產業革命成功以後，世界再度出現統合的機運而地域區分的意識逐漸消失的時期。❻

古代史是由「都市國家」的出現而發展成「領土國家」，最後形成「古代帝國」之大一統的歷史。世界上最早出現的古代帝國是西亞的波斯帝國，其次是秦始皇所建立的秦王朝，最後是歐洲的羅

---

❺　《宮崎市定全集・刊行にあたって》。
❻　宮崎市定的世界史的時代區分，見於《自跋集　十六、近代》，東京：岩波書店，1996 年 5 月，頁 272。

馬帝國。至於中國的古代固然可以秦帝國的統一為斷代，唯以古代帝國的瓦解作為古代的終結，來說明世界史的變遷，西洋史之以羅馬帝國的衰微為古代，則中國古代史的下限也可定在東漢末年，至於三國以後紛擾則是中國的中世史的開端。

中世史是古代第一統局面的瓦解而呈現出分裂擾攘的時代。歷來的學者或從唯物史觀說明中世是脫離古代奴隸制度而農民取得徭役勞動者地位的時代，或以文化發展的觀點說古代是文化發達的黃金時代，中世則是文化的反動而陷於貧困的黑暗時代。宮崎市定則從景氣變動的觀點，說明貨幣存有量的多寡消長是古代推移至中世的主要原因。其指出：早波斯帝國之所以沒落是受挫於西鄰興起的歐洲勢力。西亞的波斯帝國首先屈服於希臘的勢力而財寶為希臘的商人所劫去，其後，戰敗於羅馬帝國，經濟中心的敘利亞失陷，黃金銀塊被奪被羅馬洗劫殆盡。波斯帝國因為貨幣的不足，景氣衰微而沒落。換句話說歐洲的興隆即意味著西亞之步入中世。雖然如此，波斯帝國的衰微是受到歐洲政治和軍事勢力壓制攻擊的結果，其後西亞的經濟力又奪取了羅馬帝國的繁榮，黃金銀塊的逆流東方的現象逐漸顯著以後，形成日耳曼民族的大移動，歐洲也因而進入中世的黑暗時代。至於中國秦漢帝國的興隆也是周邊各國金塊流入的結果，然而中國金塊傳統價格的低廉則是造成黃金流出的原因，由於黃金持有量的不足，三國以後的中世，在貨幣稀少的情況下，經濟極為不景氣，出現以物易物之貨物交換的退倒現象。

走出中世經濟不景氣而迎向近世新時代的關鍵是文藝復興（Renaissance）。宮崎市定以為世界史上先後出現三次文藝復興，首先是八世紀在西亞發生，其次是十世紀的中國宋代，最後是十四到

十六世紀的歐洲。根據後藤明〈イスラムの都市性〉的記載，中東回教地區都市的存在即能說明西亞近世文明的發達和經濟景氣的事實。❼繼西亞之後，實現文藝復興的是中國的宋代，宋代於自然科學之所以能飛躍的進步，或許是西亞回教都市文化東移到中國，而在中國開花結實的結果。又由於東西文化的融合而發展出優秀的文化，促進中國社會的近代化。最後完成文藝復興的歐洲，羅馬帝國末期，由於銀塊東流而陷入長期的貨幣不足，經濟不景氣的現象，到了十四世紀，由於境內鑛產開發和東方文化刺激的關係，才產生文明的開化。至於歐洲之所以接受東方的文化，西亞是仲介性的存在，中國文化則是刺激其文藝復興的動力之一。就繪畫藝術而言，西亞遭受回教的禍災而佛像等石彫藝術幾乎蕩然無存，中國的繪畫藝術經由西亞的媒介而傳入歐洲，對歐洲文藝復興時期的美術產生極大的影響。

　　歐洲的文藝復興雖然最晚發生，卻以最快的速度超越近世而進入近代。宮崎市定以為歐洲之所以能快速地進入近代，是由於空前飛躍的景氣的作用而產生產業革命的結果。

　　歐洲文藝復興追求古代通商貿易復活的行為竟意外地發現美洲新大陸，又由於新大陸各地探險的結果而發現豐富的金銀鑛，金銀鑛的開發和銀幣的鑄造流通，促進歐洲景氣的復甦，又由於新技術的開發而造成產業革命。黃金銀幣的獲得和流通，形成通商貿易的發達和競爭，產業革命成功的結果，造成軍事力飛躍的增強。換句話說市場的開拓和軍事的優越，即資本主義和帝國主義的結合，改

---

❼　收載於《古代史を語る》，東京：朝日選書，1992 年。

變了世界的構圖，近代以後的世界幾乎是以歐美為主導的時代。**❽**

(二)東洋史論

　　宮崎市定以為東洋史學是明治時期日本人創立的學問，是極有日本的，特別是明治特色的學問。明治 31（1899）年，桑原隲藏出版的《中等東洋史》是最早奠定東洋史學地位的著作，其內容也具體地說明東洋史變遷和意義。桑原隲藏之所以撰述東洋史的論著，蓋基於說明東洋史的特質、日本的職責與東洋史和中國史有所區別的思考。桑原隲藏於大正年間所出版的《中等教育東洋史教科書》指出：就近代以來的世界情勢而言，包含擁有悠久歷史的西亞在內，地球上的所有民族幾乎都被新興歐洲的帝國主義所征服，唯有東洋地域依然維持著其獨自的傳統。而在東方世界，唯有日本能與歐美列強抗衡，故日本與在東洋有深厚關係的列強締結同盟或協定，而以維持東洋的和平為日本國民的責任。至於東洋史的論述觀點為何，桑原隲藏在《中等東洋史》說：東洋史的精神與中國史絕不相同，雖然中國史在東洋史上占有極為重大的意義，即使以中國為中心來撰述東洋史，也不能採取像中國人之以中國為內，其他民族為外的立場，而應以中國為物理的重心的地位，客觀地認識中國在東洋史的位置。換句話說中國史是以記述中國歷史沿革為究極，東洋史的撰述目的則在究明東洋全民族的命運，應以東洋各民族平等的立場來探究東洋史的發展而不能存有差別歧視的觀點。因此，

---

❽　宮崎市定於世界史變遷的論述，參《自跋集　十八、アジア史》，東京：岩波書店，1996 年 5 月，頁 304-310。

宮崎市定說：區別東洋史學與中國史學為不同的史學領域，進而記述東洋各民族的地位及其勢力消長是桑原隲藏史學的特色。

桑原隲藏在《中等東洋史》一書中，將東洋史區分為：

上古期　漢族膨脹時代（太古以迄秦的統一）

中古期　漢族優勢時代（秦漢以迄隋唐）❾

近古期　蒙古族最盛時代

近世期　歐人東漸時代（清初以迄當代的三百年間）

四個時期。進而從東洋史的沿革變遷中，究明東洋史的特質。桑原隲藏強調：所謂東洋史固然是東洋各民族的歷史，但是東洋各民族卻不是零散存在而彼此毫無關係。中國是東洋史中心的存在，由於中國文化影響其他東洋各民族而全體產生某種共通性的色彩。此共通的特色雖然是漠然的觀念，卻能感受到是一種「東洋的」存在，通過「東洋的」特質即能進行東洋精神、東洋哲學、東洋美術等諸領域的探究。

宮崎市定繼承桑原隲藏的史學，究明東洋歷史發展的究竟，提出「素樸主義民族與文明主義社會的循環」和「東洋的近世」的東洋史學論。

宮崎市定於昭和 14（1939）年出版《東洋に於ける素樸主義民

---

❾　此一時代區分於大正時代以後，作為中等學校的教科書而廣為採用的《中等教育東洋史教科書》中，將中古期的「漢族優勢時代」的名稱改為「漢族塞外族競爭時代」。

族と文明主義社會》一書，就時代區分而言，第一章〈古代に於ける文明主義社會の成立〉相當於桑原隲藏《中等東洋史》所區分的「上古期　漢族膨脹時代」，第二章〈中世に於ける素樸民族の活動〉相當於桑原隲藏《中等教育東洋史教科書》的「中古期　漢族塞外族競爭時代」，至於第三章〈近世に於ける素樸主義社會の理想〉則是「近古期　蒙古族最盛時代」。至於以中國為中心而形成中國與周邊各民族勢力消長的變遷，即是「素樸主義民族與文明主義社會的循環」的歷史。宮崎市定說：中國文化的發祥地在夏殷兩朝之都城所在的河東鹽池，是中國華北唯一的鹽產地。由於水陸交通便利而形成眾人謀生求利的市場，人口密集的所在必然是最古文明發生的所在。周朝的京城，無論是　京或洛陽也距離鹽池不遠。就活動地域而言，象徵中國古代文明之夏殷周三代的活動範圍只在狹小河套一帶而已，其餘的地方都被沒有受到中國文明所影響的未開化民族所占領。就華夏的文明主義而言，不但春秋五霸是夷狄，以殷人的立場來說，周人也是後進未開的民族。因此，漢代以後，中國民族與北方民族展開長期間的紛爭，探究其淵源，可追溯至周初以迄春秋時代。

　　關於中國民族與北方異族的紛爭，歷來都以華夏夷狄的觀點而稱北方異民族為文化未開之野蠻民族挾持強大的武力入侵中原。但是宮崎市定強調未開民族卻保有素樸的本質而稱之為「素樸主義」。保有「素樸主義」的民族挑戰文明開化，燦爛成熟，超越民族的境域而形成世界性社會的中國，一旦獲得勝利而取得支配中國的地位。「素樸主義」的民族雖奪取中國的政權，終為先進的中國文明所同化，喪失其固有的民族性而融入中國民族之中。不過當中

原地區逐漸形成民族融合的同時，北方又有別個素樸的民族出現，繼而與中國民族爭霸。此「素樸主義民族與文明主義社會的循環」不但可以說明中國歷史的變遷，而素樸民族與文明社會的對抗也製造了中國政治和社會問題，且與歷代政治興革相終始。

「東洋的近世說」是宮崎市定於東洋史學的重要主張，唯其於《東洋に於ける素樸主義民族と文明主義社會》的第三章〈近世に於ける素樸主義社會の理想〉並未論及中國的文明主義，而其後出版的《東洋的近世》才論述宋代文化於世界史上的地位。其「東洋的近世說」是在與西方諸民族的關係下，說明東洋文明社會的文化發展。《東洋的近世》一書首先說明東洋近世史的意義，其次敘述經由陸、海絲路的東西交流及由於大運河之連結陸、海絲路，代表東洋近世的宋代才成四通八達之交通便利的世界要津。再者，政治安定和經濟發達是互為因果的，政治安定是經濟發達的重要因素之一，政治之所以能安定，掌握軍權之獨裁君主是不可或缺的存在。然則獨裁君主制的持續，是專賣制度的實施而國庫收入增加的結果。獨裁君主必須要有忠實的官吏作為其輔佐，官吏選拔自科舉，科舉官吏制則促使知識階層的形成。以安定的政治、飛躍的經濟和知識階層為基底而產生了新的文化，不但形成宋代新儒學，也產生象徵民眾文化的白話文學。宮崎市定強調宋代的景氣高昂是中國古代生活形態的復歸，宋代的社會經濟猶如《史記》《漢書》所記載漢代全盛期的再現。訣別中世而復歸於古代，以進入近世之新時代，是宋代知識階層的自覺，此即文藝復興的精神，故宋代的文化自覺現象自然可以稱之為「中國的文藝復興」。宋代形成的近世文化果真可以說是文藝復興，則東洋的文藝復興要先進於西洋的文藝

復興數個世紀。中國的繪畫即經由西亞而輸入歐洲，對西洋文藝復興時期的繪畫產生了影響。❿

　　內藤湖南從社會、文化的觀點提出「宋代為中國近世」的主張，宮崎市定又從經濟、制度的角度，補足內藤湖南的學說，使「宋代為中國近世說」成為京都中國史學的重要主張之一。內藤湖南的「宋代為中國近世」是著眼於中國歷史的發展而立論的，宮崎市定立足於世界史的通觀而強調宋代的新文化是「東洋的近世」。

㈢中國古代都市國家論

　　宮崎市定之所以提出「中國古代都市國家論」的主張⓫是通觀世界史的發展與融合京都和東京史學的結果。其以為古代文明的發祥地，西起大西洋岸，東至太平洋岸的帶狀地域都有都市國家的存在。都市國家雖是古代人發明的傑作，卻由於彼此利益的衝突而發生弱肉強食的戰爭，以致都市國家並未必能永續存在。當都市國家社會趨向沒落時期，各地就有領土國家的出現。強國對峙之戰國時代又由於彼此勢力的消長，最後由最強盛的國家併吞群雄統一天下而形成古代帝國。換句話說由都市國家群至古代帝國的成立是古代史「力學的」必然發展，而戰爭技術的發達是其發展的重要因素。宮崎市定又說：都市國家時期的戰爭是以戰車為主，雖頗為優雅卻是不經濟的裝備。戰國領土國家出現的同時，騎兵戰術流行而便於

---

❿　有關宮崎市定於「東洋史學論」的論述，參宮崎市定《自跋集　二、東洋史》，東京：岩波書店，1996 年 5 月，頁 22-36。

⓫　有關宮崎市定於「中國古代都市國家論」的論述，參宮崎市定《自跋集　三、古代》，東京：岩波書店，1996 年 5 月，頁 42-58。

戰力的集中與兵隊的迅速移動，其後步兵軍團的出現，得以遂行大規模兵團的組織和作戰終促成古代帝國的建立。**⓬**

　　以內藤湖南的史學為中心的京都中國史學旨在究明中國歷史文化的源流變遷，而東京史學，尤其是加藤繁則從經濟的觀點探究中國歷史的發展，宮崎市定乃綜括二者之長而論證中國歷史的通變。

　　宮崎市定指出：其感佩於加藤繁〈漢代に於ける国家財政と帝室財政〉（《東洋學報》所收）的研究方法與見解，乃借用其分析的手法，撰述〈古代支那賦稅制度〉（1933 年），釐清中國古代維持國家財政的軍賦和維持帝室財政之田稅的區別，藉以究明中國古代社會的實情。所謂「軍賦」的「賦」是指免除兵役義務而上交的金錢。「武」雖由「止」「戈」所構成，然「止」非止息之義，而是「往行」之義，故「武」的字義是持戈行動，形容軍隊行進步武堂堂之狀。任何民族的古代社會，其成年男子皆有操持武器以防衛國家社會的義務，中國如此，希臘、羅馬的都市國家亦然。唯兵農合一的古代體制崩壞，隨著國王權力的增強，乃設置常備軍以為國王的護衛，一般市民於平時雖得以免除兵役的義務，卻要交納金錢以充當維持常備軍的財源，「賦」字於是產生。軍賦負擔的多寡雖隨著時代的變遷而有所不同，而其制度則是古來相承，大漢帝國依然沿襲著古代的制度。至於維持帝室財政之田稅的「稅」則是上交土地生產所得之一部分的所得稅，蓋「稅」字的「兌」是分割的意思，「稅」即是交付土地收穫穀物的一部分。「稅」又稱為「租」，「租」的原義是助成祖先祭祀，或源自主權者的祖先也是

⓬　宮崎市定《自跋集　一、中國史》，東京：岩波書店，1996 年 5 月，頁 3-6。

市民全體的共同祖先的觀念。因此「租稅」象徵著交納穀物所得以維持帝室財政是自古以來相承不變的傳統，而的稅制則是世代繼承的歷史產物。

宮崎市定指出：考察「賦」與「稅」分立別行的文獻，蓋可上溯至《尚書·禹貢》，〈禹貢〉記載夏禹時代九州各地貢品的種類和上貢王室的所經途徑。唯考證九州的地理和各州土地所得、人力負擔的能力，則〈禹貢〉所記載的，未必能施行於夏朝初期，大抵是對應於戰國末期或漢代初期社會的產物。無論經學家如何主張，就歷史學者而言，根據制度史的研究，可以確信〈禹貢〉的成立年代當在西元前一世紀。因此宮崎市定強調：由於制度史的研究是客觀的研究方法，制度史的研究乃成為其學問宗尚的所在。開啟制度史研究端緒的即是〈古代支那賦稅制度〉一文，而〈支那城郭の起源異說〉（1933 年）則是探討中國古代都市結構而獨特見解的論文。宮崎市定說：中國的典籍中，有關城郭的說明，除《周禮》以外，幾乎沒有詳細的記載，因此只能類似考古學之器物復元的作業，收集斷簡殘編而從事「紙上考古學」。

關於「都市國家」的形態及其形成的經緯，宮崎市定說：中國古代都市繁榮昌盛的北部平原一帶大抵為平地，為了避免水患而建築於地勢稍高的丘陵之上，如周公封於營邱即是。都市的中心是君主的宮殿和宗廟，為了防禦外敵的入侵而於四周修築圍牆，稱之為「城」，「城」有「干城」，即防禦之義。此即古希臘、羅馬（宮崎市定稱之為「古典古代」，下同）所謂的「acropolis」。市民密集居住於城下，四周亦有圍牆，稱之為「郭」，唯最初「郭」只是作為郭外耕地的分界或警戒的目的而設，並無防禦的作用，一旦敵人來襲

而呈現敗機，則棄郭而逃入城中，集結應戰。中國如此，古典古代亦然。「城」與「郭」連結形成的古代都市在古典古代稱之為「polis」，英語則稱之為「city-state」。雖然如此，在頻繁的對外戰爭的時代，遭遇敵襲則捨棄城下居民的住地，終將造成巨大的經濟損失，各都市乃強化「郭」的防禦設施，於是「城」與「郭」之軍事性和居住性功能區分的意義消失，「郭」亦稱為「城」，事實上，一旦「郭」被占領，即意味整個都市都淪陷了。其後，在軍事要塞重新建設都市時，以防禦為重點而修築的設施則名之為「城」，戰國楚國有「方城」，其餘各國沿著國境建造長城，最後連接成萬里長城。

宮崎市定強調：都市國家論是其獨創性的見解，由於這兩篇論文的發表，確立其「中國古代是都市國家時代」的主張。1950 年發表〈中國上代は封建制か都市國家か〉，促使戰後的日本學界再認識其主張的「都市國家論」。封建制度的施行是不可否定的事實，卻與都市國家的存在毫無矛盾，甚至從中國古代各種事實來看，頗有資本主義的傾向，若進行詳密的研究稱之為「古代資本主義研究」亦無不可。此為宮崎市定有關中國古代都市國家論研究的第一階段。

〈中國における聚落形體の變遷について〉（1957 年）的發表是宮崎市定於都市國家論的第二階段發展。其以為都市國家的形成必定有社會性的基盤。宮崎市定於古代都市國家與聚落形態關連性的思惟得自於西洋史學者坂口昂《世界に於ける希臘文明の潮流》的論述。坂口氏敘述義大利那波里近郊的密集聚落是古代都市的遺留，其居民在聚落中安樂地過著類似於古代羅馬市民的都市生活。

宮崎市定以為聚落密集的結構及其生活方式即是古代都市國家的社會性的基盤。今日中國華北地方的農村依然存在著多數的密集聚落，而華南地方則為散居聚落。書籍記錄中，所謂「鄉、里、亭」或為聚落的名稱，是漢代整理全國行政區域時，經常出現其名稱和數字。至於聚落行政區分的情形如何，一般常用陸軍部隊區分的方式來說明，即班→排→連→旅→團→師的上下縱向連屬關係。但是宮崎市定則用海軍艦隊編成的方式來解釋。其以為聚落的形成猶如連合艦隊的旗艦既統括全體，其本身也是個軍艦，一艦隊的旗艦和分隊的旗艦亦然。中國古代的聚落區分正如海軍艦隊編成的情形，中國古代都市國家時代，「亭」是最小的聚落而其實質即是一個小的都市國家。十亭為鄉，鄉為十亭中的一亭，稱為都亭，即鄉並不離亭的性質。十鄉為縣，此縣同時是都鄉或都亭。鄉為其他九亭的代表，猶如旗艦的地位，相同的，縣是其他九鄉的代表，亦如旗艦的存在。因此都鄉、都亭和其集合體是橫向序列的連結，都鄉、都亭只是位於最右翼而已。

「里」的性質和鄉、亭不同，是以道路規畫聚落或都市內部民宅的地域區分。民宅四周設有圍牆用以與鄰家相隔，住宅集結的「里」也有圍牆的修築，出入必由「里門」，夜間則不許通行。由「里」集結的聚落的四周亦有圍牆的設置，稱之為「郭」，大至百里的都市，小至二、三里的亭都有「郭」的存在，「郭門」是內外交通的唯一通路。

宮崎市定強調：都市國家的時代是序列型的社會。古代羅馬征服敵國則締結同盟關係以伸張其勢力，在國家內部亦不在市民之上設置市民，國家的最高地位者稱之為 princeps，只意味著市民中的

第一人者，於市民集會時，享有坐在最右側位置的特權而已。中國古代的「王」是在「士」上加上「一」，僅意味著特別的士而已。春秋時代，五霸號令諸侯，為同盟之首，所謂「霸」者，伯也，乃兄弟中最年長之意，「長」者長短之長，亦是比較之意，「首」是身體的一部分，居於上位而已。要皆不離序列中的位置。然而隨著時間的推移，橫向「序列型的社會」也轉變為縱向「層序型的社會」。秦漢帝國以後的中國社會制度即是上下關係之縱向支配的形態，於鄉上有縣，縣上有府，府上有省，最後是最高位且擁有絕對權利的皇帝。

宮崎市定的中國古代都市國家論的第三階段是對商朝都城遺阯殷墟說的質疑。其於〈中國上代の都市國家とその墓地─商邑は何處にあったか─〉指出：若以都市國家論的觀點來看，小屯附近發現的古代遺阯即是殷墟的說法是不成立的。

殷商王朝鼎盛之時，如《詩經‧商頌》所載「商邑翼翼，四方之極」，都城商邑是極為廣大繁榮的都市國家。武王伐紂，大破殷軍，商邑不免受到破壞，唯封武庚於商邑殷墟而繼承殷的祭祀。其後，武庚叛亂，周公平定，誅殺武庚和管叔，放逐蔡叔而以殷餘民封康叔為衛君。到衛懿公之際，狄人入侵，懿公被殺，其伯父昭伯之子戴公帶領國人東逃。就此歷史事實而言，商邑二度成為廢墟，武王伐紂，商邑成為殷墟，狄人侵衛，商邑成為衛墟，唯不稱衛墟者，以衛國東遷居要衝之地，商業繁榮，國運昌盛。然而殷墟也是衛都的廢墟是歷史的事實。至於殷墟的所在，根據《史記‧衛康叔世家》「以武庚殷餘民封康叔為衛君，居河淇間，故商墟」及《史記‧項羽本紀》「項羽乃與（章邯）期洹水南，殷虛上」的記載，

殷墟當在洹水之南、淇水之北、黃河之西。以座標軸描畫殷墟的地點，殷墟當在三水等距的位置上。但是小屯是位在洹水之南，故小屯就未必是殷墟的所在，殷墟最適切的位置應在現在的安陽縣，湯陰縣一帶才是。

至於小屯是何所在，則從其出土的現狀來看即能理解，蓋其附近頗多墳墓散在，或可斷定是某繁華都市近郊的墓地，而此繁華都市即是殷墟。就歷史而言，此繁華都市同時也是衛墟。故小屯附近發現的遺物不但有殷代的遺物，也應該有衛國遺物存在的可能。

1932 年，於淇水上流辛村出土類似小屯遺物的古墓群。根據《濬縣辛村報告書》的記載：辛村出土的墓地是屬於西周時代的衛國。亦即意味著商邑可分為殷朝統治、武庚封地、康叔封地等三個時期，辛村的墓地是繼小屯殷商之後的衛國時代的遺物。再者，墓地的所在未必是國都的所在，營造管理墓地的「國」（都市）是別有所在。宮崎市定以為此一見解比較合理，而且小屯也應該如此，其所有者的「國」（都市）當在別處，只是「小屯殷墟論」是羅振玉·王國維的主張，所謂以小屯為中心而有巨大城郭存在，而此城郭就是殷墟的假設雖然是「時代的錯誤」，卻依然是當前學界的通說。至於《濬縣辛村報告書》以為辛村墓地的經營者是相隔不遠的衛國的主張是可以採信的，但是其論斷衛國和殷都是不同的兩地，則不能成立。畢竟如《史記》所記載的「封康叔為衛君，居河淇間，故商墟」，則殷墟即是衛國。再以都市國家時代的觀念而言，所謂「殷墟」是地點而不是領土，如《史記》所記「項羽乃與（章邯）期洹水南，殷虛上」，到項羽的時代，殷墟的地點依然為人所熟知。

宮崎市定於中國古代史的研究，除了提出「中國古代都市國家論」以外，又撰述〈東洋的古代〉，通觀古代至漢代的社會變遷，提出「都市國家→領土國家→古代帝國」之古代史發展的圖示，著作〈中國古代史概觀〉，從世界史的角度考察中國古代史的發展，進而究明中國古代於世界史的地位。此為宮崎市定都市國家論的最終階段的論旨。

宮崎市定指出：歷史上的都市國家未必是永久安定的政治團體，大抵強大都市國家都是征服併吞鄰近的都市國家而形成的，其內部出現有著市民與非市民對立，甚至是市民支配奴隸的問題，對外則有由於領土或商業利益的爭奪而引發戰爭。力量最為強盛的國家則成為霸者而號令他國，而此霸者的出現則是都市國家趨向領土國家的第一步。古代希臘雅典、斯巴達並立的時代，中國春秋時代之五霸迭起的情勢即是。古希臘雅典支配同盟國人民的情形類似領土國家，春秋末期的楚國則以領土國家的姿態進入戰國時代而加入七雄的對峙。戰國時代的領土國家於激烈的弱肉強食戰爭下，秦國消滅山東六國而取得天下，中國遂進入古代帝國的時代。至於歐洲的情勢，由於羅馬的稱霸，勢力急劇發展而併吞東方的領土國家，繼而轉向內政，終止共和政治，完成皇帝的統一政治，建立羅馬帝國。綜觀東西世界的歷史，由都市國家而領土國家而古代帝國的形成是古代史發展的模式。

在宮崎市定的中國古代史的研究中，強調其都市國家論的目的，除了究明中國古代都市國家的形態結構以外，更就世界歷史的發展，說明都市國家發生及其發展的徑路，進而以之作為其東西文明關係史論證的一個底據。就結論而言，宮崎市定以為都市國家先

發生於西亞，而後向西促使希臘、羅馬都市國家的產生，向東影響及印度、中國，東方世界也形成了都市國家。❸

　　探究宮崎市定的中國古代史研究，其學問的淵源是內藤湖南的中國史學、桑原隲藏的東洋史學和加藤繁的經濟史研究，即繼承內藤湖南的社會文化史學，探討中國古代至漢代的社會變遷，取法桑原隲藏的東洋史學而從世界史的發展，確立中國的定位，遠紹加藤繁的經濟史研究方法，考證中國古代的經濟和制度。換句話說，宮崎市定是綜括京都和東京的史學方法，以世界史的觀點，考察中國古代社會結構和經濟制度，進而提出「中國古代都市國家論」和「都市國家→領土國家→古代帝國」之古代史發展圖示的獨特見解。

㈣景氣變動史觀

　　中國史上的古代帝國始於秦始皇，秦滅亡後，漢帝國繼承而繁盛四百年。然強盛的大漢帝國由於各種社會的矛盾而走向衰亡，中國社會也轉變成分裂局勢的中世時代。關於漢帝國衰微的原因有道德頹廢而政治腐敗的道德史觀，階級鬥爭激烈化而支配階級缺乏對策的階級史觀，經濟不振而人民困窮的經濟史觀等說法。宮崎市定以為經濟史觀最能貼切地說明漢朝衰亡的原因。唯宮崎市定強調所謂經濟既包含生產消費，而貨物流通也是經濟，但是與民生最有直

---

❸　宮崎市定於都市國家的發生及發展徑路的論述，參《自跋集　三、古代》，東京：岩波書店，1996 年 5 月，頁 57。至於東西文明關係史的論證則見於《自跋集　二十、菩薩蠻》，東京：岩波書店，1996 年 5 月，頁 337-350。

接關連的是景氣，因此所謂經濟史觀是指「景氣史觀」，政治的興衰與景氣變動有極大的關係。至於歷史上所出現的景氣與貨幣流通量的關係最深，貨幣流通量越多，容易入手，而且對貨幣的信用度高的時代就是景氣興旺的時代，否則就是景氣衰微的時代。

就以景氣變動探究其對歷史的影響而言，都市國家群至戰國領土國家的出現，再到群雄並起弱肉強食而最後一統天下的古代帝國成立的古代是景氣興隆的時代。即使戰亂連綿導致人民疲弊不堪，而強者依然能克敵致勝統一天下的原因，則在於景氣的興旺。至於景氣興盛的原因則在於周邊各民族的黃金不斷流入中國。景氣興盛的現象則持續到西漢時代。漢代黃金之多，如趙翼《二十二史劄記》卷三〈漢代多黃金〉所載，故漢代以黃金作為貨幣，但是隨著黃金逐漸減少而社會也出現不景氣的現象。關於黃金減少的原因，趙翼以為是產地的黃金生產涸渴，佛教徒又打造金箔，鍍金寫經而大量消耗，以致黃金存量日益遞減。宮崎市定則以為中國黃金價格比周邊各國顯著低廉也是中國黃金缺乏的主要原因之一。漢代的兌換率是黃金一斤換銅錢百萬錢，若以銅錢為共通的貨幣，則其匯率顯然太低，即使不是共通的貨幣，黃金與銀塊的兌換率，在西亞是一比十三，在中國則是一比六。中西的貿易長久持續以後，中國黃金乃大量流出西方，因此東漢以後，中國就開始產生黃金不足的現象。

宮崎市定又指出：景氣昌隆的時代，貨幣和商品的流通都極為活洛，於是市場上就出現屯積商品而等待物價上昇，以謀取暴利的資本家，此為《史記》所描寫的〈貨殖列傳〉的世界。一旦景氣低落蕭條，銀根緊縮，貨物易買而難賣，貨幣的回收和獲利也就極為

困難。結果市場上的貨幣和商品的流通就變得遲緩滯礙，大資本家也貯藏其資金而不事買賣，不景氣的現象就更為蕭條。

在不景氣的情況下，為了增加財產，唯有開源節流，儘其可能的減少錢財的開支而厚殖自己的財物，於是產生「莊園制度」。莊園領主一方面自官方取得廣大的土地，一方面招致貧民開墾耕種。莊民從事各種作物的生產而進行以物易物之自給自足的生活，以減少使用貨幣的必要。莊民所需消費的物資之外的剩餘作物則歸莊園領主所有，領主的產物收入或俟機而換金，否則以之為資本而擴大莊園的規模或購入新的土地而營造第二個莊園。至於莊園的主要產物則是穀物和絹帛，這兩種產物既是生活的必需品，在搬運上也未必有極大的困難，因此，成為貨幣的代用品而開拓了貿易的途徑。

景氣蕭條不但對民間產生極大的影響，政府的財政也甚為困乏。在政府的支出中，軍事費用是極為沉重的負擔。在以最小的經費依然能維持軍力的原則下，產生了三國曹魏的屯田政策。屯田大抵如民間的莊園，屯田的百姓一如莊園的莊民，唯耕種分配的土地之外，有事則編入軍隊，列為「軍戶」而防禦疆土。莊民與軍戶皆屬隸民且為世襲，終形成中世的階級社會。

漢初以來，政府以銅錢標示物價，由於黃金作為通行的貨幣，銅錢為民間所信用，但是到了東漢，黃金逐漸自社會消失以後，民間失去對銅錢的信賴度，甚且發生冶溶官制良幣而鑄造惡錢以圖利的不法行為，政府也沒有適當的防患措施。三國魏文帝即位，頒行廢銅錢而代以穀帛為市的詔令，唯政令不能永續施行，南北朝以後，交易全任民間的自行施為。中世政治紛亂，北方異族入侵占領華北，社會混亂加劇，民間交易更為萎縮，經濟景氣陷入谷底。到

了唐代，景氣才出現復甦的機兆。

唐代疆域超越中國本來的領域，勢力延伸至於四方，開拓廣大的領土。宮崎市定以為大唐帝國之所以能如此興盛，國際貿易的有利展開是其主要原因之一。漢代以來，中國人以民生必需品為主眼而生產絹帛，其後，隨著回教的傳播，西亞秩序的維持，東西貿易的繁榮，中國盛產的絹帛也經由西亞而輸出西方世界，取代黃金成為對外貿易的大宗。除絹帛以外，茶和陶器等特產品也成為對外貿易的重要物資，中國的對外貿易因而呈現出空前的活洛現象。由於中國對外貿易的對象是西方各國，貿易所得是西方通行的貨幣銀幣，所以中國國內也以銀塊取代黃金，成為流通的貨幣，同時也成為銅錢流通的後盾。唐玄宗為了實施其貨幣政策而鑄造「開元通寶錢」通行全國，銅錢的信賴度也因而恢復了。其後，由於中唐的政治權位傾軋，五代的朝代更迭，鑄造惡幣以圖利的現象再度出現於民間，盛唐之良幣驅逐惡幣的理想，到西方銀幣輸入而形成銅錢流通之良好環境的宋代才得以實現。

中世莊園的生活方式是自給自足而「閉門為市」，即莊民先在莊園內相互交易產物，非莊園所能生產的商品，如食鹽等，才用金錢購買，否則一錢也不能帶出莊園。然則以物易物之原始舊式的生活形態畢竟不能長久維持。莊民各自獨立，自己決定種植的作物，大抵以栽培容易換取金錢的作物是趨，作物收成而販賣，再以所得的金錢購買家用必需的物資來消費。宋代以後，經濟發達而景氣興旺，不但一般庶民的生活條件提昇，知識階層也投身於貨幣經濟中。宮崎市定強調宋代的景氣高昂是中國古代生活形態的復歸，宋代的社會經濟猶如《史記》《漢書》所記載漢代全盛期的再現。訣

別中世而復歸於古代，以進入近世之新時代，是宋代知識階層的自覺，此即文藝復興的精神，故宋代的文化自覺現象自然可以稱之為「中國的文藝復興」。❶

㈤九品官人法

宮崎市定於中國官吏任用制度的著作有收載於《宮崎市定全集》第六卷的《九品官人法》和第十五卷的《科舉》。其自稱《科舉》一書只是編纂的性質，未必能稱為研究論著，唯於科舉開始年代的考證則有獨特的見解。一般以為科舉始於隋煬帝大業年間進士科的設置，但是宮崎市定於 1946 年 10 月出版的《科舉》指出：進士科雖是後世科舉制度的重心，但是隋代則側重秀才科，至於秀才科在文帝開皇十八年已經存在了。其後，在唐初名人傳記的記載中，有開皇十五年進士及第者，可知進士科的設立當在此以前，乃於 1963 年 5 月出版的《科舉》提出修正，主張開皇七年（587）實施制度改革，廢止九品官人法而設置秀才、進士諸科，是科舉制度開始的年代。❶

《九品官人法の研究》是宮崎市定獲得日本學士院賞的論著，其自稱在九品官人法的研究有發前人所未發的見解。❶宮崎市定以為中國古代未必有無官位而有官職之胥吏的存在，而且如宋章如愚

---

❶ 宮崎市定於景氣變動史觀的論述，參《自跋集　一、中國史》，東京：岩波書店，1996 年 5 月，頁 8-14。

❶ 宮崎市定於中國科舉開始年代的記述，見於《自跋集　十五、科舉》，東京：岩波書店，1996 年 5 月，頁 267-268。

❶ 前揭書，頁 266。

《山堂考索》所說「漢之用人也，不分流品」，漢代自由地從民間錄用人才，既無官吏與胥吏的區分，且無流品的差別。換句話說流品的區別是始於中世，而其關鍵則是肇始於曹魏時代的九品官人法。

　關於九品官人法，歷來中日學界都稱之為「九品中世制度」，但是宮崎市定說：「九品中正」之名始於宋代，「中正」的薦舉雖為魏晉時人所重視，但是南北朝以後逐漸式微，到了隋朝則被廢止。根據魏晉的記錄，「九品中正制度」應稱之為「九品官人法」，九品的等級蓋取法於《漢書·古今人表》。曹魏的九品分為「官品」和「鄉品」兩種，「官品」的九品官位到清朝末年皆為歷代朝廷所襲用，「鄉品」則是由設置於各郡縣「中正」品隲鄉里有意任官者的高低，政府根據鄉品的上下而任命適當品級的官吏。至於「官品」和「鄉品」的關係，如「鄉品」二品的人才能，於初任之際，只能任六品官，其後隨年功考績，逐次晉昇至二品，若有晉昇一品官的可能，則需由中正重新其是否具有鄉品一品的才能。雖然如此，當時即使是地位最高的貴族的子弟，鄉品最高也止於二品，只有宗室的子弟才有可能取得鄉品一品，唯其初任官位則是五品官。

　有關設置於各郡縣「中正」的職責及其式微的經緯，宮崎市定說：中正的職務是公平的薦舉有才德之人而品隲其鄉品的高低，但是，由於地方出身大官之貴族化的趨勢，中正就未必能適切地克盡其職守，再者，中正也未必具有預見將來發展的先見之明。因此，中正只能根據有意任官者的家世，以其父祖的最高地位作為判定的標準，如父祖是鄉品二品，其子孫也是鄉品二品，而且一旦被查定

為二品，便成為該家的既得權利，公認之為「家格」而世代繼承。
換句話說，中正只要熟悉貴族的家世履歷，以「家格」而作為其品
隲的標準即可，結果中正變成尸位素餐的無用之官，隨著時代的推
移而消失。**⓱**

㈥中國近世論

宮崎市定的宋代研究是繼承內藤湖南的宋代為中國近世說而發
展的。內藤湖南以宋代為中國近世說的主張主要見於〈概括的唐宋
時代觀〉和〈近代支那の文化生活〉。**⓲**前者說明唐宋是異質性的
存在，宋代以後產生劃時代的變化，如貴族勢力是魏晉到唐代的時
代的中心，但是到了宋代貴族勢力衰微沒落，而成為社會主體是專
制的君主、一般庶民和知識階層。在經濟方面，貨幣經濟取代了實
物交換的經濟形態，在學術文化上則由重視師承家法之訓詁學進入
自由發揮的時代。後者則說明宋代以後的文化脫離中世拘束於傳統
因襲的生活樣式，而形成獨創性、庶民性的新風氣，由於近世以後
的文化有高度的發展，到清代末期的近世文化和歐美相比，毫不遜
色。

宮崎市定則從經濟制度的觀點補充內藤湖南的論說，使宋代為
中國近世說成為京都中國史學的重要主張之一。宮崎市定以為中國
的國家的性質到了唐末而產生重大的變革，即從武力國家演變成財

⓱ 宮崎市定於景氣變動史觀的論述，參《自跋集 六、九品官人法》，東京：
岩波書店，1996 年 5 月，頁 92-95。

⓲ 二文收載於《內藤湖南全集》第八卷，東京：筑摩書房，1969 年 8 月。

政國家，亦即財力是國家成立的基礎，外交國防皆藉著財力而賴以
維持。至於財力的來源則是人民的租稅，為了管理人民交納的稅金
而設立財政官吏。宋代結束五代分裂的局勢以後，為了統一貨幣而
重用財政官吏，推行貨幣政策。宮崎市定強調宋代之所以能完成政
治的統合，在於貨幣政策的成功。宋代的中央政府為了保有龐大的
貨幣存有量以應天下之所需，又為了推行以銅錢為通行貨幣的政
策，財政官吏乃致力於鑄錢額度的增加，因而形成世界無以倫比的
銅錢流通社會。至於王安石的「市易法」則類似今日官營銀行借貸
制度，不但解決經濟發達下，借貸資本以運營事業的問題，促進都
市商業的繁榮，而一般庶民於都市消費生活也成為可能，此為宋代
經濟社會之異於中世階級社會的所在。再者，民間所設立的「連財
合本」則類似合資財團或株式會社，略具近代經濟的雛型。凡此皆
是宋代經濟社會之異於中世階級社會的所在。❶❾

(七)中國近代文化論：蘇州的都市文化和北京的政治文化

中國明代的政治和軍事的中心雖在北京，而文化、藝術和經濟
的中心則在江南。宮崎市定強調：蘇州居地利之便而成為江南經濟
文化的中心，根據弘治四年（1491）的戶口統計，北京順天府十萬
戶六十萬人，蘇州府五十三萬戶二百四萬人，就人口而言，即可證
明南北經濟條件的差距。因此，只以北京為中心而探究明代的歷
史，將未必能正確地把握其經濟的變遷和文化的發展。至於明清以

---

❶❾　宮崎市定於宋代經濟制度的的論述，參《自跋集　九、五代宋初》，東京：
　　　岩波書店，1996 年 5 月，頁 142-153。

來，蘇州經濟蓬勃的原因則在於輕工業的發達，而輕工業發達的動力則在於大量自由勞動者的湧入。明代以來，蘇州的織布的機坊和染色的染坊雇用大量的工人而紡織業極於鼎盛。明代中期以後，蘇州一府交付的稅金匹敵鄰近的浙江省而占全國的十分之一。明末萬曆二十九年（1601）朝廷派遣宦官孫隆課新稅，欲以紡織機械的台數而徵收稅金，致使經營紡織業的資本家宣告歇業閉廠，據地方官上奏神宗的奏折說：「罷染坊而散染工者數千人，罷機坊而織工者數千人」。可見當時紡織業的繁盛。而此繁盛的景況持續至清朝初期，《雍正硃批諭旨》所收總督李衛的上奏文指出：入清以後，蘇州的紡織業除機坊和染坊以外，又興起增加棉布光澤加工的踹坊。蘇州城內經營踹坊的「包頭」有三百四十多人，踹坊四百五十多處，而於踹坊工作的踹匠則有二萬多人。踹坊又提供居住家具食糧，以供隻身到蘇州勞動的踹匠居住生活，則類似今日企業的單身宿舍。凡此皆能說明蘇州景氣繁榮而為明代經濟中心的所在。

　由於經濟發達，蘇州也成為人文薈萃的所在，宮崎市定強調明代蘇州文人之優遊自在的生活類似於近代人的生活方式，是中國歷代所未嘗有的「都市文化」生活形態。一般而言，所謂「鄉宦」是指鄉居的大官，由於「鄉宦」在朝為官之際，就在鄉里厚殖財產，構築園囿，豢養童僕，扶植勢力，即使歸隱田園，在鄉里依然擁有左右鄉論的勢力。但是蘇州府則未有鄉宦的存在，為蘇州市民所敬愛的是致仕不宦而與民同甘共苦的「市隱」。最初的代表是沈周，其後祝允明、唐寅、文徵明、徐禎卿的「吳中四才」相繼而起。吳中市隱皆善於書畫而能為詩文，既不役於物，也不為世俗規範所拘束而融通優遊於人間社會，樹立以文人為中心的「都市文化」，此

開放性文人生活形態是明代文化的特色之一。因此，宮崎市定強調：以蘇州的經濟文化探究明代歷史的變遷，才能說明明代於中國歷史上的意義及其定位。**❷**

　　清朝興起於滿州，乘明末的動亂而平定全土，統治中國近三百年。宮崎市定以為清朝之所以能長治久安的原因，乃在於統治政策之優於金、元諸王朝。清初中央政府的重要官職都是滿人與漢人並置，而且內閣設置翻譯機構，將滿文譯成漢文，漢文譯成滿文，然後作成滿漢合璧的文書，進呈請裁。到了雍正以後，設置軍機處主掌內閣事務，滿漢文書分別處理而無翻譯的必要。至於總督、巡撫以下的地方官吏雖無明文規定滿漢人的地位，而且為維護滿人的威嚴，滿人不任命縣以下的官職，但是依然有適宜分配滿漢人的官位，以確保二者的均衡。

　　在邊境民族的統治政策方面，特別是對西藏的政策，可以說是雍正的治績。宮崎市定強調雍正皇帝不但尊重西藏古來的風俗習慣，也在北京建立西藏人所信奉的喇嘛教寺廟，即位以後，甚且將自己的邸宅改修成喇嘛寺而贈與西藏喇嘛僧。至於派兵西藏，其實是在保護西藏的政策下，使其不受到外敵威脅入侵而進行的。但是清中葉以後，由於英國以印度為據點而進入西藏，引發藏人對西方的崇尚，清朝乃對西藏採取殖民地政策，獎勵中國人移民西藏，進而採取防衛政策，結果造成武力衝突，清朝政府乃在四川省的一部和西藏的東部設置「川邊特治區」作為緩衝區。其後中國將「川邊

---

❷　宮崎市定於蘇州之經濟文化的論述，參《自跋集　十三、明清》，東京：岩波書店，1996 年 5 月，頁 219-226。

特治區」改制為西康省，企圖侵占西藏的領土而實施殖民地政策。西藏之藩屬化的政策固然受到國際勢力的影響，也說明清朝國力衰退的事實，但是，更重要的是清朝對西藏之由保護政策轉變為藩屬化國策的推移，以及民國沿襲清中葉以來的政策來看，雍正期的政治文化是中國近代史上極為重要的時期。

　　一般以為雍正是中國獨裁君主的代表，但是宮崎市定通過《東華錄》和《雍正硃批諭旨》的考察，結合設立軍機處的雍正和派兵保護西藏的雍正的兩個不同焦點，析理出合乎歷史事實的雍正帝形象。又從「素樸民族論」究明素樸的滿州民族融入中國文明社會，探索並確立其民族永續之路的努力是雍正帝的存在價值及其在中國歷史的定位。因此，宮崎市定說：中國近世史的研究可以從宋代往下探究，也可以從清朝向上追溯，而對於清朝歷史的考察，由雍正時代切入則是便利的捷徑。❷1

三、結語：宮崎市定的史學成就

　　東洋的學問未以邏輯論理的思考與論述見長，然內藤湖南和宮崎市定則是少數的例外。二人以博覽的識見為根底，進行精密的文獻考證，樹立富有邏輯論理性學說。如內藤湖南以文化性「突破」（breakthrough）的觀點，說明宋代的社會文化諸象迥異於唐代而提出「宋代是中國近世」的主張，繼承富永仲基的「加上說」而論斷中

---

❷1　宮崎市定於雍正的政治文化的論述，參《自跋集　十四、雍正帝》，東京：岩波書店，1996 年 5 月，頁 235-250。

國古代思想形成的先後次第,強調「應仁之亂」是日本創造獨自文化之畫時代的歷史事件,說明文化形成經緯之「文化中心移動說」,究明文化發展徑路的「螺旋循環說」等都是內藤湖南於東洋文化史研究上卓越的論證。至於宮崎市定的學問則是兼容內藤湖南的中國史學和桑原隲藏的東洋史學,以精細的個別實證研究和闊達雄渾的通史性敘述為史學家究極的宮崎市定史學。因此,其於中國歷史的研究,是以實證的方法考察政治、經濟、社會等個別分野的變遷,進而提出「景氣變動史觀」以考察社會、經濟、政治等文化現象的變遷而體系性地架構中國史學的發展脈絡,又蒐集西亞的文獻,學習阿拉伯文,以探究東西文化交流關係的歷史,提出「素樸主義與文明主義的循環」,「古代史發展圖式的建構」和「宋代是東洋的近世說」,究明中國歷史於世界史上的定位。因此內藤湖南可以說是日本近代中國學的第一人而宮崎市定則是日本東洋史學的巨峰。就史學研究方法而言,內藤湖南的「文化史學」到宮崎市定的「東洋史學」是繼承性的突破。內藤湖南是日本京都中國史學的巨擘,則宮崎市定是由中國史學的領域而發展至東洋史學研究之集大成者。

吉川幸次郎：
日本近代中國文學的泰斗

關鍵詞 典型主義　抒情文學　緻密與飛躍　杜甫研究

一、吉川幸次郎的學術生平

　　吉川幸次郎（1904-1980）出生於神戶。大正 12 年（1923）4 月，入學京都帝國大學文學部。昭和 3 年（1928）2 月，隨狩野直喜往赴中國而留學北京，6 年 2 月，旅遊江南，其間，嘗造訪黃侃、張元濟等人，4 月歸國，受聘東方文化學院京都研究所（今京都大學人文科學研究所）所員。22 年（1947）4 月，以《元雜劇研究》獲得文學博士，6 月就任京都帝國大學文學部中國語學中國文學教授。26 年 1 月任日本學術會議會員，39 年 1 月任日本藝術院會員。42 年（1967）3 月退休，翌年 3 月，自編《吉川幸次郎全集》二十卷，4 月起，由筑摩書房逐月刊行一卷。❶ 44 年 5 月獲法國學士院頒授

---

❶ 《吉川幸次郎全集》二十卷於昭和 45 年（1970）全部刊行，48 年至 51 年又

Stanislas Julian 賞，11 月獲文化功勞之表彰，46 年（1971）1 月獲贈
朝日賞，49 年 4 月頒授二等旭日重光勳章。

　　吉川幸次郎於中國文學的研究是以通古今之變的史觀，運用清
朝考證學與歐洲東方學術研究的方法論，分析東西方於中國文學研
究的優劣長短，以嚴密的考證與細緻的賞析，重新評述既有的研究
成果，開拓新的研究領域，則是其成就一家之言，為日本近代以來
研究中國文學的大家的所在。

二、中國文學的特質

　　敘事性的發達與想像虛構的豐富是西洋文學的特色，則抒發內
在的情感，描寫生活環境的現實是中國文學的特質。至於典型的尊
重而曲盡於修飾技巧的表現則是中國文學創作方法論的根源所在。
換句話說，忠實於文學的傳統，窮究於美善境界的追求，既要求表
現技巧的緻密，又重視內在感受的飛躍是中國文學作品美善圓熟的
終極。

刊行《增補吉川幸次郎全集》二十四卷。平成 7 年（1995）至 8 年 4 月，弟
子興膳宏又編纂《吉川幸次郎遺稿集》三卷、《吉川幸次郎講演集》一卷，
平成 9 年（1997）10 月起，再出版《決定版吉川幸次郎全集》二十八卷，皆
由筑摩書房刊行。有關吉川幸次郎的學術生平，參桑原武夫、興膳宏等編
《吉川幸次郎》（東京：筑摩書房，1982 年 3 月），〈先學を語る—吉川幸
次郎博士—〉（東京：《東方學》第七十四輯，1987 年 7 月，其後收入《東
方學回想》V，東京：刀水書房，2000 年 4 月，頁 147-173）。

㈠忠實於文學的傳統

中國人有尊重典型的傾向，在人格的養成上，所謂「聖人」，是道德修養的究極理想，而「典型在夙昔」，即意味著以古代聖賢的行儀為人生在世的典範。此一尊重典型的傾向亦見於思想傳承與文學創作上。宋明儒學，即以發揮孔孟儒學的真義為依歸，而展開理學與心學的新局面。魏晉玄學則以老莊為其思想源流之一。換句話說，中國的思想傳承是以先秦諸子為典型而展開的。至於經學歷史亦然，經書大抵形成於戰國時代，經兩漢經注、唐代正義而有清朝考證學的發展。在中國文學的文體方面，詩雖大成於盛唐，然四言詩蓋源於《詩經》，五、七言與樂府的形式，大抵見於漢代。絕句、律詩的近體詩雖亦隆盛於唐代，魏晉南北朝時，即有對句之法，音韻之學，平仄的格調亦略具雛形，至唐而詩法益形嚴密，詩的形式底定，詩的面目一新。就典型尊重的事例而言，杜甫之所以被稱為「詩聖」，乃杜甫近體詩的格律為後世詩人所取法以外，以日常生活的事物為詩的題材，是中國文學的忠實，再者杜詩所展現的是圓滿具足的人生境界全，猶如聖人的存在而為後世詩歌創作的典範。❷

散文的發展亦復如此，唐宋古文家固然有「文以載道」、「文以明道」的提倡以振興八代之衰微；在行文的體裁上，則以秦漢的散文為宗尚，故八大家的古文頗有先秦諸子的神韻，如蘇洵取法《戰國策》的縱橫奇策而長於論辯，蘇軾有《莊子》豪邁飄逸的風

---

❷　〈中國文學の特色〉，吉川幸次郎述、黑川洋一郎編《中國文學史》第一章，東京：岩波書店，1974 年 10 月，頁 31-39。

格，王安石則有《韓非子》壁壘森嚴的格局。至於黃山谷江西詩派
的「換骨奪胎」，李攀龍的「文必秦漢，詩必盛唐」，更是尊重典
型以創作詩文的典型論說。因此，即重視既有存在學說或行為，然
後於表現方法上推敲琢磨，以典型的尊重而進行新的開展，乃是中
國人創造性根源的所在。

(二)以抒情文學爲主

自古以來，中國人的終極關懷是在人間世界，因此古典文學作
品的取材大抵以現實社會的人生問題與個人的日常經驗為多。所以
吉川幸次郎說以人為中心的情意表現是中國文學的根本特質。[3]就
文學的形式而言，詩是以表現人之感情的抒情詩為主，而甚少歌詠
英雄的敘事詩。散文的主流不是需要豐富想像與虛構的小說而是記
述人在人間社會之實際生活與實在經驗的散文。就詩歌而言，此一
抒情的傳統起源於《詩三百》到杜甫而達於極盛，吉川幸次郎舉杜
甫於流寓蜀地時所作的〈倦夜〉為例，說明杜甫詩之所以沉鬱頓挫
的所在與中國古典抒情詩的普遍特質。〈倦夜〉雖然是寫所見之
景，卻在景中抒發人生遭遇的感懷。「竹涼侵臥內、野月滿庭隅」
在說自然現象是超然性與圓善性的存在，「重露成涓滴、稀星乍有
無」是描寫時間推移的微妙變化，「暗飛螢自照、水宿鳥相呼」則
在寫蟲鳥的孤獨哀憐，進而由此起興而陳述「萬事干戈裏、空悲清

---

[3] 同上。又〈中國文學の性質〉（《中國文學入門》，東京：講談社學術文
庫，1976 年 6 月，頁 109-121，《吉川幸次郎全集》第一卷，東京：筑摩書
房，1968 年 11 月，頁 78-87）亦有相同的論述。

夜徂」之戰爭的不幸與人事的悲哀。畢竟人間原來也有成就善意的可能，奈何因為時世的紛擾，而有不知清平的社會何時到來的憂愁。以日常周遭的情事為題材，陳述人間社會重要的問題是杜甫詩的特徵，也是中國古典抒情詩的普遍象徵。❹

三、中國文學的特質及其形成的環境

重視文學，忠實於文學的傳統，進而產生以自身的文學為獨善至上之文學意識，又以日常生活為創作的素材而產生以抒情為主的文學是中國文學的特質。至於何以產生典型主義之文學意識與抒情文學之人文主義的特質則與中國特殊的地理、思想、政治、文化與社會等環境有極大的關連。

㈠形成以中國文學為唯一存在之意識的地理環境與思想傳統

吉川幸次郎說：就地理環境而言，中國的沃野之大與歐陸等同，歐陸國家林立而中國四周有著天然的屏障，乃形成一個獨立空間，由黃河產生的文學傳統在極少受到外來文學的影響，甚至於幾乎沒有外來文學存在的意識下，逐漸擴展到中華天下的各個角落。

---

❹　由於中國古典文學是以抒情與寫實為主，故敘述性又需要虛構的小說就不發達。又因為重視真實，在創造手法上，就有以確實描寫為必要條件的共同意識。《史記·項羽本紀》的鴻門宴，曾鞏〈越州鑑湖圖序〉等山川形勢的記述即是。（吉川幸次郎〈中國文學の特色〉吉川幸次郎述、黑川洋一編《中國文學史》，東京：岩波書店，1974 年 10 月，頁 10-17。）

在廣大空間所形成的文化未必沒有時間性與地方性的色彩，如語言即有古今差異和南北通塞，文化也有唐代華麗而宋代素樸的時代性與北方重理而南方主情之地域性的差異，但是在政治政策與文化傳承的意識下，由於秦始皇之統一文字的政令施行，先秦諸子之自由開放的文化色彩，是中國最初也是最後所展現出的地方性分歧，至於各地的方言也由於存在著意志疎通的障害，相對於具有普遍性與共通性的「官話」，方言僅停留於「生活言語」的階段而未必能形成「記載言語」，用以行諸文字而抒發感情或記錄時事。再就思想環境而言，先秦諸子固然表現出地方色彩的對立，又在原理表達上，雖有儒家追求人間的善意，道家以自然的善意為究極，法家主張權力意志，墨家高舉無我兼愛的不同，但是實現於政治之現實性希求的動機是共通的，至於以散文作為言語表現的形式則是一致的。到了漢代，不但政治鞏固統一，以人間善意為原理的儒家思想也成為中國人生活行為的傳統理念。換句話說漢代以後，以儒家思想為唯一至上的意識是中國文化的傳統，也是普遍存在於中國人心中的民族感情。

㈡由於「異文化」的交流而形成中國文學是至上獨善的意識

中國文化之唯一性的形態在與周邊民族的往來後，更穩固的確立。就政治環境而言，為達成開疆拓土的目的，中原政權與周邊民族彼此有武力攻伐的軍事行為，中原用兵開地而周邊民族逐漸「漢化」，周邊民族入主中原，大抵都被漢族所同化，即使如元、清有以自身的言語作為「政治言語」而宣達政令或載記歷史，也未成為

發生文學的可能因素。換句話說，與周邊民族接觸的結果，外族文化皆為中國文化所同化，中國文學是至高無上之存在的意念便形成民族的歷史傳統。不但如此，即使佛教與西學的傳入，中國傳統文學是唯一存在的信念也終始毫無動搖。

佛教自東漢傳入中國之後，即成為中國思想的主流之一，魏晉之際，與老莊、周易並稱三玄，南北朝則或以佛教為內教而儒教為外教。唐代以來佛教鼎盛，宋代理學家受到佛教盛行的影響而提倡儒學的復興，以佛教為異端而欲排除於中國文化之外，但是佛教的研究依然是中國哲學史的重要課題，佛教始終是中國主要的宗教而為民間大眾所信仰。雖然如此，在文學方面，即使南北朝的志怪、唐代的傳奇小說起因於佛教空想的虛構，敦煌的曲子詞與唐宋以來的禪詩都有佛教的色彩，南北朝以迄唐代，西域音樂的活洛，改變中土的音樂形式，近體詩的格律也多少受其影響，但是以日常生活為題材之寫實與人間社會之感懷的抒情文學始終是中國文學的主流。至於西學的傳入，分析性的思考促成實證性古代言語學方法的建立，緻密的思惟也使清朝詩文的肌理極盡細膩之能事。但是西洋的言語結構固然不同於漢語的結構，卻不能以之作為創作古典詩文的工具。西學的影響僅止於科學實證之學問或文學創作方法的形成，意識到西洋文學是以敘事為主，而小說創作是其精華，則在白話文學運動以後。就中國傳統文化的環境而言，在宗教或藝術方面，印度、西洋之異文化的存在，如佛經是宗教的經典，《幾何原理》是科學性著作，固然為中國人所意識到，但是印度和西洋文學的存在則未為中國的文學傳統所認知。換句話說，就傳統文學而言，與印度或西洋文化接觸的結果，只證實中國文學的獨善性，進

而更忠實於其傳統而已。❺

(三)以文學創作能力的有無而決定其社會地位的社會環境

　　所謂文學能力是指鑑賞作品的能力和創作作品的能力，以創作詩文的能力作為決定人的社會地位是中國文學之所以異於世界其他文學的特殊功能。形成以文學創作的優劣作為決定社會身分的尺度則與中國傳統社會的環境有密接的關連。

　　吉川幸次郎以為「士人」與「庶人」的區分是漢代以來二千年，中國社會的共通意識。漢武帝之所以推崇儒術，或許因為「選良」制度原本即內在於中國的傳統而且是最適用於中國社會，乃以儒學作為施政的指向。自漢武帝尊崇儒學，設立《五經》博士以後，《論語》所謂有德的「君子」與《孟子》治人勞心的「大人」即是「士人」的形象，《禮記・曲禮》的「禮不下庶人，刑不上大夫」既說明士人的性格，也存在著士人擁有特權的思想。換句話說所謂「士人」是既能參與政治，又以講讀《五經》及其他古典為職志而有維持並遂行道德文化能力的存在。至於任官，或未必任官而能批評政治，有文化特別是文學的發言權，受到法律特殊的保護則是「士人」的特權。中世社會的身分大抵是世襲，近世以來，所謂歷代簪纓之家，書香門第，豪門富商固然俊才出世的所在，但是家世與富裕並非成就「士人」的唯一條件，決定「士人」身分的尺度則在於經書理解的程度與文學創作的能力。中國傳統社會之以文為

---

❺　〈中國文學の環境〉，《吉川幸次郎全集》第一卷，東京：筑摩書房，1968年 11 月，頁 278-290。

舉士而選良的特殊環境則具現於科舉制度。

　　科舉濫觴於漢武帝的策問，成立於隋唐而完備於北宋，至清末的一千數百年間，為中國人立身樞要而享受幸福生活的關鍵。唐代科舉有「明經」與「進士」二科，「進士」課詩賦，「明經」又稱「帖書」，大抵為經書與國定注釋，如《五經正義》的記誦而已，太宗時，雖有「策論」，要皆為辭藻的修飾，美詞麗句的陳列。北宋王安石變革新法，廢除「詩賦」辭課以「論」「策」，「明經」則不求經書的記誦而採取「經義」的自由闡述。南宋與金則恢復「詩賦」與「明經」「策論」並行。元初廢止科舉，元末仁宗皇慶二年（1313）再開，然輕「詩賦」而重「明經」「策論」，經書含《五經》《四書》，經義則採宋儒的新注。明清六百年的科舉科目是以「經義」為主，尤以「四書義」為中心，所謂「制義」「制藝」「時文」「八股」「舉業」「四書文」皆「四書義」的別名，至於「四書義」的參考書則以朱子集註為準據。明清的科舉制度看似改變歷來以文學能力判定人物價值的取向，實則「經義」的考試依然是作文的責求。《四書》文句的演繹發揮有其限度，答案又固定為煩雜的「八股」的形式，因此論理思考能力難分高下，文學表現的巧拙才是優劣的根據。換句話說，以言語表現巧拙的文學創作能力來判定人的價值，決定其社會地位的結果與以「詩賦」為中心的時代的風尚並無顯著的區別。因此經義與策論二科的本旨雖在道德文化意識的責求與政治政策和為政見解的陳述，然而其優劣高下的判定卻歸結在文章表現的巧拙，亦即言語的表現能力是選良舉士最終的依據。此為中國傳統社會以文為舉士而形成中國人重視文學

創作能力的原因所在。❻

　　細膩地表達內在世界的感動與緻密地描寫生活環境的事物是中國文學追求美善的傳統，而此一傳統的形成和長久持續則與以人為主的思想傳統和山海之自然屏障而護衛著廣大幅員的地理環境有密接的關連。在中國歷史的發展上，中原政權與周邊民族有頻繁的接觸，中華文明與古今文明也有「異文化」的交流，或以武力而入主中原，或以思想文化而改變中國人的思惟方式，雖然如此，對中國文學之「緣情而綺靡，體物瀏亮」的詩文世界則沒有產生巨大的影響。相反地，由於與「異文化」交流的結果，中國文學是唯一至善之存在的意識卻變成中國文學的傳統。至於士人之重視文學的理念也在此傳統意識和以文舉士之社會環境下應運而生。

　　在中國傳統意識中，所謂「士」（君子、讀書人、文人、知識分子）是指具有道義、政治和文化的能力，而且有對道義、政治和文化發言權者，科舉的制度即在此理念上成立的。至於「士」的必要條件是正確地把握以經書為中心之古典的意義，適切地實踐經義於人間社會和具備創作詩文的能力。歷代科舉的考試科目即顯現出傳統士人的形象。此傳統意識與以文舉士的科舉制度之所以能長久持續，是和中國傳統社會之尊重文學的普遍價值與中國言語構成之特殊性有密接的關連。在中國傳統社會中，不但存在著「人為世界中心」的世界觀，即唯有人才能以美麗的文字表現人間世界的調和與美善，而且抱持著缺乏經典的文學教養與文學創作的能力，即未必有

---

❻　〈中國の文學とその社會〉，《吉川幸次郎全集》第一卷，東京：筑摩書房，1968 年 11 月，頁 292-324。

為人尊重的其社會地位。尤其是中國古典詩歌是具有特殊技巧的
「記載言語」，能表現「記載言語」之特殊技巧的人，即表示其具
備生存於人間社會之各種能力。在此人文意識下，即使於貴族社會
中的貴族僅保有雄厚的財富或強勢的門閥而無文學能力是為社會所
肯定的。雖然如此，既以文學的能力作為決定身分的尺度，則決定
的尺度即不能頻繁的更易，也未必飛躍玄想而脫離人間社會的常
軌。由於此一社會環境，乃形成忠實於文學傳統的典型主義，以描
寫日常生活與社會現象為主流的特質。

四、以辨彰學術的歷史意識
進行中國文學史的分期

　　有關中國文學發展歷史的分期，吉川幸次郎大抵根據其師內
藤湖南的主張而稍有差異，其以為中國文學的發展可分為四個時
期。❼

　　第一期　　周朝初期以迄秦帝國（西元前十二世紀到西元前三世紀的

---

❼　〈中國文學の四時期〉，此文原收於 1966 年 5 月新潮社出版的《世界文學小
　　辭典》，其後又收入《中國文學入門》，東京：講談社學術文庫，1976 年 6
　　月，頁 101-108。吉川幸次郎有關中國文學史的分期，又見於〈中國文學史敘
　　說〉，《吉川幸次郎遺稿集》第二卷，東京：筑摩書房，1996 年 2 月，頁 3-
　　23，除第一期止於漢武帝外，其餘大抵史同。據筧文生《吉川幸次郎遺稿集
　　第二卷·解說》指出：〈中國文學史敘說〉是吉川幸次郎的手稿，唯不明其
　　執筆的時間，或為自東方研究所轉任京都帝國大學教授（1947 年）時，所準
　　備的講稿。

一千年間）

前文學史時期。

第二期　漢朝至唐代中葉（西元前二世紀到西元八世紀的一千年間）

抒情詩或美文時期。

第三期　唐代中葉以後至清末（西元八世紀後半到二十世紀初的一千年間）

散文時期。

第四期　相應於「辛亥革命」之「文學革命」以後

語體文時期。

吉川幸次郎以為中國文學第一期的「場」是在黃河流域，其文學體裁，除《詩經》是表現感情的韻文以外，大抵是以組織國家方法之政治性或論述個人、學派思想內容之論理性為中心。換句話說當時士人的政治、論理的意識較為強烈，因此語言的表現也以生存法則與人生的現實為多，而人的感情、玄思或唯美追求的價值則是次元的存在。至於《楚辭》之以韻文的文體與比興的手法抒發豐富的感情，而為後世美文的典型，或由於《楚辭》是產生於長江流域的緣故。

第二期的文學是以感情抒發為主，而表現的方式則是有韻律的辭賦詩歌。吉川幸次郎以為由於文學不再是政治的附庸而有語言美感與個人感情的表現，故有獨立的價值而成為構築文明的基本要素。至於東晉以後，文明的中心轉移到長江流域，歌詠山水田園與自然風景的詩文也成為中國文學的主要題材之一，與三國西晉的宮

廷貴族的浪漫文學輝映成色。到了八世紀前半的盛唐，由於詩人的感性與思想的飛躍，又把握自然的象徵以為自由詩語的表現，形成中國詩歌的黃金時代。

第三期是散文的時代，即使是韻律的詩歌也有散文化的傾向。漢唐以來雖然有《史記》、《漢書》歷史散文的傳統，但是吉川幸次郎以為第二期的千年間依然是以四六駢儷之文為主，尚未有以散文為典型的意識。在第三期的文學中，最值得注意的是雜劇、小說等虛構文學的產生。起源於庶民娛樂的講唱，經過潤飾而形成口語講唱之口白並存的雜劇與散文詩歌兼蓄的小說。第四期的文學則是受到西洋文明的影響，產生以虛構文學為主流與語體文為通行文體的變革。

五、以考鏡源流的歷史意識
探究中國文學中人生觀的推移

「己立立人、己達達人」的淑世救人是儒家生生哲學的根本精神，如《詩經·大雅》所記載的「天生烝民，有物有則」，「物」是內在於人的良善本性，「則」是自然天成的本來存在，而體現此一精神的是「聖人」。「聖人」是圓滿良善的存在，為人之所以為人的理想目標，即「聖人」是樂觀主義的理想存在，是提供無限可能的象徵。吉川幸次郎以為樂觀主義不但是儒家的人生觀，而樂觀與悲觀的交替推移也是中國文學發展流衍的一個重要現象。❸換句

---

❸　〈中國文學における希望と絕望〉，〈中國文學に現れた人生觀〉，《中國

話說，從人生觀的角度來探究中國古典文學的內容，則中國文學是一部表現情意的文學史。

《詩經》中表達悲憤的詩歌多於歡樂，但是《詩經》所表現的人生觀基本是樂觀主義的，如〈周風·桃夭〉即是祝福女性結婚而充滿希望的詩歌。〈邶風·柏舟〉固然是憂愁悲憤的作品，但是接續其後之〈邶風·綠衣〉「我思古人，實獲我心」的敘述，則未嘗沒有現在雖處於不幸的環境中，但困窮的環境只是一時的而不是本來且持久性的存在，畢竟無論是個人或是社會，其本來的存在是圓滿幸福的。換句話說《詩經》的時代，一般人並沒有失去人生理想與希望，而且正因為尚存在著人生本來理想的寄望，對現實的遭遇才有悲憤，《詩經》的憂憤之作大抵是在這種心理狀況下創作的。《詩經》之後的《楚辭》也存在著這種創作心理，屈原固然有滿腹的鬱憤而投江自盡，但是其人生哲學則是重建幸福圓滿的人間社會。換句話說人生本來幸福的信念是屈原內在根底的人生觀，而古代昇平社會的回復，則是其終身的執著，即使面臨死亡的到來也未必有強烈的恐懼。❾

《詩經》與《楚辭》所反映的樂觀主義之人生觀並不是永久持續的，秦漢到初唐的文學則有感嘆人的存在是何其微小，表現出天道無常之絕望的灰暗色彩，如項羽〈垓下歌〉的「時不利」即有時不與我和天命無常的感嘆。至於感受人天生就有著生死的限定與福

文學入門》，東京：講談社學術文庫，1976 年 6 月，頁 122-151，《吉川幸次郎全集》第一卷，東京：筑摩書房，1968 年 11 月，頁 88-111。

❾　〈詩經と楚辭〉，《吉川幸次郎全集》第三卷，東京：筑摩書房，1969 年 9 月，頁 16-27。

禍因果未必相報的無奈，即使窮盡最大的努力也無法突破人生困境的悲觀，則是此一時期的文學作品的顯著象徵。如「韮上露，何易晞，露晞明朝更復落，人死一去何時歸」的挽歌，則表現出一般人恐懼死亡的心理。〈古詩十九首〉的「浩浩陰陽移，年命如朝露，人生忽如寄，壽無金石固」，則說明人既是微小不安定的存在，且有極多的限定，而最大的限定就是死亡。至於「白露沾野草，時節忽復易，……不念携手好，棄我如遺跡」，「思君令人老，歲月忽已晚」，則以時節轉換之快象徵著人生的短暫，時間的流逝只是徒增遺憾而已。此感嘆時間的推移而產生「幸福轉變成不幸或不幸的持續或人生終歸死亡」之悲哀，可以說是漢代文學的普遍情感。❿至於天道無常的感嘆也見於歷史著作中，如司馬遷《史記・公孫弘列傳》的「太史公曰公孫弘行義雖修，然亦遇時」的評論，則有即使有天縱英才而無時機的造化，也未必能為世所用，反之，無過人之才而有時運的機緣，也能出人頭地的感嘆。到了魏晉南北朝，除了陶淵明的詩文以外，其餘文人的作品頗多感嘆人之無法超越死生哀樂與擺脫運命支配的悲觀與絕望。如曹操〈短歌行〉「對酒當歌，人生幾何，譬如朝露，去日苦多」，是感嘆人生的短暫。由於天道無常，人生充滿無奈，即使以自在為超越的阮籍，也不免有「獨坐空堂上，誰可與歡者，出門臨永路，不見行車馬，登高望九州，悠悠分曠野，孤鳥西北飛，離獸東南下，日暮思親友，晤言用自寫」的〈詠懷詩〉，以自然的悠久廣闊而襯托人的藐小，又用

---

❿ 〈推移の悲哀──古詩十九首の主題〉，《吉川幸次郎全集》第六卷，東京：筑摩書房，1968 年 4 月，頁 266-330。

「孤鳥」與「離獸」來表現自身的孤獨。至於謝靈運的詩賦，則有寄情於山水以慰藉無常人生的感慨。江淹的〈效阮籍〉「宵月輝西極，女圭映東海，佳麗多異色，芬葩有奇采，綺縞非無情，光陰命誰待，不與風雨變，長共山川在，人道則不然，消散隨風改」，更通過與自然的對比而描寫其對人生的感傷，以自然是超越時間而永遠美善的存在，而表達人生短暫的悲哀。故魏晉六朝文學所刻畫的情意世界是人生本來不但不是圓滿幸福，反而是充滿憂愁抑鬱的苦悶，作品所呈現的是人不但與鳥獸同朽是微不足道的存在，而且只能任由命運翻弄的灰暗色彩。

回復古代樂觀主義，歌詠人生在世原本是充滿希望的是盛唐文學，特別是李白與杜甫詩歌的特色。唐代詩人未必沒有人生苦短的感嘆，如杜甫的「人生七十古來稀」，也未必沒有青年榮華的眷戀，如杜甫的「可惜歡娛地，都非少壯時」，但是超越絕望與悲觀，以為理想社會可能實現的樂觀，人間社會依然有快意的所在，則是盛唐詩歌的情境。李白的詩歌看似一味地追求快樂，而且在李白以前，中國文學中也有歌詠盡情歡樂的詩文，卻大多數是在絕望灰暗人生觀充斥的時代中所創造的快樂，由於感到人生無常，只能假借酒色之一時的歡樂以排解憂愁而已。然而李白的詩歌則異於以往，如〈將進酒〉的「君不見黃河之水天上來，奔流到海不復回，君不見高堂明鏡悲白髮，朝如青絲暮成雪，人生得意須盡歡，莫使金樽空對月」，由於繁華不再，青春稍縱即逝，而盡情地飲酒作樂的強調，大抵與前代的詩歌無太大的差異，但是「天生我才必有用，千金散盡還復來」，則表現出積極樂觀的性格，由於酒能消解萬古以來的憂愁，又唯有飲者能留名青史，故以「五花馬、千金

裘」換「美酒」也毫不吝惜。換句話說肯定歡樂之積極的意義，是李白詩的情境。吉川幸次郎以為李白是以超越絕望的轉折，回復古代的樂觀。至於杜甫詩歌的情境雖然也有回復古代樂觀主義的傾向，但是杜詩的題材與表現方式則與李白不同。世稱杜詩沉鬱頓挫，然其思想根底則是人生本來是充滿希望的樂觀。所以雖然不能為世所用，卻以「致君堯舜上，再使風俗淳」為職志，即使是流離失所，依然寄望有朝一日能實現「廣廈千萬間，大庇天下寒士盡歡顏」的理想。吉川幸次郎以為此人性良善的本質，社會本來和樂的樂觀主義乃是杜詩活力的泉源。再者，此現實理想主義不僅表現於社會現狀的描寫，也運用於自然的歌詠。歷來的自然詩中的自然只是寄情的對象而已，但是杜甫於自然的歌詠，則是從自然中探求秩序與調和要素與生生不息的創造能源。換句話說自然創生的營為，乃是杜甫展望未來而充滿幸福與無限希望的精神底據。⓫

　　盛唐文學之回復古代樂觀主義以後，文學風格就與兩漢六朝有極大的差異，在文學的情意世界中，甚少傾吐悲哀與苦寒的色彩了。特別是到了宋代，就產生如何脫離悲哀而建立新的樂觀主義的文學意識。吉川幸次郎以為與宋代新儒學的成立互為表裏，宋的詩歌，尤其是蘇東坡的詩，即展現出理性的樂觀主義。蘇東坡洞察人生的道理，以為是非得失與人事浮沉，如時間的流轉，四時的推移，乃天道之常，所以說「吾生如寄耳」。又以為人之有生離死別如自然的循環，花好月圓之不能長存，則是人世間的常情，因而說

⓫　〈新唐詩選前編　杜甫〉，《吉川幸次郎全集》第十一卷，東京：筑摩書房，1968 年 8 月，頁 46-49。

「別離隨處有」，「離合既循環，憂喜迭相攻」，即以超越死生與
得失的困境，進而肯定「人生無離別，誰知恩愛重」之天道常理的
積極意義。即人生未必只是失意困窮的一再重現，看穿人事的浮沉
而泰然自處，則是洞察事理的結果。換句話說超越命定的限制而肯
定人之所以為人的存在價值，翻轉悲哀的人生觀為喜樂的人生觀，
進而展現無限的可能，乃是蘇東坡所證成的人生境界。因此「十日
春寒不出門，不知江柳已搖村，稍聞決決流冰谷，盡放青青沒燒
痕，數畝荒園留我住，半瓶濁酒待君溫，去年今日關山路，細雨梅
花正斷魂」⓬，肯定四時佳興與人同的超越與日常愉悅之俯拾可得
的澹然，則是蘇詩的生命情境。⓭蘇東坡樹立的理性樂觀主義為後
世的詩人所承繼，進而構築了中國文學之具有形上超越的情意世
界。⓮因此吉川幸次郎說：唯有肯定人自身的存在價值才能突破人
生的困境，也唯有人自己的努力才擁有無限可能的理性樂觀主義，
不但是中國文明的創造源泉，也是中國文學的究極表現。⓯

⓬　〈正月廿日往岐亭郡人潘古郭三人送余於女王城東禪莊院〉，《施注蘇詩》
　　卷十八。

⓭　〈宋詩概說・宋詩の人生觀　悲哀の止揚〉，《吉川幸次郎全集》第十三
　　卷，東京：筑摩書房，1969 年 2 月，頁 27-32。

⓮　陸游〈東津〉「四方本是丈夫事，安用一生無別離」，《劍南詩稿》卷三，
　　即是一例。

⓯　〈中國文學に現れた人生觀〉，《中國文學入門》，東京：講談社學術文
　　庫，1976 年 6 月，頁 152-153，《吉川幸次郎全集》第一卷，東京：筑摩書
　　房，1968 年 11 月，頁 110-111。

六、中國文學批評論：緻密與飛躍

　　吉川幸次郎解析杜詩而以為「緻密」與「飛躍」是詩歌成立的
必要條件❶，「緻密」是體察客觀存在事物的方向，「飛躍」則是
抒發主觀內在意象的方向，「緻密」所刻畫的是輪廓清晰的具象世
界，「飛躍」所指涉的是起興超越的抽象世界，「緻密」猶「賦」
的「體物而瀏亮」而「飛躍」則是「詩」的「緣情而綺靡」，「緻
密」是被動，「飛躍」則是主動。〈胡馬〉〈畫鷹〉的細微描寫是
「緻密」的方向，〈曲江〉之孤獨意象是「飛躍」的方向。唯二者
的表現方式雖非同一方向，卻是並存互補相互完成，此詩歌創作意
識的自覺於杜甫壯年詩作既已體現了。如〈敬贈鄭諫議十韻〉的
「諫官非不達，詩義早知名，破的由來事，先鋒孰敢爭，思飄雲物
外，律中鬼神驚，毫髮無遺恨，波瀾獨老成。」所謂「詩義」是作
詩的方法、原則、理論，故知杜甫在壯年的時期即有詩論的意識。
若以「緻密」與「飛躍」來分析，則「破的由來事」是準確表達詩
義之「緻密」的方向，「先鋒孰敢爭，思飄雲物外」則是抽象性意
象之飛躍超越的方向。「律中鬼神驚」是詩律的細密而到達超自然
的存在，即由於「緻密」而生「飛躍」之並存的手法。「毫髮無遺
恨」是確實緻密而周衍的方向，「波瀾獨老成」固然是飛躍的方
向，而意境的飛躍是詩律緻密的結果，由於詩作是緻密才能到達圓
熟的飛躍。再就作詩的方法而言，對句是分別殊相而後統一融合的

---

❶　〈杜甫の詩論と詩〉，《吉川幸次郎全集》第十二卷，東京：筑摩書房，
　　1968 年 6 月，頁 593-628。

詩歌創造技巧，即對同一事物先從兩個不同的方向來歌詠，而後進行統一融合。「破的由來事，先鋒孰敢爭」的「破的」與「先鋒」是鄭虔作詩的兩個方法，而二者的融合則完成由緻密而生超越的「律中鬼神驚」，進而到達飛躍中有緻密的圓熟境界。

　　吉川幸次郎以為〈月夜〉〈月夜憶舍弟〉之凝視人間社會與自然萬象的視線是「緻密」的極致，〈倦夜〉之時間推移的無限空間與人間真實的感受則是「飛躍」的圓熟。緻密伴隨著超越才能更緻密，飛躍中有緻密才能更超越。緻密的凝視對事物的感受，才能深入事理而形成超越的意象，對事理抱持著飛躍超越的意念，才能緻密細微地抒發內在的感受。主動的「緣情」飛躍要有緻密的「體物」才能完備，被動的「體物」緻密要有超越的「緣情」才能圓足。杜甫不但以賦入詩，由於「緻密」與「飛躍」的並存互補相互完成，「體物」就具有主動與被動，主觀與客觀融合的新的意義。

七、杜甫研究

　　吉川幸次郎之所以研究杜甫，除了世稱杜甫為詩聖，杜詩於中國文學史上有重要地位以外，以杜甫及其詩歌的注釋與賞析，提示日本戰後中國文學研究的新取向，也是其研究杜甫的原因之一。

　　吉川幸次郎於〈中國文學研究史——明治から昭和のはじめまで、前野直彬氏と共に〉與〈日本の中國文學研究〉❿指出：明治

---

❿　收入《吉川幸次郎全集》第十七卷，東京：筑摩書房，1969 年 3 月，頁 389-420。

前期是中國文學的受容時期，明治後期是評釋時期，大正至昭和初
年則是翻譯時期。再就研究的取向而言，明治時代大抵以西洋的方
法論進行分析性的研究，大正年間則重視新領域、新資料與目錄學
的研究。所謂「新領域」是指戲曲小說文學，新資料是敦煌文物而
目錄學則是日本宮內省、內閣及藩府、寺院、私人文庫之書物的研
究。昭和初期則重視語學與現代文學的研究。綜觀明治以來的中國
文學的研究，大抵有偏重戲曲小說、現代文學與資料萬能、語學萬
能主義的缺失。若欲彌補此一缺失而取得均衡的發展，則宜重視文
學內容本質的研究與修辭藝術的鑑賞。換句話說吉川幸次郎以為文
藝作品的內容與修辭藝術的研究乃是戰後日本於中國文學研究的新
取向。因此以中國文人典型的杜甫與中國詩歌結晶的杜詩為例，而
展開文學內容的解說、修辭藝術的鑑賞與理論性的分析，架構中國
文學研究與文藝作品賞析的方法❸。其弟子興膳宏說：賞析辭彙所
具有的功能是「吉川中國學」的主軸。吉川先生終身抱持著辭彙不
僅是為了傳達事實，而是在如何表達事實，表現事實是文學的使
命，而洞見文學的表現形式則是文學研究之任務的觀念。至於吉川
先生之所以對中國產生深刻的共感是在於中國所擁有的優雅的一面
而不在於莊嚴的一面，其所以深深地愛好中國的詩文是在於中國詩
文所具備的纖細之美，擁有纖細之美的詩人的典型是杜甫。這是吉

---

❸　吉川幸次郎以為杜甫詩論性的研究，即理論架構性的文學批評研究是中國文
學研究的新途徑。〈杜甫の詩論と詩〉，1967 年 2 月 1 日京都大學最終講
義，先後刊載於《展望》，朝日新聞社「清虛の事」，其後收入《杜詩論
集》，1980 年 12 月，東京：筑摩叢書，《吉川幸次郎全集》第十二卷，東
京：筑摩書房，1968 年 6 月，頁 627-628。

川先生深入研究杜甫的原因所在。❶

吉川幸次郎說：杜詩的體裁、題材、風格隨著杜甫一生的波瀾而有顯著的變化，至晚年而達於圓熟。中國古典詩人，即使是蘇東坡、陸游所吟詠的事物雖有變化，其詩風大抵是不變的。因此，詩風隨人生的遭遇與時代的的變動而不斷成長的詩人在中國文學史上是極罕見的。就此意義而言，以傳記的形式解讀賞析杜詩，掌握杜甫創作詩歌的生活空間與時代背景，才能正確理解杜詩題材、體裁、風格變遷的具體所在及其變遷的究竟。如〈畫鷹〉等詠物詩不但體物工巧，用語既忠實於文學的傳統而有典故來歷，又賦于「再生」的意義而有古典新義的表現。故杜甫詠物詩的體物之工與六朝同，然兼具忠實於文學傳統的普遍性與「再生」古典新義的創造性則是杜詩異於六朝的所在。又如〈夜宴左氏莊〉〈遊何將軍山林〉等宴會冶遊之作，不但自然與人事並敘，以情景交融而構成杜甫個人新的自然意象，又豐富五言律詩的韻律，於既有的傳統詩體極盡變化而作為感情抒發的新場域。〈自京赴奉先縣詠懷五百字〉則以賦入詩，結合詩的「緣情」與賦的「體物」而豐富詩的題材，開拓詩的新領域。至於〈臘月〉是杜詩成長歷史的關鍵之作，杜甫早期的七律如「春酒盃濃琥珀薄，冰漿碗碧瑪瑙寒」（〈鄭駙馬宅宴洞中〉）的詩句，大抵與初唐無異，皆用心於文句的裝飾，而〈臘月〉詩則表現出與鄭虔相會之錯綜複雜的感情，是杜甫一生創作七律傑作的開端。〈喜達行在所〉在內容上，適切地表現出異常的經

---

❶　興膳宏〈吉川幸次郎先生の人と學問〉，《異域の眼──中國文化散策》，東京：筑摩書房，1995 年 7 月，頁 192-203。

驗，在形式上則發揮五律之簡短而具有裝飾的特徵，到達充實新穎
的藝術境界，象徵著律詩的完成。〈秦州雜詩〉是反映杜甫一生極
盡苦寒的詩作。〈倦夜〉的詩境呈現出自然秩序的和平，而景物刻
畫緻密，用語對仗平穩工整，自然的善意的圓滿是杜甫生命的源
泉，緻密工整則是杜詩的基調。因此〈倦夜〉一詩不但是反映其成
都草堂的快意人生，而此自然善意的體悟也是其漂泊江南卻能超越
的思想根源。吉川幸次郎又以為秦州的苦寒與對人生的懷疑是晚年
圓熟與對人間社會的信賴必經的途徑。就杜詩凝視細微之妙而言，
壯年的詠物詩表現出體物細微的創作藝術，秦州時期的詩作於體物
緻密之外又有緣情之綺靡，唯帶有苦寒的憂愁，成都草堂以後的詩
作則是體物與緣情兼具，又以自然的善意觀照人間世界，轉化個人
的困頓為普遍存在於人間社會的共通憂愁苦楚。如果秦州時期的憂
愁隨時間的推移而累加，則草堂以後的憂愁已化作永遠的持續而淡
然自處。因此放浪長安的詠物之作是超越六朝初唐外形修飾的象
徵，秦州尖銳苦寒是過渡，成都草堂之自然善意的感得是超越江南
漂泊無奈的動力，詩境趨向圓熟，格律刻畫皆到達完成的境界。

　　綜括杜甫的遭遇與杜詩的內容風格，大抵可將杜詩分別為旅食
長安、長安監禁至秦州落魄、成都草堂、漂泊江南等四個時期。壯
年求仕的詩作雖幾近完成，卻多少有習作的性質，雖體物細密，用
語工巧而感情外放。此一時期的代表詩體是七言歌行，如〈兵車
行〉〈渼陂行〉。安史之亂不但是唐代由榮華轉趨暗澹的歷史事
件，也是影響杜甫一生運命的關鍵。賊軍監禁、人生唯一的宮廷生
活、攜妻帶子覓食而生的落魄，使杜甫經歷了人生的苦樂憂患，詩
歌盈溢著無盡的憂愁。此一時期代表的詩體則是五言律詩，如〈月

夜〉〈喜達行在所〉〈秦州雜詩〉。草堂的生活是杜甫一生最幸福
的時期，詩歌體現出自然的善意，詩語則充滿著回復古典樂觀的圓
熟。其後放浪於長江雄壯的風景中，杜詩達到最後的完成，人生的
漂泊雖有憂愁，然此憂愁既已不是個人的憂愁而是化作人類共通的
感情而歌詠。草堂以後的代表詩體則是七言律詩，如〈賓至〉〈秋
興八首〉即是。

　　就詩歌體裁與詩風表現的關係而言，吉川幸次郎以為杜詩有離
心發散和向心凝集的兩個不同的方向，前者主要是以七言歌行來抒
發，後者則用五、七言律詩來表現。七言歌行的用語自由，感情外
放激發，詩作的視線是通向世界而無遠弗屆。杜詩發散的方向雖未
必勝於李白，然杜甫的用語豐富自由，感情誠摯，較諸前代詩歌則
有由男女戀情的抒發而真摯寫實的轉換。五、七言律詩的用語適
切，情感內斂，詩作的視線凝聚於世界最微小的部分而緻密細微。
如果七言歌行是杜甫早年即興之作，則五、七言律詩是壯年自覺性
鍛鍊凝集而發揮真實沉鬱的結晶。二者雖然都是杜甫追求真實之寫
實精神下的產物，也經常是並行發用，但是就杜詩的特徵而言，後
者才是杜詩的代表。杜甫詩體之由七言歌行而與五、七言律詩，詩
風之由強烈的發散而轉趨審視內斂的轉變，未嘗不能說是杜詩成長
的軌跡。

　　杜詩題材的豐富，詩境的開展大抵隨著杜甫生涯的遭遇而轉換
圓熟。吉川幸次郎以為旅食長安時期，杜甫自覺地以寫實主義為出
發點而抒發周遭景物的真實。長安幽禁時期則有以自身憂愁為媒介
而理解人類普遍存在著憂愁的自覺，唯秦州的苦寒，飽嘗人生的窮
困艱屈，又陷入懷疑絕望的深淵。成都草堂時期短暫的快意幸福，

體悟自然的善意，即使漂泊江南，也是人生的無奈，窮途的困頓也超越為人類共有憂愁的普遍現象，至此，杜詩的意境也到達沉鬱悲壯的圓熟。❷⓿

　　吉川幸次郎以為杜詩最大的特徵在於藝術性與現實性的融合。❷⓵杜甫一生的遭遇與其生存的背景促成杜詩不斷成長，由離心發散而向心凝集之詩作的方向轉移，由體物工微而至人生體悟之圓熟的意境完成，正足以說明杜詩特徵的所在。至於吉川幸次郎指稱杜詩是「思索者的抒情」❷⓶或杜詩「具有抒發人民性或社會性共同體之責任的意識」❷⓷皆在強調杜詩具有現實性的特質。關於杜詩的藝術性，吉川幸次郎則說「杜甫是語言再生的魔術師」❷⓸，探究其立言的意義，則在指涉杜詩的語言具有古典新義，或通過既有言語的整合而產生新的意義，或以舊題材而創造新的意象。前者如「側目似愁胡」，後者如「月」的吟詠。「愁胡」一語雖見於晉孫楚〈鷹賦〉，然「深目蛾眉，狀似愁胡」的「愁胡」不過用以比喻鷹的眉目形狀，而「側目似愁胡」則把鷹的神情全幅呈現，雖是描寫畫

---

❷⓿　參〈杜甫私記〉（《吉川幸次郎全集》第十二卷，東京：筑摩書房，1968 年6 月，頁 3-205），〈杜甫と鄭虔〉（同上，頁 402-431），〈泰州の杜甫〉（同上，頁 437-4569，〈杜甫について〉（同上，頁 560-580）。

❷⓵　〈我所最喜歡的中國詩人〉，《吉川幸次郎全集》第一卷，東京：筑摩書房，1968 年11 月，頁 147。

❷⓶　〈中國文明と中國文學〉，《吉川幸次郎講演集》，東京：筑摩書房，1996 年4 月，頁 94。

❷⓷　〈私の杜甫研究〉，同上，頁 413。

❷⓸　〈杜甫私記·胡馬　畫鷹〉，《吉川幸次郎全集》第十二卷，東京：筑摩書房，1968 年6 月，頁 147。

鷹，卻栩栩如生，有振翼擒物之勢。杜詩語句雖有來歷，但是通過杜甫的創意，便產生新的意象㉕。以「月」為題材的吟詠，古來有之，六朝的詩人把「月」當作美的象徵，杜甫〈月夜〉〈月夜憶舍弟〉的詩則將人的感情投入自然之中，進而創造自身所感受的新的自然，亦即以移情作用，將情景交融，既歌詠自然的秩序，也寄寓自身沉鬱的感情。因此在六朝，自然是美的典型，而在杜詩的世界中，「月」固然有自然之美，也有寄託人間事物之人文自然的意義。㉖換句話說由於杜甫凝視人間世界和自然萬物而產生新的自然觀，也由於其細密地刻畫描繪而形成以賦入詩之詩作意識的自覺性改革。

　　吉川幸次郎說：究明「杜甫於中國文學史上的意義」與說明「杜甫所給予的感動」㉗是其講述杜詩的目標。換句話說從杜詩在中國文學史上的意義說杜甫之所以為詩聖，是其尊崇杜甫為古今第一詩人而終生鍾愛的所在。吉川幸次郎強調：著重抒情而表現「人

㉕　同上，頁 145-146。

㉖　〈中國文明と中國文學〉（《吉川幸次郎講演集》，東京：筑摩書房，1996年 4 月，頁 94-124），〈唐詩の精神〉（《吉川幸次郎全集》第十一卷，東京：筑摩書房，1968 年 8 月，頁 9），〈東洋文學における杜甫の意義〉（《吉川幸次郎全集》第十二卷，東京：筑摩書房，1968 年 6 月，頁 590），〈杜甫の詩論と詩〉，《吉川幸次郎全集》第十二卷，東京：筑摩書房，1968 年 6 月，頁 600-603。

㉗　〈杜詩序說〉，《吉川幸次郎遺稿集》第二卷，東京：筑摩書房，1996 年 2月，頁 289-298。吉川幸次郎以為杜詩之所以受感動的是題材豐富、用語正確、音律完成、人格偉大，至於杜詩在中國文學史上的意義則是詩歌形式的增加、抒發中國文人淑世窮愁的普遍現象，建立詩歌的新風格，為劃時代的關鍵性存在。

本主義」是中國古典文學的特質，具體而完足地體現中國抒情詩歌的內容是杜甫，因此杜詩是中國抒情詩歌的典型。杜詩隨著杜甫的人生遭遇與生存時代的變動而不斷成長，而杜詩由七言歌行而五七律詩，由離心發散而向心凝集，由客觀縝密的體物而主客觀融合的圓熟體物之變遷的軌跡正是中國古典詩歌歷史發展的縮影。再者杜詩不但是人類最圓滿完足的詩歌，具體呈現了詩歌的道理，而且其詩歌題材的豐富多樣，用語的精確老練，格律的細密工巧，感情的真實摯烈，因此規定其後一千年中國詩歌創作的模式。故如《新唐書·杜甫傳》所說：杜甫「貫通古今，渾涵汪洋，千彙萬狀，兼古今而有之」，是集中國古典詩歌的大成而為圓滿足具的詩人。

結論：
吉川幸次郎是杜甫千載之後的異國知己

　　吉川幸次郎是杜甫的權威，是眾所周知的，其所以研究杜甫，除了世稱杜甫為詩聖，杜詩於中國文學史上有重要地位以外，主要原因之一是在提示日本戰後中國文學研究新取向的前提下，以中國文人典型的杜甫與中國詩歌結晶的杜詩為例，而展開文學內容的分析與修辭藝術的鑑賞，架構中國文學研究與文藝作品賞析的方法。

　　吉川幸次郎自昭和 22 年（1947）起，開始於京都帝國大學文學院講授杜詩，❷❽主持杜甫讀書會，有關杜甫的著作收集於《吉川幸

---

❷❽　筧久美子〈吉川幸次郎遺稿集第二卷解說·付錄·吉川幸次郎先生京都大學文學部講義題目一覽〉，《吉川幸次郎遺稿集》第二卷，東京：筑摩書房，

次郎全集第十二卷・杜甫篇》，自京都大學退休後，則從事杜詩的注釋，自稱要全部注釋完成得活到一百多歲，臨終前五日屬其弟子小南一郎校正《杜甫詩注》第四冊。㉙其於杜甫研究的執著由此可以窺知一二，至於其對杜詩的用語、對、音律、意境的細微分析，要皆見於《杜甫詩注》以及其他有關杜詩的論著中，故可謂之為杜甫千載之後的異國知己。

1996 年 2 月，頁 576-582。

㉙　小南一郎〈吉川幸次郎先生鎮魂〉，《吉川幸次郎》，東京：筑摩書房，1982 年 3 月，頁 203。《杜甫詩注》共出版五冊，第五冊是以遺稿刊行問世的。

結論：京都中國學的特質

關鍵詞　文化認知　自我定位　學問意識　繼承性發展　批判性突破　學問主體性

一、文化認知和自我定位

　　以內藤湖南（1866-1934）和狩野直喜（1868-1947）為中心的京都中國學是以中國、特別是清朝學術文化為文化宗主，進而以「第三文明的中心」，即京都與北京、巴黎並稱世界漢學三大中心之一為學問的終極理想。

　　可以稱為京都中國學雙璧的內藤湖南和狩野直喜如何形成以清朝學術文化為宗主的文化認知，又以第三文明中心為究極的自我定位，蓋起因於「明治時代的思潮」和「對抗東京的意識」。一般而言，明治時代的思潮，一言以蔽之，是「文明開化」，即全般歐化，以建立近代化國家而與歐美先進國家並駕齊驅。然而，誠如町田三郎先生所說的，明治四十五年間的學術文化發展，可分為「漢學衰退與啟蒙思想的隆盛」、「古典講習科與斯文會的活動」、「東西哲學的融合與對日本學術的注視」、「中日學術的總合」四

個時期。❶換句話說，在傳統與現代之間，如何能保有傳統文化的精華，又能吸收近代科技的文明，進而開創日本獨自嶄新的文化面相，是「明治的」文化主體。明治的返本開新的文化主體性正是京都中國學者將京都的中國學發展成為「第三文明中心」的思想根源所在。

東西對抗是日本近世以來的構圖，對抗於江戶・東京的意識也是京都、大阪的宿命。京都帝國大學的文科大學創立於 1906 年，晚於東京帝國大學「支那古典講習科」（1882 年成立）20 多年，東京有「近代的」和「江戶的」兩個面相，東京帝國大學是以西洋歐化為教育理念，藉以培育具有近代文明新知識人才，至於「古典講習科」則繼承江戶時代政教合一的方針，以造就經濟致用的人才為理想。❷但是京都中國學所開展的是「中國的」和「京都的」面相。伊藤仁齋（1627-1705）開設「古義堂」而終身致力於儒學的講述和著作是江戶時代以來京都學風的象徵。內藤湖南等人既繼承伊藤仁齋回歸原典的古典主義，又以司馬遷「通古今之變，成一家之言」的歷史意識為宗尚，以清朝考證學的實證精神為依歸，對以中國為主的東方學術文化進行研究，而架構了「東洋文化史學」。這是京都中國學的特質所在。

---

❶　町田三郎著，連清吉譯《明治的漢學家》，臺北：臺灣學生書局，2002 年 12
　　月，頁 1。原著《明治の漢學者たち》，東京：研文出版，1998 年 1 月。

❷　同注❶，〈東京大學古典講習科的諸子〉，頁 151。

二、學問意識

內藤湖南的學問淵源於中國的史學傳承，其以司馬遷的「通古今之變，成一家之言」為史學的究極，又以劉向、劉歆父子辨章學術考竟源流的目錄學為史學的方法，劉知幾所謂才學識的兼備是鑽研歷史的素養，章學誠的「獨斷」是成就論理性史觀的原動力。❸換句話說司馬遷的通變、劉知幾的史才和章學誠的史識的融通是內藤湖南學問意識的根源所在，而形成其對既有成說的質疑，通過嚴密的考證而提出獨創性的主張。如「應仁之亂是日本文化獨立的契機」、「宋代是中國近世的開端」即是。

日本史學界比對於西洋史學的界定，主張東西方的中世都是黑暗時代，認定應仁之亂（1467-1477）是代表日本中世「下剋上」黑暗時代的歷史事件。但是內藤湖南對這樣的主張，提出質疑。固然室町時代末期以京都為中心而發生的應仁之亂，使京都幾乎形成墟廢，幕府失墜、莊園制度崩壞。就此意義而言，應仁之亂的確是「下剋上」動亂期的歷史事件。但是內藤湖南則從文物保存的苦心、文化權威的觀念與萬世一系之國體論的形成等事例，來說明應仁之亂的歷史意義。即在應仁之亂的前後，由於以下犯上的政治情

---

❸ 內藤湖南之以《史記》為史學究極的論述見於所著《支那史學史・史記》，《內藤湖南全集》第十一卷，東京：筑摩書房，1969 年 11 月，頁 106-121。劉向、劉歆父子的論述見於《支那目錄學》，《內藤湖南全集》第十二卷，東京：筑摩書房，1970 年 6 月，頁 369-389。至於劉知幾與章學誠的論述則見於〈章學誠の史學〉，《內藤湖南全集》第十一卷，東京：筑摩書房，1969 年 11 月，頁 471-483。

勢的影響，無論思想的發展，知識的傳播，趣味主義的形成都有由
公卿貴族階層擴展到一般民眾的傾向。又應仁之亂雖是社會動亂而
上下失序，但是當時的貴族士人卻有竭盡所能的保存古來相傳的書
籍文物，傳播可能失墜的文化技藝，德川時代乃得以藉之構築日本
近世文化。即在文物保存方面，內藤湖南說：目錄學不但是圖書分
類、書目品評的學問，也是擁有悠久文化的表徵。《本朝書籍目
錄》是足利時代所編纂的圖書目錄，從編目看來，有中國傳來的，
也有日本固有的書籍，雖然未必能顯現出日本絕無僅有的獨特性，
卻足以證明在混亂時代中，日本人極盡可能地保存古來相傳的文
化。如一條兼良為避免所藏的書籍遭到戰火的焚燬，將充棟的書籍
藏之於書庫。豐原統秋為了家傳的笙譜能傳諸後世而撰述《體源
抄》一書。可見於擾攘之際，盡力保存古代文化之一端，是當時公
卿士族共通的理念。在保存中華文物上，中國人也未必如此費心，
就此意義而言，日本人竭盡心血以保存古來相傳的文化，因而得以
傳之後世的文化就說是日本的文化。再者知識技藝的傳授，固然是
應仁亂後，公卿貴族用以糊口的手段，卻由於時代思潮的影響，形
成日本獨特的文化。如神道的傳授，從奈良時代到平安時代的神代
記事，並沒有哲學性的思考。到了鎌倉時代末期到足利時代之間所
形成的神道，則用佛教的教義解釋《日本書紀》神代卷的記述，神
道因而具備了哲學性的意義。如吉田家的神道即是。又由於吉田神
道具有形上架構，吉田神道乃建立其權威性。即非得到吉田家的傳
授就不是正統的神道。其他的技藝傳授、如和歌亦然。換句話說由
於尊敬專業性、正統性與權威性而形成所謂「某家」「某道」「某
流」之「文化正統」的觀念，是在應仁之亂前後的黑暗時代。

因此，內藤湖南主張「應仁之亂」是日本獨特文化創生的關鍵。❹

中國的近世始於何時，歷來大抵以朝代作為時代的區分，然則就史學而言，所謂近世未必只是時代的推移，而非探究形成近世的內容不可。內藤湖南於所著《支那近世史》，就歷史文化的內容而強調中國的近世開始於宋代，唐末五代則是形成宋代近世文化的過渡期。至於近世的意義如何，內藤湖南則從中世與近世的文化差異性，如君主權力的確立、官吏任用制度的變化與庶民地位的改變、宰相地位的推移及其風格的變化、經濟形態的變化和文化意識的變革等現象來說明。至於中國近世之如何形成，內藤湖南則從貴族政治的崩壞和近世的政局來說明。內藤湖南以為貴族政治崩壞而君主專制出現的政治現象，是決定中世與近世之分界點的重要因素。即所謂時代區分，固然有區別時代差異的所在，更有文化突破的意義。故唐末五代到趙宋是朝代的更替，而中世至近世的推移則是「文化的突破」，乃意味著社會制度的變遷和文化內涵的差異。

時代由唐末五代而推移到趙宋是朝代的更替，貴族政治崩壞而君主專制出現的政治現象，是決定中世與近世之分界點的因素之一。內藤湖南以為中國中世的君主與貴族的地位並未有明顯的差距，特別是外戚的權勢更甚，有時甚至凌駕天子之上，篡奪王位。

---

❹　有關內藤湖南「應仁之亂是日本文化獨立契機」的主張，參內藤湖南〈應仁の亂について〉，〈日本國民の文化的素質〉，《日本文化史研究》（下），頁 61-107，東京：講談社學術文庫 76，1987 年 3 月。

但是宋代以後，天子主宰朝政的地位鞏固，外戚的權威失墜，王位
篡奪之事也不易產生。又由於君主專制的局勢形成，任官制度也隨
之改變。魏晉以至唐代，重要官位始終為貴族所獨占，所謂「九品
中正」無非是保障貴族權利的制度。科舉始於隋代，唐代因襲，而
真正能發揮公平科考，唯才是任之功能的，則是宋代以後。換句話
說唐以前的中世，貴族是社會的特權階級，獨領了政治文化的風
騷；但是宋代以後，由於科舉任官的制度公平地實行，有才學見識
的士人庶民取得了政治運作與表現當代文化的發言權。再就學術研
究與文學創作而言，在經學方面，漢唐以重視師法傳統之經傳注疏
為主；宋代則以個人新義為主，在哲學思想上，唐代是以佛學研究
為主流；宋代則以心性義理之儒學思想體系之建立為依歸。在文學
創作上，六朝以至唐代是以詩賦為主流；宋代則以散文作為敘述自
由意識的工具。在經濟方面，到唐代為止，大抵是以實物經濟為
主，宋代則改變為貨幣經濟。就繪畫而言，六朝到唐代是壁畫為
主，又以金碧山水是尚，到了五代宋代，則流行屏障畫一，又以墨
畫為多。而且宋代文人畫的興起，則象徵著由嚴守家法之畫工專擅
而趨向表現自由意志之水墨畫。由於宋代的文化現象大異於唐朝，
故內藤湖南以為宋代揭開中國近世歷史的序幕。因此，在中國的歷
史空間裏，所謂時代區分，固然有時代差異的各別意義，卻更是歷
史流衍中文化突破的意識。至於突破的意義，不是前所未有的創造
而是繼承性的創新。譬如絢爛的三彩是唐代文化的代表，而純白青
白的創造則是宋代的象徵。超越華美的外觀而重視素樸沉潛之內在
精神是宋代知識分子於文化意識上的突破。換句話說，內藤湖南以
為宋代是中國歷史劃時代的關鍵，在文化藝術的意識上，由師承家

學的墨守而轉變為自由創造，在經濟方面則由貨幣經濟取代貨物交換的形態，一般庶民也取得社會的市民權，換句話說由於自衣食住至學問研究、趣味追求等社會生活都有大眾化的傾向，又由於生活逐漸安定，因此社會一般庶民都有追求理想生活之共通性心理，其文化生活也有多樣性趣味的趨勢，進而形成高度的文化，此為中國近世的文化生活的特質。故內藤湖南強調宋代以後的文化是脫離了中世拘束於因襲之生活樣式，創造獨自性而普及於社會民間的新風氣，進而產生極高度的文化，或可謂之為「中國的文藝復興」，宋代至清朝末年的近世文化是凌駕於歐美文化之上的。此為內藤湖南超越「唐宋」是固有名詞的既有成說而提出「宋代是中國近世」的原因所在。❺

三、繼承性發展

內藤湖南以中國史學的傳承為其歷史研究的淵源，又沉潛於清朝考證學與西歐理性主義的學問而確立史學方法，建立通古今之變的史觀，成就歷史性突破的「內藤史學」。其後，其弟子武內義雄、神田喜一郎、吉川幸次郎、宮崎市定等分別從思想、藝術、文學、史學的分野進行探究，說明唐宋文化的異質性，證成「宋代為中國近世」的學說，因此，「宋代為中國近世說」不但是內藤史學

---

❺　內藤湖南所謂中國近世文化凌駕歐洲文藝復興之說，見於宮崎市定〈獨創的なシナ學者內藤湖南〉，《宮崎市定全集》24 卷，東京：岩波書店，1994 年 2 月，頁 261。

的重要論述之一，也是京都中國學的代表性主張。

　　武內義雄授業於狩野直喜與內藤湖南，以清朝考證學與目錄學為學問的基礎，於嚴密的校勘與正確訓詁之上，進行辨章學術，考竟源流的研究，又繼承富永仲基、內藤湖南的「加上」學說，以原典批判的觀點展開古典文獻，特別是先秦諸子的考證，開啟日本近代中國學於諸子研究之先聲。其門下金谷治與再傳弟子町田三郎先生發揚其學問，建立東北大學中國哲學史研究為當代日本諸子學研究之重鎮的地位。❻

　　有關中國思想史的發展，武內義雄在所著的《中國思想史・敘說》❼指出：中國古代思想濫觴於孔子，故其所謂中國思想史的「上世」是始於孔子，而在「上世」的 735 年間又由於思想的發展與學問中心意識的轉移，自戰國以迄漢景帝是百家爭鳴的諸子時代；漢武帝尊崇儒術，儒家經典所在的《五經》成為學問的中心，故漢武帝以後的「上世」是經學時代。至於「上世」與「中世」的分際則是本土思想文化受外來思想文化之影響的有無。武內義雄中國的「上世」思想雖然有「諸子時代」與「經學時代」的區別，但都是產生於中國本土的思想學說而無外來思想的色彩。至於「中世」大約 550 年間的思想推移則是波瀾起伏，其初，經學雖然持續

---

❻　武內義雄之學術生平，參〈先學を語る—武內義雄博士—〉（《東方學》第五十八輯，1979 年 7 月，其後收入《東方學回想》V，東京：刀水書房，2000 年 4 月，頁 187-211），金谷治〈誼卿武內義雄先生の學問〉（《懷德》27 號，1966 年），金谷治〈武內義雄〉（《東洋學の系譜》，東京：大修館書店，1992 年 11 月，頁 249-259）。

❼　見武內義雄《中國思想史》，東京：岩波全書，1936 年 5 月，頁 1-3。

被研究，但是支配當時思潮的則是老莊哲學，故有以老莊思想解釋儒家經典的現象。同時後漢傳入的佛教與老莊思想結合，逐漸受到中國知識階層的理解而普及於民間，老莊思想也受到佛教的刺激而促成「道教」的確立。到了隋唐之際的「中世」後半，則形成儒釋道鼎立的現象。入唐之來，雖有《五經正義》的編纂與王室之信奉道教，但是當時一流的學者、思想家大抵都是佛教的信徒。

在長達一千二百年的「近世」中，不但政治上有異族入主中原的衝擊，在思想上也有力挽佛老狂瀾而維繫儒家正統思想文化之新儒家的興起，清朝以後，由於政治的專制乃產生純然學術研究的考證學。武內義雄說：因為佛教風靡於中國各階層，乃造成知識分子的傳統思想文化的自覺，發展出具有思想體系的宋明新儒學，用以對抗於哲理深遠而又有思想架構的佛教。清朝考證學雖未必有深奧的思想內涵，其旁博而嚴謹，以精確地解釋文獻的學問性格，乃合乎近代以實證為究極之學問方法。就中日思想文化傳播而言，宋明理學是江戶時代（1603-1867）學術思想的主流，清朝考證學是日本近代中國學研究方法論的基礎，二者各有其時代性的意義。

神田喜一郎（1897-1984）於大正六年（1917）入學京都帝國大學文學部，由於仰慕內藤湖南的人格和學問而入於其門下，主修中國歷史。在內藤湖南門下四年的鍛鍊，造就了神田喜一郎成為歷史學家的學問性格。從神田喜一郎的著述看來，無論是書目解題、或是敦煌資料整理、藝術評論、日本文化、日本漢文學等研究，都是從史的觀點，縱貫性綜觀文學藝術與文化的源流發展，進而開拓視野，藉著敦煌秘籍的整理，剖析東西文化交流的歷史發展。神田喜

一郎繼承內藤湖南的學問，❽不但貫徹歷史考證的學風，也堅守渾融學問與趣味於學問研究的理念，更潛心於日本古典文化的發揚。由於擅長詩文，所以受聘為臺北帝國大學的教授。❾《敦煌學五十年》是兼顧歷史考證與東西文化交流史之世界性新學問的論述。《中國書道史》的研究與《書道全集》的編集是反映了京都學派融合學問與趣味的學術理念。其於《中國書道史》指出：在漢字形成的漫長過程中，如同現代印象畫必須具備高度的美的直感和構圖上的苦心一般，中國人也運用超越的智慧而竭盡心思於文字美感的架構。因此，在漢字製作之初即具有視覺藝術之審美對象的可能性。雖然如此，今日所謂的書法藝術的意識卻未必在上古時代就確立了。換句話說，在漢字形成的過程中，於各地嘗試進行各種新工夫的時期，或許有無意識的從事藝術的活動，卻未必有藝術化的自覺意識。畢竟，必須在漢字完成形成過程而固定化之後，由於藝術自覺和意識覺醒的運作，具有真正意義的書法才成立。這大概是在東漢初的一世紀前半的時期。至此，「書」才成為六藝之一而為一般讀書人必備的教養。特別是到了宋代，由於知識階層的興起，在崇尚自由的時代風潮下，書法不但是知識人必備的素養，也興起切合精神境界而自由揮灑的時尚。對於「書」的看法，知識人的意識和

---

❽ 平岡武夫說：神田（喜一郎）先生學問的廣博不止是文學史學，也及於藝術佛教。不止是中國而已，也及於日本的漢字文化。神田先生的學問正是內藤（湖南）先生的學問（「故神田喜一郎會員追悼の辭」《日本學士院紀要》第四十卷第二號）。

❾ 〈《先學を語る》神田喜一郎〉，《東方學回想 V　先學を語る（4）》，東方學會編，東京：刀水書房，2000 年 5 月。

態度產生極大的變化，即順應快意的書寫而產生適志的玩味，作為興趣的對象和鑑賞藝術的書法至此成立。換句話說，到了宋代，書法才廣為一般讀書人所參與，也因此而形成精神的交融的藝術和自由揮毫鑑賞的藝術。宋代以後，書法作為嗜好而發展成一種特殊的藝術，在中國民族所特有的智慧和情感下，發展至今。書法和繪畫、文學並行流行，融合會通，不但在中國文化史上占有重要的地位，也可以說是世界上罕見的藝術。❿

　　吉川幸次郎（1904-1980）有關中國文學發展歷史的分期，吉川幸次郎大抵根據其師內藤湖南的主張而稍有差異，其以為中國文學的發展可分為四個時期。⓫吉川幸次郎以為中國文學第一期的「場」是在黃河流域，其文學體裁，除《詩經》是表現感情的韻文以外，大抵是以組織國家方法之政治性或論述個人、學派思想內容之論理性為中心。換句話說當時士人的政治、論理的意識較為強烈，因此語言的表現也以生存法則與人生的現實為多，而人的感情、玄思或唯美追求的價值則是次元的存在。至於《楚辭》之以韻文的文體與比興的手法抒發豐富的感情，而為後世美文的典型，或

---

❿　《中國書道史》，東京：岩波書店，1985 年 6 月，頁 2-3，206-208。

⓫　見〈中國文學の四時期〉（此文原收於 1966 年 5 月新潮社出版的《世界文學小辭典》，其後又收入《中國文學入門》，東京：講談社學術文庫，1976 年6 月，頁 101-108）。吉川幸次郎有關中國文學史的分期，又見於〈中國文學史敘說〉（《吉川幸次郎遺稿集》第二卷，東京：筑摩書房，1996 年 2 月，頁 3-23），除第一期止於漢武帝外，其餘大抵史同。據覽文生《吉川幸次郎遺稿集第二卷·解說》指出：〈中國文學史敘說〉是吉川幸次郎的手稿，唯不明其執筆的時間，或為自東方研究所轉任京都帝國大學教授（1947 年）時，所準備的講稿。

由於《楚辭》是產生於長江流域的緣故。

第二期的文學是以感情抒發為主，而表現的方式則是有韻律的辭賦詩歌。吉川幸次郎以為由於文學不再是政治的附庸而有語言美感與個人感情的表現，故有獨立的價值而成為構築文明的基本要素。至於東晉以後，文明的中心轉移到長江流域，歌詠山水田園與自然風景的詩文也成為中國文學的主要題材之一，與三國西晉的宮廷貴族的浪漫文學輝映成色。到了八世紀前半的盛唐，由於詩人的感性與思想的飛躍，又把握自然的象徵以為自由詩語的表現，形成中國詩歌的黃金時代。

第三期是散文的時代，即使是韻律的詩歌也有散文化的傾向。漢唐以來雖然有《史記》、《漢書》歷史散文的傳統，但是吉川幸次郎以為第二期的千年間依然是以四六駢儷之文為主，尚未有以散文為典型的意識。在第三期的文學中，最值得注意的是雜劇、小說等虛構文學的產生。起源於庶民娛樂的講唱，經過潤飾而形成口語講唱之口白並存的雜劇與散文詩歌兼蓄的小說。第四期的文學則是受到西洋文明的影響，產生以虛構文學為主流與語體文為通行文體的變革。

內藤湖南、武內義雄、吉川幸次郎三人於中國歷史的分期是大同小異，大抵是從文化史發展的觀點，將中國歷史區分為古代、中世、近世三個時期。就政治史、社會史的發展來看，中國的古代是封建時代，以在天子之下，地方有藩政諸侯存在的形態遂行其政治的運作。中世則是郡縣時代，君王是天下的共主，地方由中央政府派遣的官吏來統治，但是政治的權力大抵掌握在豪族貴族之手，諸侯世襲雖然不存在，官位卻是世襲的，從社會史角度來看，門第家

世是貴族與庶民區別的判準。中國近世是庶民的時代，由於科舉取士，權位的獲得大抵由於個人的才學而與家世門第無關，因此世襲貴族到了宋代完全沒落，天子的權威也因而強大，形成君主獨裁，支配天下的時代。就經濟的發展而言，上古是農業時代，中世以後是貨幣經濟的時代，唯中世前半的納稅是以貨物為主，唐代中葉兩稅制度以後，才以貨幣代替貨物，宋代紙幣出現以後，貨幣經濟更為發達。再者由於都市商業的發達，庶民逐漸取得於社會的市民權，此與貴族於宋代沒落的現象相為表裏。再就儒家思想學術的流衍來看，在戰國時代，百家爭鳴，儒家尚未取得主導的地位，到了漢武帝以後，則以五經為中心而展開經傳注釋的學問。北宋以來，為了對抗佛老而開展出系統化的新儒學，至於清朝考證、辨偽、輯逸的興起，朝廷的文化政策固然是主要原因之一，而正確地詮釋古典的內容或恢復文獻的舊觀，未嘗不是考證學者的文化自覺，再就結果而言，亦有以實證學問方法而突破舊有注疏傳承的意義在焉。若以文學是作者在表現生活與感情的觀點，考察中國文學的發展，上古是文學前史的時代，因為此時的文學作品是以傳達思想意識為主的，作者未必有發揮文字語言之藝術功能的意識。中世以後，文人有文學為語言藝術與具有抒發情感之價值的自覺，唯中世是詩的時代，散文有詩化的現象，近世以後則是散文的時代，詩有散文化的傾向。⑫

---

⑫ 以文化史的觀點區分中國歷史，進而論述中國各個時代的文化特色，是參採吉川幸次郎〈中國文學史敘說〉（《吉川幸次郎遺稿集》第二卷，東京：筑摩書房，1996 年 2 月，頁 3-23）的說法。

四、史學的突破

宮崎市定（1901-1995）於 1922 年 4 月入學京都帝國大學史學科，師事內藤湖南、桑原隲藏。宮崎市定以博通的視野廣泛地涉獵中國的政治、社會、經濟的歷史變遷，又潛心於西域的研究。於中國社會經濟史的研究，提出「景氣變動史觀」以考察社會、經濟、政治等文化現象的變遷，又蒐集西亞的文獻，學習阿拉伯文，以探究東西文化交流關係的歷史，為當時研究東西關係史的第一人。因此宮崎市定不只是中國史學家而是東洋史學家。因此，島田虔次說：一般以為宮崎市定是內藤湖南史學的繼承者，但是宮崎市定自稱就客觀的考察事物，徹底的解讀史料之研究方法而言，其比較接近桑原隲藏。❸

宮崎市定的學問性格是精細的個別實證研究和闊達雄渾的通史性敘述，進而強調通史為史學家的究極。因此，其於中國歷史的研究，是以實證的方法考察政治、經濟、社會等分野的變遷，進而體系性的架構中國史學的發展脈絡，究明中國歷史於世界史上的定位。至於以精細的實證研究和闊達雄渾的通史性敘述，探究西亞的歷史性意義而完成的《アジア史概說》，也是其以通史為史學家究

---

❸ 宮崎市定《アジア史研究　第一・はしがき》。又島田虔次於〈宮崎史學の系譜論〉指出：宮崎市定的學問淵源於狩野直喜的漢文修養和中國制度史研究、內藤湖南的中國史學論和桑原隲藏的史學方法論。（《宮崎市定全集》第二十四卷月報二十五，東京：岩波書店，1994 年 2 月，其後收入島田虔次《中國の傳統思想》，東京：みすず書房，2001 年 5 月，頁 329-337。

極的代表性著作。❶

　　「東洋的近世說」是宮崎市定於東洋史學的重要主張，唯其於
《東洋に於ける素樸主義民族と文明主義社會》的第三章〈近世に
於ける素樸主義社會の理想〉並未論及中國的文明主義，而其後出
版的《東洋的近世》才論述宋代文化於世界史上的地位。其「東洋
的近世說」是在與西方諸民族的關係下，說明東洋文明社會的文化
發展。《東洋的近世》一書首先說明東洋近世史的意義，其次敘述
經由陸、海絲路的東西交流及由於大運河之連結陸、海絲路，代表
東洋近世的宋代才成四通八達之交通便利的世界要津。再者，政治
安定和經濟發達是互為因果的，政治安定是經濟發達的重要因素之
一，政治之所以能安定，掌握軍權之獨裁君主是不可或缺的存在。
然則獨裁君主制的持續，是專賣制度的實施而國庫收入增加的結
果。獨裁君主必須要有忠實的官僚作為其輔佐，官僚選拔自科舉，
科舉官僚制則促使知識階層的形成。以安定的政治、飛躍的經濟和
知識階層為基底而產生了新的文化，不但形成宋代新儒學，也產生
象徵民眾文化的白話文學。宮崎市定強調宋代的景氣高昂是中國古
代生活形態的復歸，宋代的社會經濟猶如《史記》《漢書》所記載
漢代全盛期的再現。訣別中世而復歸於古代，以進入近世之新時
代，是宋代知識階層的自覺，此即文藝復興的精神，故宋代的文化
自覺現象自然可以稱之為「中國的文藝復興」。宋代形成的近世文
化果真可以說是文藝復興，則東洋的文藝復興要先進於西洋的文藝
復興數個世紀。中國的繪畫即經由西亞而輸入歐洲，對西洋文藝復

---

❶　《宮崎市定全集・刊行にあたって》。

興時期的繪畫產生了影響。⓯

　　小川環樹說內藤湖南的學問是文化史學⓰，礪波護說宮崎市定的學問是經濟制度史學⓱。然則宮崎市定的中國古代史研究，其學問的淵源是內藤湖南的中國史學、桑原隲藏的東洋史學和加藤繁的經濟史研究。換句話說，宮崎市定是繼承內藤湖南的社會文化史學，探討中國古代至漢代的社會變遷，取法桑原隲藏的東洋史學而從世界史的發展，確立中國在世界史上的地位，遠紹加藤繁的經濟史研究方法，考證中國古代的經濟和制度。換句話說，宮崎市定是綜括京都和東京的史學方法，以世界史的觀點，考察中國古代社會結構和經濟制度，進而提出「中國古代都市國家論」和「都市國家→領土國家→古代帝國」之古代史發展圖示的獨特見解。⓲

　　再就對宋代的探究而言，內藤湖南從社會、文化的觀點提出「宋代為中國近世」的主張，宮崎市定又從經濟、制度的角度補足藤湖南的學說，使「宋代為中國近世說」成為京都中國史學的重要主張之一。內藤湖南的「宋代為中國近世」是著眼於中國歷史的發展而立論的，宮崎市定則立足於世界史的通觀而強調宋代的新文化是「東洋的近世」。因此，就研究的領域和宋代論而言，從內藤湖

⓯　有關宮崎市定於「東洋史學論」的論述，參宮崎市定《自跋集　二、東洋史》，前揭書，頁 22-36。

⓰　小川環樹《內藤湖南》，東京：中央公論社，日本の名著 41，1984 年 9 月，頁 48。

⓱　礪波護、間野英二〈東洋史學宮崎市定〉，《京大東洋學の百年》，京都：京都大學學術出會，2002 年 5 月，頁 220-250。

⓲　有關宮崎市定於「中國古代都市國家論」的論述，參宮崎市定《自跋集三、古代》，東京：岩波書店，1996 年 5 月，頁 42-58。

南到宮崎市定是史學的突破。

五、學問的主體性

中國史學家的歷史意識與清朝考證學的實證主義是京都中國學派的學問根底，而京都的歷史傳統與典雅文化則蘊釀出京都中國學派兼具風雅的學問特色。因此既有學者的博識融通，又有文人的風雅優遊乃是近代京都中國學派學者的風範。不僅內藤湖南既有文化史學的論述，又有中日繪畫藝術的鑽研，❶狩野直喜旁通經學文學，又善於詩書。❷二人的知交長尾雨山（1864-1942）雖是東京帝國大學古典講習科出身，但是其《中國書畫話》❷的講述，則是在大正三年（1914）至昭和十七年（1942）以詩文書畫而優遊自適於京都的晚年。富岡桃華（1872-1918）為富岡鐵齋之子，既有家學淵源，

---

❶ 有關內藤湖南的學問，參見連清吉《日本近代的文化史學家：內藤湖南》，臺北：臺灣學生書局，2004 年 10 月。

❷ 有關狩野直喜的學問，參見高田時雄〈狩野直喜〉，《京大東洋學の百年》，京都：京都大學出版會，2002 年 5 月，頁 3-36。張寶三《唐代經學及日本近代京都學派中國學研究論集》，臺北：里仁書局，1998 年 4 月，頁 83-253。

❷ 《中國書畫話》，東京：筑摩書房，1965 年 3 月出版。神田喜一郎於序文指出：長尾雨山的《中國書畫話》深入淺出，內藤湖南的《中國繪畫史》是以歷史的觀點探究中國繪畫的發展，二書比較參看，即可理解中國繪畫藝術的全貌。至於吉川幸次郎的解說則指出：沉潛於中國的學問、藝術、生活而蘊釀出異於「和臭」，一掃「日本的歪曲」之清新的學問藝術風尚，是狩野直喜、內藤湖南、長尾雨山三人的共通所在。而「學問的實踐」與「藝術的實踐」又是三人體得中國最新學風與趣味之學問宗尚所在。

任京都帝國大學文科大學講師，輔翼狩野直喜、內藤湖南成就京都
中國學於世界漢學重鎮之地位。雖英年早逝，以其淵博的學識，運
用清朝金石學的方法而深入古鏡的研究，又鑽研清朝初期的南畫，
不但精詳地探究四王吳惲繪畫的特色，更匹配六人於清初朱彝尊、
王漁洋在詩壇，顧炎武、閻若璩在學界的地位，足見於學問的廣識
與非凡的見識。狩野直喜的《桃華盦古鏡圖錄·序》稱譽富岡桃華
的「學問尚洽，不主一家，和漢典籍皆能究其原委，自經史諸子百
家，以至書畫金石之細，無一不淹貫。平居慕王伯厚、閻百詩之
風，一事之不知，以為深恥，一物之不明，盡心檢討，爬羅剔抉，
必得其要然後止」，蓋能道破富岡桃華學問的特色。❷神田喜一郎
（1897-1984）繼承內藤湖南的學問，不但貫徹歷史考證的學風，也
堅守渾融學問與趣味於學問研究的理念，更潛心於日本古典文化的
發揚。由於擅長詩文，所以受聘為臺北帝國大學的教授。《敦煌學
五十年》是兼顧歷史考証與東西文化交流史之世界性新學問的論
述，《中國書道史》的研究與《書道全集》的編集是反映了京都學
派融合學問與趣味的學術理念。❷青木正兒（1887-1964）以實證與獨
創的精神，繼承狩野直喜、幸田露伴、王國維的成果，著作《中國

---

❷ 富岡桃華學問的論述，參狩野直喜〈富岡鐵齋翁〉，《讀書纂餘》，東京：
みすず書房，1980 年 6 月，頁 180-185。神田喜一郎〈支那學者富岡桃華先
生〉，《敦煌學五十年》，《神田喜一郎全集》第九卷，京都：同朋舍，
1984 年 10 月，頁 386-413。

❷ 神田喜一郎的學問，參連清吉〈神田喜一郎及其《敦煌學五十年》〉，《第
一屆臺灣儒學研究國際學術研討會論文集》，臺灣：成功大學，1997 年 4
月，頁 471-491。

近世戲曲史》，開拓中國戲曲研究的新領域，又留意中國文學之美感意識的歷史變遷，又撰述《支那文學藝術考》探究中國文學、書畫、自然觀等分野之重要問題的沿革。誠如吉川幸次郎所說的：青木正兒之實證與獨創的學問精神固然與其狷介不羈的性格有密接的關連❷，然則以實證熟慮而究明中國文學戲曲的歷史發展，又以敏銳的鑑賞力從事美感意識的分析，未嘗不反映出京都中國學派重視實證與獨創而開拓新的研究領域，又以詩文書畫的造詣優遊於藝術風雅境界的學風。至於吉川幸次郎說狩野直喜、內藤湖南、長尾雨山的共通點是：從本質上把握尊重祖述實踐中國文明而於日本創造新的學問體系與美的體系。❷此一敘述正說明了京都中國學的學問主體性的所在。

內藤湖南祖述中國史學家的歷史意識，繼承清朝考證學的實證精神與日本江戶時代伊藤仁齋之古義學的批判性突破的學風，以螺旋史觀考察東亞文化的發展，以歷史加上說探究中國古史傳說形成的軌跡，以通變史觀說明中國文化史的變遷，架構體系性的學問，建立其「日本近代的文化史學家」的地位。至於在中國歷史研究上，不但提出「宋代為中國近世」的主張，又開啟研究清朝歷史文化的端緒。所著《清朝史通論》「第一講　帝王及び內治」的開端

---

❷　吉川幸次郎的青木正兒學問論，見所著〈青木正兒博士業績大要〉，《東方學》第三十一輯，1965 年 11 月，其後收入《東方學回想 III　學問の思い出（1）》，東京：刀水書房，2000 年 3 月，頁 181、2。又《東洋學の系譜》（東京：大修館書店，1992 年 11 月，頁 262-270）亦收載有水谷真成〈青木正兒〉。

❷　同注❷。

敘述《滿文老龜》《三朝實錄》《方略》《聖訓》《國史列傳》
《論摺彙存》《聖武記》《湘軍記》《湘軍志》《東華錄》《清朝
全史》等有關研究清朝歷史的文獻資料，又於末尾附載「清朝史通
論綱目」存其論述的旨要，並列舉相關文獻史料及著述，奠定研究
清朝歷史的基礎。尤以滿洲史料的涉獵研究，開啟日本以滿洲語史
料研究清朝歷史的風氣之先，可謂是京都中國學派，甚至是日本研
究清朝歷史的啟蒙。再考察其著述的內容，《清朝史通論》以三分
之二的篇幅在論述清朝的經史文學和藝術，而《清朝衰亡論》則從
軍事、財政、思想的變遷，分析清朝盛衰的所在，至於《支那史學
史・清朝の史學》則是整輯排比之史纂、參互搜討之史考和辨章學
術考竟源流之史通、地理金石校勘掌故等清領域研究的綜合性論
述，故內藤湖南於清朝的研究可說是探究清朝政治社會學術變遷沿
革的文化史論。換句話說內藤湖南以「實事求是」的考證學作為理
解中國歷史文化發展的方法，又如司馬遷之訪求故實以旁搜滿洲史
料作為通變獨斷的佐證，進而建構清朝文化通史。因此 Joshua. A.
Fogel 說《清朝史通論》網羅豐富的清朝史料，詳細記述清朝的思
想文化史，見解之卓超和內容之豐富皆優越於梁啟超的《清代學術
概論》。㉖狩野直喜約與內藤湖南同時講述清朝的學術文化，《清
朝の制度と文學》一書是整理其大正七年至十三年講述筆記而成

㉖　井上裕正譯，Joshua. A. Fogel 著《內藤湖南ポリティックスとシノロジー》
　　（Joshua. A. Fogel, Politics and Sinology: The Case of Naito Konan (1866-1934),
　　"Harvard East Asian Monographs 114", Cambridge (Massachusetts) and Londen:
　　Harvard University Press, 1984））〈第四章　京都帝國大學就任と清朝史研
　　究〉，東京：平凡社，1989 年 6 月，頁 123-173。

的，《中國哲學史》是明治三十九年至大正十三年的講述筆記，詳細論述清朝的學術和經學思想，特異於井上哲次郎、遠藤隆吉東京大學哲學系統之經學非哲學的主張，足見其對以考證學為主體之清朝經學的重視。㉗

　　清朝文化是內藤湖南與狩野直喜二人的「文化宗主」，以清朝的考證學作為學問的基礎而開創京都的文化史學。此文化史學即是京都中國學的主體性所在。至於以內藤湖南、狩野直喜為中心的京都中國學者於東方學術研究的結晶，建立京都於世界漢學上的地位。就此意義而言，繼承以中國為中心的東洋學術傳統，並在發展與突破的學問動力下，指向「京都是第三文明的中心」的目標而架構「京都中國學」的學問主體性的進程，亦即以返本開新的「文化認知」為基礎而架構學問的主體性或許也是漢學研究的取向。

㉗　狩野直喜《清朝の制度と文學》，東京：みすず書房，1984 年出版，據宮崎市定〈解說〉指出，此書是狩野直喜於大正 7～13 年講述的筆記。《中國哲學史》，東京：岩波書店，1953 年 12 月出版，據吉川幸次郎的〈跋文〉敘述，此書是狩野直喜於明治 39 年～大正 13 年的講述筆記。

遠藤隆吉繼承其師井上哲次郎融合東西哲學的觀點，著作《支那哲學史》（明治 33 年，金港堂）即以清朝是經學的時代，而未論述清朝的思想。詳見町田三郎〈遠藤隆吉覺書〉，《明治の漢學者たち》所收，東京：研文出版，1998 年 1 月，連清吉譯《明治的漢學家》，臺北：臺灣學生書局，2002 年 12 月。

跋

悼眉叔師：啟我矇昧，指我津梁

「老師去世了」，龔鵬程兄八月十三日半夜來電話，驚聞厄耗猶夢中，終不信眉叔師遽然逝世的事實。內人月初返國，往詣問候，眉叔師健談如往昔。返日本前夕，眉叔師突然住院。十一日電話請詢病情，師母說：「老師心臟血管阻塞，可能需要動手術。」誰知才過一日，眉叔師竟然病逝於手術臺上。

選修眉叔師的授課是在一九七五年大學二年級時，鵬程兄說：「淡江中文系的課最值得聽的就是眉叔師的課。」眉叔師的長沙口音極難知曉，不識中原文化的臺灣後生更陷入雲霧之中。上了一個月的「東坡詩」，只彷彿覺得眉叔師誦詩抑揚頓挫甚有節奏。至於「六朝文」的課，印象最深的是眉叔師一節課用了十條手巾拭汗。原來以為眉叔師其難耐夏日的炎熱，其實極力於駢文聲色之美與詩人遣詞造句之用心的傳授，無知小輩毫不開竅，了無感受，只能講解文義與典故出處，雖暑氣難消，實著力不得，心急如焚，才汗流浹背。

期中測驗，眉叔師許帶書應試，小輩無知心存僥倖，但勾勒要點而應考。然試券到手，卻不知如何下筆作答。當下醒悟無著實工

夫將難以對答，又推敲命題的用意，才能領會眉叔師受業的內容要旨，而治學的門徑也依稀可尋。長沙口音不再是聽講的障礙，由於眉叔師的解讀賞析而得以優遊於緣情綺靡體物瀏亮的詩文世界。眉叔師的板書也成為習字的法帖。翌年「戰國策」的講義綜理國策要事，剖析縱橫關係，考證左國史記源流，可謂治史的指標。「杜詩」韻律細緻，體物工巧，頓挫曲折的詩法與詩義的分析既是論詩的要領，也是眉叔師善於詩賦的神會。一九七七年大四時，眉叔師公務繁忙，不能來淡江授課，汪秀霞助教說：「老師要在家中繼續講授戰國策，你去不去。」每週六下午到眉叔師逐園書房聽講，便成為汪助教、許菲素學姊、我和內人求學問道的悅樂源泉。不但文獻典故信手拈來，史實錯綜考鏡通變，儒林文苑的風流瞭如指掌，野史逸聞的掌故如數家珍，感受眉叔師書香門弟的家學淵源，博聞彊記而見識卓越的學問涵養。至於抗戰播遷治臺興國的羅縷陳述，一部中國現代史宛然再現。凡事問心無愧，可為當為的義無反顧，頂天立地作第一等人的人格，也於言談之間窺察而知。課後師母的正統湘菜和高粱洋酒豪飲，大開眼界。竊思得經師人師的教誨是蒼天憐我祖上有德，更感念眉叔師和師母視我和內人如子嗣的恩情。眉叔師嘗戲稱其學如擺地攤，駁雜而無系統，亦曾笑談不日將成空手道。其實眉叔師學識淹博而嚴謹，以弟子無人治明史，乃將數十年鑽研之明代邊防史論未定稿付諸一炬，以免遺誤後世。至於披閱經史子集的評點眉批皆學問精髓所在，老師視弟子如子嗣，有所求借即全數授與。於弟子升學就業的憂心亦然。

　　大學畢業，南下遊學東海大學中文研究所，東海古籍充棟而國學師資不足，北上往詣請學是彌補困惑的歸趨。時東海研究所無講

述義理的教授，眉叔師修書引介黃錦鋐天成先生指導論文的撰述。黃老師於諸子佛學有會心，與淡江淵源深遠，又是鵬程兄的指導教授。一九八二年完成碩士論文，服役兩年，任教明志工專，一九八七年得黃老師引介，負笈東瀛，入學九州大學町田三郎先生門下，攻讀中國哲學博士，一九九八年任職長崎大學至今。若無眉叔師的啟蒙解惑與天成師的提攜引導，我將苟安渾沌於專科的教職。

　　遊學日本十五年，庶幾窺知學問門徑，蓋日本近代中國學結實於京都，而眉叔師講述論學與內藤湖南史學、吉川幸次郎文學頗為相得契合。內藤湖南以文獻考證為基礎而建立通變史觀，架構其東洋文化史學。眉叔師嘗言經史是治學根本，為學當以知常通變為首要。內藤湖南以錢大昕元史研究為清代史學結晶而致力於清史和滿州史的研究。宮崎市定繼承湖南史學，融和東西史學方法，考鏡東洋經濟社會史學的變遷。眉叔師以日知錄、十駕齋養新錄、讀書雜志、二十二史考異等清人史論雜記為治史的工具，長年潛心於明代邊防研究，唯以明人文集數卷未見，竟不定稿付梓，眉叔師治學嚴謹於茲可見。吉川幸次郎標榜中國文人的風流倜儻為當代文人的典範，自稱「為研究杜詩而誕生」，一生致力於杜詩的講述註釋，樹立「緻密與飛躍」的詩論，闡揚杜詩的英華與意境，洵為杜甫千載之後的異國知己。眉叔師工於詩賦，講述唐宋文人詩作，深入意境，體得詩人用心，聽者如沐浴春風，陶然忘機。竊思釐清京都中國學究竟而求證於眉叔師，以適切評論其長短得失。蓋當今中日學界通達經史，優遊詩文而學問性格又契合於京都中國學諸子之研究取向者，唯眉叔師一人而已。

　　遊學東瀛以來，返臺則與鵬程兄偕往問候起居，眉叔師飲酒的

豪邁雖逐年稍減，優遊詩詞歌賦，揮灑篆隸行草的風采依舊，博學旁通而縱橫古今掌故稗史的健談如昔。唯晚年感嘆友人零落殆盡，尚存者亦猶風燭殘燈，孤寂之情溢於言表。神州失陷是國殤，然中華文化渡海，幸得博學宏觀如眉叔師一輩長者的傳授，乃得以薪傳於孤島而不墜。眉叔師逝去，痛心疾首，而長者風範與文人儒雅長存。今後惟以眉叔師耿直剛介的性情，謹嚴不苟的行誼為處世治學的圭臬，奉行不渝，並傳諸子弟，庶幾報答教晦之恩於萬一。

歲在壬午二○○二年　敬誌

師母於二○○九年七月一日病逝，與老師同厝於金寶山。遙想受學啟蒙朵頤暢飲情景，歷歷在目，不勝唏噓。二○一○年二月補記。

京都中國學者的時空座標論

關鍵詞 事實論理　文化形成論　緻密飛躍　中國思想史學　時空座標

一、問題提起：史學是事實的論理

　　宮崎市定（1901-1995）強調事實的論理，而對時間和空間的評價則是探究事實的要素。時間是文明形成的要素，空間則是文明傳播的軌跡。歷史事件的發生必然有無數的原因，綜合各種原因而歸結出一個結果是需要長久的時間，如人類認知火的功用，進而應用於日常生活，創造人類的文明，必定是經過漫長的時間。至於文化的起源和傳播，則是人類文化的基本要素起源於某一特定的地區，然後跨越山川海洋的空間而傳播世界各地，進而促使各地的民族產生文化的自覺，形成各地特有的文明。若以文化一元論的立場而言，人類最早的文明是發生於西亞敘利亞周邊，然後向西傳播而形成歐洲文明，向東傳播而產生印度和中國文明。如銅鐵發明於西亞，然後向四方傳播的。換句話說，探究歷史文化的推移和變遷時，正確的設定時空縱橫座標是極為重要的。唯歷史座標的時間縱

軸線和空間橫軸線則不是數學的縱橫直線，數學的直線是二點間最
短的距離，只有長度而無寬度。歷史座標的線既有長度，也有寬度
和重量。❶如世界歷史的構圖，宮崎市定是以西亞的歷史發展為時
間縱軸的中心，世界上最早出現的古代帝國是西亞的波斯帝國，其
次是秦始皇所建立的秦王朝，最後是歐洲的羅馬帝國。至於中國的
古代固然可以秦帝國的統一為斷代，唯以古代帝國的瓦解作為古代
的終結，來說明世界史的變遷，西洋史之以羅馬帝國的衰微為古
代，則中國古代史的下限也可定在東漢末年，至於三國以後紛擾則
是中國的中世史的開端。

　　中世史是古代一統局面的瓦解而呈現出分裂擾攘的時代。西亞
的波斯帝國首先屈服於希臘的勢力而財寶為希臘的商人所劫去，其
後，戰敗於羅馬帝國，經濟中心的敘利亞失陷，黃金銀塊被奪被羅
馬洗劫殆盡。波斯帝國因為貨幣的不足，景氣衰微而沒落。換句話
說歐洲的興隆即意味著西亞之步入中世。雖然如此，波斯帝國的衰
微是受到歐洲政治和軍事勢力壓制攻擊的結果，其後西亞的經濟力
又奪取了羅馬帝國的繁榮，黃金銀塊的逆流東方的現象逐漸顯著以
後，形成日耳曼民族的大移動，歐洲也因而進入中世的黑暗時代。
至於中國秦漢帝國的興隆也是周邊各國金塊流入的結果，然而中國
金塊傳統價格的低廉則是造成黃金流出的原因，由於黃金持有量的
不足，三國以後的中世，在貨幣稀少的情況下，經濟極為不景氣，

---

❶　宮崎市定《中國史·總論·I 歷史とは何か》，東京：岩波全書，1977 年 6
　　月，其後收載於《宮崎市定全集 1　中國史》，東京：岩波書店，1993 年 3
　　月，頁 15-16。

出現以物易物之貨物交換的退倒現象。

　　走出中世經濟不景氣而迎向近世新時代的關鍵是文藝復興（Renaissance）。宮崎市定以為世界史上先後出現三次文藝復興，首先是八世紀在西亞發生，其次是十世紀的中國宋代，最後是十四到十六世紀的歐洲。根據後藤明〈イスラムの都市性〉的記載，中東回教地區都市的存在即能說明西亞近世文明的發達和經濟景氣的事實。❷繼西亞之後，實現文藝復興的是中國的宋代，宋代於自然科學之所以能飛躍的進步，或許是西亞回教都市文化東移到中國，而在中國開花結實的結果。又由於東西文化的融合而發展出優秀的文化，促進中國社會的近代化。最後完成文藝復興的歐洲，羅馬帝國末期，由於銀塊東流而陷入長期的貨幣不足，經濟不景氣的現象，到了十四世紀，由於境內鑛產開發和東方文化刺激的關係，才產生文明的開化。至於歐洲之所以接受東方的文化，西亞是仲介性的存在，中國文化則是刺激其文藝復興的動力之一。就繪畫藝術而言，西亞遭受回教的禍災而佛像等石彫藝術幾乎蕩然無存，中國的繪畫藝術經由西亞的媒介而傳入歐洲，對歐洲文藝復興時期的美術產生極大的影響。

　　歐洲的文藝復興雖然最晚發生，卻以最快的速度超越近世而進入近代。宮崎市定以為歐洲之所以能快速地進入近代，是由於空前飛躍的景氣的作用而產生產業革命的結果。

　　歐洲文藝復興追求古代通商貿易復活的行為竟意外地發現美洲新大陸，又由於新大陸各地探險的結果而發現豐富的金銀鑛，金銀

---

❷　收載於《古代史を語る》，東京：朝日選書，1992 年。

鑛的開發和銀幣的鑄造流通，促進歐洲景氣的復甦，又由於新技術
的開發而造成產業革命。黃金銀幣的獲得和流通，形成通商貿易的
發達和競爭，產業革命成功的結果，造成軍事力飛躍的增強。換句
話說市場的開拓和軍事的優越，即資本主義和帝國主義的結合，改
變了世界的構圖，近代以後的世界幾乎是以歐美為主導的時代。❸

　　宮崎市定主張以時空座標作為歷史研究的方法論，其師內藤湖
南則提出以時地為經緯的文化形成論。其同門友朋的武內義雄於中
國思想的研究，則由橫貫旁通的文獻考證到縱向提昇的中國思想史
學，吉川幸次郎則以橫向凝視的緻密與縱向的意象飛躍架構中國文
學論。

二、內藤湖南：以時地為經緯的文化形成論

　　文化以時代和土地為經緯與文化中心移動的主張見於內藤湖南
（1866-1934）《近世文學史論》❹的序論。內藤湖南用「文物與時

---

❸　宮崎市定於世界史變遷的論述，參《自跋集　十八、アジア史》，東京：岩
　　波書店，1996 年 5 月，頁 304-310。

❹　《近世文學史論》的原名是《關西文運論》，連載於明治二十九年的大阪朝
　　日新聞，敘述德川時代三百年間學術文化發展的大勢。其旨趣在論述德川時
　　代的政治中心雖然轉移至江戶，但是學術文化的發源地則在關西、即京都與
　　大阪一帶。再就學術文化而言，關西的學問不僅能與江戶分庭抗禮，甚且有
　　超越江戶的所在。至於此一學術文化推移的現象，內藤湖南則是根據趙翼的
　　「文化集中說」而提出「文明中心移動」的。雖然如此，內藤湖南又說一個國度
　　或地域的中心並非唯一，乃有政治與文化等不同的中心。內藤湖南說：中國
　　清朝的政治中心是北京，而文化的中心則在於經濟重鎮與人文會集的揚州。

代」「文物與風土」分別敘述華夏文化因時代地域的差異而各領風
騷的情況。文物與時代的關係，內藤湖南說：順隨著時代的變遷，
其文化形態有所不同。即中國學術文化發展的歷史過程中，各個時
代都有其精華。周朝的文化結晶是典章制度，周秦之際是諸子之
學，兩漢是經傳訓詁，六朝是玄學駢體，唐代是詩歌，宋代是儒
學，明清則是典籍整理。其次，文物與風土的關係，內藤湖南提出
了東西分殊、南北別相的主張。內藤湖南說：中國歷代的學術文
化、風俗民情由於山川形勢之地域性差別的關係而有東西的不同與
南北的差異。特別是南北乖隔的因素所造成的不同就更為顯著，而
且此一文化現象的影響至為深遠。如北朝以經書研究為主，南朝則
以詩文酬唱為尚。北宋猶尚故實；南宋則以精思為上。至於朱陸陽
明的學問雖繼承北宋的儒學，而體思精微，以心性本體的窮究為極
致。

　　分別敘述文物與時代、文物與風土的關係之後，內藤湖南綜論
由於時代與風土的結合而形成人文化成文化薈萃的中心的現象。內
藤湖南說：文化中心的所在，又因為各個時代的政治、經濟等因素
而有移動的現象。趙翼於所著《二十二史劄記》中提出「長安地氣
說」，其實長安以前，洛陽匯聚冀州的軍事力與豫州的經濟財富而
為三代政治文化的中心所在。再者燕京雖為明清以後發布政權的所
在地，但是文化的中心則在江南一帶。至於文化類型的形成是前後
因襲相承的，如殷承夏禮，周因商禮而形成儒家所尊崇的禮文。但
是政治文化湊合的中心所在一旦衰微以後，再度復起的可能性就微
乎其微了。要而言之，內藤湖南以為文化因時而異，因地而適宜，
即文化的形成乃以時地為經緯，而文化的中心所在又隨著時代的推

移而有所轉移。如中國三代以迄魏晉的文化移動方向是東西方向，南北朝以後則南北方向。再者文化中心一旦轉移，昔日的風光就難再重現。長安的文物鼎盛於唐代，長安文化即代表了唐代的文化，又處於東西文明交會的所在，故唐代的長安文化即是中國文明足以誇耀世界的象徵。但是今日的西安只是偏處西陲的一省都城，也無國際交流的要衝形勝之地位，昔日帝王紫氣象會聚的錦繡文化既已不在，所謂長安也只是秦皇漢唐陵墓所在的歷史名詞而已。

　　文化中心的轉移固然是歷史事實，卻也意味著文化的傳播發展。內藤湖南說：文化傳播的路徑不是直線的，也不是圓形，而是螺旋狀的。❺就東亞文化的中心在中國，中原文化首先流傳到周邊的地區，周邊民族受到中國文化的刺激，也形成文化的自覺。中世以後隨著周邊民族的勢力增強，文化擴張的運動也改變其方向，逐漸由周邊向中心復歸。此正向運動與相反運動，作用與反作用交替循環即是東亞文化形成的歷史。❻因此，就東亞文化發展而言，其主體雖然是中國的文化，中世以後則形成包含中國以內的東亞文化的時代。至於東亞文化形成的軌跡，則是最初發生於黃河流域的中國文化逐漸發展而影響周邊民族的「中心向周邊」的發展徑路。周邊民族吸收中國文化而產生「文化自覺」，周邊民族自覺的結果，

---

❺　〈學變臆說〉，《淚珠唾珠》所收，《內藤湖南全集》第 1 卷，東京：筑摩書房，1996 年 1 月。

❻　有關內藤湖南「螺旋史觀」的學說，參宮崎市定〈獨創的なシナ學者內藤湖南博士〉（《宮崎市定全集》24，東京：岩波書店，1994 年 2 月），小川環樹〈內藤湖南の學問とその生涯〉（《內藤湖南》，東京：中央公論社，1984 年 9 月）。

終於形成影響中國的勢力，周邊的文化也流入中國，即「周邊向中心」發展的文化波動。

內藤湖南以螺旋史觀的文化發展論作為區分中國歷史的主要根據。內藤湖南以為三代到西晉是中國文化向外擴張的時代；五胡十六國到唐代中葉，則是周邊各民族逐漸強大，其勢力漸次地威脅到中原。到了唐末五代，外族的勢力達到頂點。宋元明清以迄現代則是中心向周邊與周邊向中心的反復循環。❼就中國歷史的發展而言，中國歷史上曾發生了二次政治、社會、文化等人文現象的轉換期，而形成上古、中世、近世的三時代。

中國於古代時代，在黃河流域形成了所謂「中華文化」，然後向四方擴張發展，促使中國周邊的各民族產生文化自覺，此即所謂「內部向外部」的波動。到了中世、即南北朝至五代，外族挾持武力入侵中原，周邊民族的文化也隨之傳入中國，即「外部向內部」的波動。此文化波動的方向改變是區分中國上古與中世的依據所在。再者中世時，周邊民族的勢力強大，逐漸威脅中土，進而侵入中原，甚至支配中國領土，此間維繫中華文化於不墜的是貴族。中國貴族在東漢中葉以後，逐漸擁有其政治社會的勢力，至南北朝而到達鼎盛，唐朝的貴族依然保持著其舉足輕重的優異情勢。雖然如此，即使異民族統治中國，維護中國傳統文化的還是公卿顯貴的族群。換句話說內藤湖南以為東漢以來貴族勢力勃興也是區分中國上古與中世的根據。

---

❼　〈日本文化とは何ぞや（その二）〉，《日本文化史研究》（上），東京：
　　講談社學術文庫 76，1987 年 3 月，頁 25-32。

　　時代由唐末五代而推移到趙宋是朝代的更替，貴族政治崩壞而君主專制出現的政治現象，是決定中世與近世之分界點的因素之一。內藤湖南以為中國中世的君主與貴族的地位並未有明顯的差距，特別是外戚的權勢更甚，有時甚至凌駕天子之上，篡奪王位。但是宋代以後，天子主宰朝政的地位鞏固，外戚的權威失墜，王位篡奪之事也不易產生。又由於君主專制的局勢形成，任官制度也隨之改變。魏晉以至唐代，重要官位始終為貴族所獨占，所謂「九品中正」無非是保障貴族權利的制度。科舉始於隋代，唐代因襲，而真正能發揮公平科考，唯才是任之功能的，則是宋代以後。換句話說唐以前的中世，貴族是社會的特權階級，獨領了政治文化的風騷；但是宋代以後，由於科舉任官的制度公平地實行，有才學見識的士人庶民取得了政治運作與表現當代文化的發言權。再就學術研究與文學創作而言，在經學方面，漢唐以重視師法傳統之經傳注疏為主；宋代則以個人新義為主，在哲學思想上，唐代是以佛學研究為主流；宋代則以心性義理之儒學思想體系之建立為依歸。在文學創作上，六朝以至唐代是以詩賦為主流；宋代則以散文作為敘述自由意識的工具。在經濟方面，到唐代為止，大抵是以實物經濟為主，宋代則改變為貨幣經濟。就繪畫而言，六朝到唐代是壁畫為主，又以金碧山水是尚，到了五代宋代，則流行屏障畫一，又以墨畫為多。而且宋代文人畫的興起，則象徵著由嚴守家法之畫工專擅而趨向表現自由意志之水墨畫。由於宋代的文化現象大異於唐朝，故內藤湖南以為宋代揭開中國近世歷史的序幕。❽

---

❽　〈概括的唐宋時代觀〉，《內藤湖南全集》第八卷，東京：筑摩書房，1969

在中國的歷史空間裏，所謂時代區分，固然有時代差異的各別意義，卻更是歷史流衍中文化突破的意識。故時代的區分並不只是以朝代交替為根據，社會制度的變遷、文化內涵的差異所具有意義，才是其重要的因素。即所謂「時代」，不只是政權更迭轉移的象徵而是政治、社會、經濟、思想、學術等人文現象的的綜合體。從政治史、社會史、經濟史、思想史、學術史的角度進行總合性的探討，才能清楚地說明歷史流衍中的「時代」的特徵，正確地把握「時代」的文化意義。換句話說「時代」包含著時間與空間的兩層意義，「時代」的空間意味著文化的形成，而時間的意義在於文化的突破。至於突破的意義，不是前所未有的創造而是繼承性的創新。譬如絢爛的三彩是唐代文化的代表，而純白青白的創造則是宋代的象徵。超越華美的外觀而重視素樸沉潛之內在精神是宋代知識分子於文化意識上的突破。

三、武內義雄：由横貫旁通的文獻考證　　到縱向提昇的中國思想史學

武內義雄（1886-1966）就學於京都大學時，聽講於狩野直喜「清朝學術沿革史」的授業，而精讀閻若璩《尚書古文疏證》，感佩其考證的精確和引證的該博。因此，致力於清朝考證學的鑽研。古稀（七十）祝壽宴會，講演「高郵王氏の學問」，說明戴段二王之細密實證的乾嘉學風，正確詮釋古代語言的「舌人意識」是其學

年8月，頁111-119。

問宗尚的所在。由此可知，武內義雄的學問是以清朝考證學為基礎，其研究是以確實解讀原典為出發點。正確解讀原典是古典研究和歷史研究必然的基底，唯「武內學」則兼融訓詁學、校勘學、目錄學和原典批判的方法論。武內義雄以清朝訓詁學，尤其是王引之「舌人意識」為底據，審慎的解釋古典的文句。其譯注的《論語》《老子》即是精密訓詁的結晶。然而正確解讀古典，除了訓詁以外，又有校正傳承誤衍的必要。江戶時代享保年間（1716-1736）山井鼎（1680-1728）著作的《孟子七經考文》流傳清朝，阮元等人取法而校勘異本異文，校正文字和校定版本而展開校勘的學問。不過，武內義雄的校勘又應用目錄學的方法，以歷代圖書目錄和日本的古抄本，考究異本的源流，辨明正確的文本。《論語之研究》則是武內義雄運用校勘目錄學而著述的成果。

武內義雄除了運用訓詁學和校勘學之外，又加上原典批判的方法，而展開其思想史學的方法論。原典批判（texte critique）的方法確立於西歐的古典研究，但是武內義雄的原典批判的思惟是受到其師內藤湖南的影響。內藤湖南彰顯江戶儒者富永仲基（1715-1746）的《出定後語》，以富永分析佛典古代記錄是後代加上的「加上法」，分析篇章的內容，考辨經典的成書年代。❾內藤湖南著作〈爾雅の新研究〉〈易疑〉，而武內義雄則致力於《老子》《論

---

❾ 內藤湖南推衍富永仲基的「加上法」而提出「歷史考證加上說」。有關內藤湖南的「歷史考證加上說」，參見連清吉《日本近代的文化史學家：內藤湖南》，臺北：臺灣學生書局，2004 年 10 月，頁 77-104。

語》《易》《中庸》的考定，進而樹立其中國思想史學。❿

　　武內義雄著述《論語之研究》，於〈序說〉首先敘述中日《論語》注疏史，何晏《集解》和朱子《集註》是中國詮釋《論語》的二大系統，至於伊藤仁齋的原典批判與山井鼎的文本校勘則是江戶儒學的代表。其後，說明《論語》的版本及其校勘，進行《論語》的原典批判，考察《論語》傳本的思想內容。其於《論語》的考證，除祖述伊藤仁齋的考證方法之外，又應用目錄學的方法，究明《論語》傳本的源流。武內義雄說：

> 研究古典的態度有三，第一是語言學的態度，即解釋字句而把握文義的訓詁學，第二是宋明性理學的態度，即根據讀者抱持的思想而毫無矛盾的說明古典的涵義，第三是原典批判的態度，即考察書籍的變遷，探究書籍的源流，闡明書籍原始的意義。⓫

武內義雄以為今本《論語》乃綜輯漢初所存《魯論》《齊論》《古論》而成，這是眾所周知的，但是漢初以前的面貌，則不得而知。於是根據王充《論衡・正說》：「至武帝，發取孔子壁中古文，得二十一篇，齊魯二（篇），河間七篇，（計）三十篇」的記載，由於文字變遷而產生各種異本，主張在《古論》發掘以前，即有《齊魯

---

❿　金谷治〈武內義雄〉，《東洋學の系譜》，東京：大修館書店，1992 年 11 月，頁 249-259。

⓫　武內義雄《論語之研究・結論》，《武內義雄全集》第一卷，東京：角川書店，1978 年 7 月，頁 192。

二篇本》，《河間七篇本》以及所謂孔子語錄之「傳」的存在，進而將現行《論語》二十篇還元於《古論》的篇次，再比對《齊魯二篇本》《河間七篇本》的內容，主張今本《論語》蓋分為以下四個部分：

㈠學而第一、鄉黨第二是壁中《古論》的篇次，獨立成書，或為《齊魯二篇本》。

㈡雍也第三、公冶長第四、為政第五、八佾至第六、里仁第七、述而第八、泰伯第九等七篇是《河間七篇本》，而子罕第十是後人所附加的。

㈢先進第十一～衛靈公第十五，子張第十九～堯問第二十等七篇是齊人所傳孔子語錄，或為《齊論》的原始形式。

㈣季氏第十六、陽貨第十七、微子第十八是後人增補的。

至於成立的順序，則為：

㈠《河間七篇本》　即《魯論》，乃以曾子為中心，曾子、孟子學派所傳的孔子語錄，是《論語》最古的形式。

㈡《齊論》七篇　以子貢為中心，於齊國傳承的《論語》。

㈢《齊魯二篇本》　就內容及用語而言，乃齊魯儒學，即折衷曾子學派和子貢學派而成的，或為孟子遊齊之後所作。

㈣子罕、季氏、陽貨、微子諸篇　孔子語錄的補遺，內容駁雜，年代亦有差異，其最晚出者，或形成於戰國末年至秦漢之際。

傳本的先後順序亦可窺知儒學的宗尚，乃隨時代而有所推移。《河間七篇本》成立於魯國，孔子的理想在於周文禮樂的復興，唯「人而不仁，如禮何，人而不仁，如樂何」，禮樂的復興，要歸於

仁道忠恕的實踐。亦即《河間七篇本》以行仁體道之精神生活為依歸。《齊論》七篇則重視禮樂的形式。如孔子回答弟子問仁的「克己復禮為仁」（〈顏淵篇〉），「出門如見大賓，使民如承大祭。己所不欲，勿施於人」（〈顏淵篇〉），則以禮為重。至於己所不欲，勿施於人」是忠恕之教，但是〈衛靈公篇〉的「子貢問曰，有一言而可以終身行之者乎。子曰其恕乎，己所不欲，勿施於人」即「行仁之方」，唯說「恕」一字而已。《齊論》於仁道的實踐，專主於「恕」，且以「禮」取代「忠」。《齊魯二篇本》則忠信與禮並重，〈鄉黨篇〉記載孔子的一舉一動，行為舉止要皆禮節的具現。即仁道精神與禮樂形式並重，是魯學與齊學的折衷。至於子罕、季氏、陽貨、微子諸篇內容駁雜，〈季氏篇〉的說明流於形式，〈微子篇〉夾雜老莊思想，或成立於戰國末年至秦漢之際。

探溯漢代以前的《論語》傳本的源流，則現行《論語》二十篇的成書經緯即可究明。綜輯《齊魯二篇本》和《河間七篇本》，補足〈子罕篇〉，就是《古論》的上論，修正〈子罕篇〉而附加〈鄉黨篇〉，就是《魯論》的上論。上論之後，加入《齊論》七篇和形成於戰國秦漢之際的〈季氏〉〈陽貨〉〈微子〉三篇，即下論。上下二十篇即現今通行的《論語》。⓬

武內義雄《中國思想史》，出版於昭和 11 年（1936），當時日本學界慣用「哲學史」的名稱，而武內義雄之所以使用「思想史」，旨在以歷史的考察，究明思想體系展開的軌跡或思想發展的

⓬ 武內義雄《論語之研究·結論》，《武內義雄全集》第一卷，東京：角川書店，1978 年 7 月，頁 192-195。

變遷。蓋歷來哲學史的著作，大抵採取列傳式的記述，如狩野直喜《中國哲學史》即是。列傳式的記述固然可以清楚的理解思想家的事蹟和思想淵源，但是於思想發展的歷史考察則付諸闕如。武內義雄《中國思想史》將中國思想區分為上世、中世、近世三期，上世期又區分為「諸子時代」和「經學時代」，中世為「三教交涉的時代」，近世是「儒教革新的時代」。至於其著述旨趣，可由篇目窺知一二，如上世的「孔門二學派」「稷下之學」「論理學之發達」，中世的「儒教而老莊」「老莊而佛教」「道教之成立」，近世的「儒學新傾向」「佛教新傾向」「宋學勃興」「宋學大成」，乃從思想流變的觀點，究明中國思想的時代主流和歷史變遷。不但是當時嶄新的研究方法，對其後中國思想史學的發展也有決定的影響。

　　《中國思想史ノート》是武內義雄講授「中國思想」的筆記，金谷治說：《中國思想史》精鍊簡潔，而《中國思想史ノート》詳細宏觀，二者相互輔成，可以察知武內先生樹立中國思想史學的用心。於中國中世思想的論述，《中國思想史ノート》用力於佛教的形成與發展的敘述，不如《中國思想史》由儒家到道家，由道家到佛教、道教，再轉成經學統一、宋學勃興的詳密，但是以「人文地理學的風土論」理解中國思想的地域性差異及其歷史演變，則是《中國思想史ノート》的特色。如於中世哲學的論述，則主眼於三國鼎立的情勢，而分論〈魏與儒學〉〈蜀漢之道教〉〈吳之佛教〉。至於古代諸子時代分為創設、折衷、綜合三期，創設期由孔子到孟子以前，是儒、墨、道諸學派由於地域風土的不同而發生對立的時期，折衷期則以齊稷下為中心，各家交流而折衷融合風氣盛

行的時期，綜合期是秦昭王到漢景帝，傾向統一總合的時期。以稷下的折衷融合區隔前後，主張諸子思想的地域性差異，從思想史的觀點究明先秦思想的所在，既是超拔於當時的學界，也足為今日研究參考的洞見。武內先生《中國思想史》和《中國思想史ノート》出版以來半世紀以上，中國思想史學當然有長足的進步，但是其以文獻學的操作為基礎，對中國思想作內在的解析和展開軌跡的探究，即以訓詁考證或原典批判為根據的思想史研究方法，依然是今後所宜繼承的方法。畢竟中國思想史之作為科學而成立，則必須有實證的基礎，武內先生的研究是近代中國學界最初樹立的指標，其以王引之「舌人意識」為訓詁學之科學性格的極致，繼承伊藤仁齋和富永仲基的考證學風，而樹立中國思想史學。誠如西順藏所說，武內先生的研究方法是「訓詁學和思想史學的巧妙結合」❸，自有其不朽的研究意義與學問價值。❹

四、吉川幸次郎：橫向凝視的緻密與縱向的意象飛躍之中國文學論

吉川幸次郎（1904-1980）解析杜詩而以為「緻密」與「飛躍」

---

❸ 西順藏〈《武內義雄全集第八卷思想史篇一》解說〉，《武內義雄全集》第八卷，東京：角川書店，1978年11月，頁414。

❹ 金谷治〈武內義雄《支那學研究法》《中國思想史ノート》解說〉，《武內義雄全集》第九卷，東京：角川書店，1979年10月。其後收載於《金谷治中國思想論集》下卷，東京：平川出版社，1997年9月，頁429-441。

是詩歌成立的必要條件**⑮**，「緻密」是體察客觀存在事物的方向，
「飛躍」則是抒發主觀內在意象的方向，「緻密」所刻畫的是輪廓
清晰的具象世界，「飛躍」所指涉的是起興超越的抽象世界，「緻
密」猶「賦」的「體物而瀏亮」而「飛躍」則是「詩」的「緣情而
綺靡」，「緻密」是被動，「飛躍」則是主動。〈胡馬〉〈畫鷹〉
的細微描寫是「緻密」的方向，〈曲江〉之孤獨意象是「飛躍」的
方向。唯二者的表現方式雖非同一方向，卻是並存互補相互完成，
此詩歌創作意識的自覺於杜甫壯年詩作既已體現了。如〈敬贈鄭諫
議十韻〉的「諫官非不達，詩義早知名，破的由來事，先鋒孰敢
爭，思飄雲物外，律中鬼神驚，毫髮無遺恨，波瀾獨老成。」所謂
「詩義」是作詩的方法、原則、理論，故知杜甫在壯年的時期即有
詩論的意識。若以「緻密」與「飛躍」來分析，則「破的由來事」
是準確表達詩義之「緻密」的方向，「先鋒孰敢爭，思飄雲物外」
則是抽象性意象之飛躍超越的方向。「律中鬼神驚」是詩律的細密
而到達超自然的存在，即由於「緻密」而生「飛躍」之並存的手
法。「毫髮無遺恨」是確實緻密而周衍的方向，「波瀾獨老成」固
然是飛躍的方向，而意境的飛躍是詩律緻密的結果，由於詩作是緻
密才能到達圓熟的飛躍。再就作詩的方法而言，對句是分別殊相而
後統一融合的詩歌創造技巧，即對同一事物先從兩個不同的方向來
歌詠，而後進行統一融合。「破的由來事，先鋒孰敢爭」的「破
的」與「先鋒」是鄭虔作詩的兩個方法，而二者的融合則完成由緻

---

⑮ 〈杜甫の詩論と詩〉，《吉川幸次郎全集》第十二卷，東京：筑摩書房，
1968 年 6 月，頁 593-628。

密而生超越的「律中鬼神驚」，進而到達飛躍中有緻密的圓熟境界。

　　吉川幸次郎以為〈月夜〉〈月夜憶舍弟〉之凝視人間社會與自然萬象的視線是「緻密」的極致，〈倦夜〉之時間推移的無限空間與人間真實的感受則是「飛躍」的圓熟。緻密伴隨著超越才能更緻密，飛躍中有緻密才能更超越。緻密的凝視對事物的感受，才能深入事理而形成超越的意象，對事理抱持著飛躍超越的意念，才能緻密細微地抒發內在的感受。主動的「緣情」飛躍要有緻密的「體物」才能完備，被動的「體物」緻密要有超越的「緣情」才能圓足。杜甫不但以賦入詩，由於「緻密」與「飛躍」的並存互補相互完成，「體物」就具有主動與被動，主觀與客觀融合的新的意義。

　　就詩歌體裁與詩風表現的關係而言，吉川幸次郎以為杜詩有離心發散和向心凝集的兩個不同的方向，前者主要是以七言歌行來抒發，後者則用五、七言律詩來表現。七言歌行的用語自由，感情外放激發，詩作的視線是通向世界而無遠弗屆。杜詩發散的方向雖未必勝於李白，然杜甫的用語豐富自由，感情誠摯，較諸前代詩歌則有由男女戀情的抒發而真摯寫實的轉換。五、七言律詩的用語適切，情感內斂，詩作的視線凝聚於世界最微小的部分而緻密細微。如果七言歌行是杜甫早年即興之作，則五、七言律詩是壯年自覺性鍛鍊凝集而發揮真實沉鬱的結晶。二者雖然都是杜甫追求真實之寫實精神下的產物，也經常是並行發用，但是就杜詩的特徵而言，後者才是杜詩的代表。杜甫詩體之由七言歌行而與五、七言律詩，詩風之由強烈的發散而轉趨審視內斂的轉變，未嘗不能說是杜詩成長的軌跡。

　　杜詩題材的豐富，詩境的開展大抵隨著杜甫生涯的遭遇而轉換圓熟。吉川幸次郎以為旅食長安時期，杜甫自覺地以寫實主義為出發點而抒發周遭景物的真實。長安幽禁時期則有以自身憂愁為媒介而理解人類普遍存在著憂愁的自覺，唯秦州的苦寒，飽嘗人生的窮困艱屈，又陷入懷疑絕望的深淵。成都草堂時期短暫的快意幸福，體悟自然的善意，即使漂泊江南，也是人生的無奈，窮途的困頓也超越為人類共有憂愁的普遍現象，至此，杜詩的意境也到達沉鬱悲壯的圓熟。❶❻

　　吉川幸次郎以為杜詩最大的特徵在於藝術性與現實性的融合。❶❼杜甫一生的遭遇與其生存的背景促成杜詩不斷成長，由離心發散而向心凝集之詩作的方向轉移，由體物工微而至人生體悟之圓熟的意境完成，正足以說明杜詩特徵的所在。至於吉川幸次郎指稱杜詩是「思索者的抒情」❶❽或杜詩「具有抒發人民性或社會性共同體之責任的意識」❶❾皆在強調杜詩具有現實性的特質。關於杜詩的藝術性，吉川幸次郎則說「杜甫是語言再生的魔術師」❷⓪，探究其立言

❶❻　參〈杜甫私記〉（《吉川幸次郎全集》第十二卷，東京：筑摩書房，1968 年 6 月，頁 3-205），〈杜甫と鄭虔〉（同上，頁 402-431），〈秦州の杜甫〉（同上，頁 437-4569），〈杜甫について〉（同上，頁 560-580）。

❶❼　〈我所最喜歡的中國詩人〉，《吉川幸次郎全集》第一卷，東京：筑摩書房，1968 年 11 月，頁 147。

❶❽　〈中國文明と中國文學〉，《吉川幸次郎講演集》，東京：筑摩書房，1996 年 4 月，頁 94。

❶❾　〈私の杜甫研究〉，同上，頁 413。

❷⓪　〈杜甫私記・胡馬　畫鷹〉，《吉川幸次郎全集》第十二卷，東京：筑摩書房，1968 年 6 月，頁 147。

的意義，則在指涉杜詩的語言具有古典新義，或通過既有言語的整合而產生新的意義，或以舊題材而創造新的意象。前者如「側目似愁胡」，後者如「月」的吟詠。「愁胡」一語雖見於晉孫楚〈鷹賦〉，然「深目蛾眉，狀似愁胡」的「愁胡」不過用以比喻鷹的眉目形狀，而「側目似愁胡」則把鷹的神情全幅呈現，雖是描寫畫鷹，卻栩栩如生，有振翼擒物之勢。杜詩語句雖有來歷，但是通過杜甫的創意，便產生新的意象㉑。以「月」為題材的吟詠，古來有之，六朝的詩人把「月」當作美的象徵，杜甫〈月夜〉〈月夜憶舍弟〉的詩則將人的感情投入自然之中，進而創造自身所感受的新的自然，亦即以移情作用，將情景交融，既歌詠自然的秩序，也寄寓自身沉鬱的感情。因此在六朝，自然是美的典型，而在杜詩的世界中，「月」固然有自然之美，也有寄託人間事物之人文自然的意義。㉒換句話說由於杜甫凝視人間世界和自然萬物而產生新的自然觀，也由於其細密地刻畫描繪而形成以賦入詩之詩作意識的自覺性改革。

㉑　同上，頁 145-146。

㉒　〈中國文明と中國文學〉（《吉川幸次郎講演集》，東京：筑摩書房，1996年 4 月，頁 94-124），〈唐詩の精神〉（《吉川幸次郎全集》第十一卷，東京：筑摩書房，1968 年 8 月，頁 9），〈東洋文學における杜甫の意義〉（《吉川幸次郎全集》第十二卷，東京：筑摩書房，1968 年 6 月，頁590），〈杜甫の詩論と詩〉，《吉川幸次郎全集》第十二卷，東京：筑摩書房，1968 年 6 月，頁 600-603。

五、以時地為經緯而形成日本近代中國學

　　以內藤湖南和狩野直喜（1868-1947）為中心的京都中國學是以中國、特別是清朝學術文化為文化宗主，進而以「第三文明的中心」，即京都與北京、巴黎並稱世界漢學三大中心之一為學問的終極理想。

　　可以稱為京都中國學雙璧的內藤湖南和狩野直喜如何形成以清朝學術文化為宗主的文化認知，又以第三文明中心為究極的自我定位，蓋起因於「明治時代的思潮」和「對抗東京的意識」。一般而言，明治時代的思潮，一言以蔽之，是「文明開化」，即全般歐化，以建立近代化國家而與歐美先進國家並駕齊驅。然而，誠如町田三郎先生所說的，明治四十五年間的學術文化發展，可分為「漢學衰退與啓蒙思想的隆盛」、「古典講習科與斯文會的活動」、「東西哲學的融合與對日本學術的注視」、「中日學術的總合」四個時期。❷換句話說，在傳統與現代之間，如何能保有傳統文化的精華，又能吸收近代科技的文明，進而開創日本獨自嶄新的文化面相，是「明治的」文化主體。明治的返本開新的文化主體性正是京都中國學者將京都的中國學發展成為「第三文明中心」的思想根源所在。

　　東西對抗是日本近世以來的構圖，對抗於江戶·東京的意識也是京都、大阪的宿命。京都帝國大學的文科大學創立於 1906 年，

---

❷　町田三郎著，連清吉譯《明治的漢學家》，臺北：臺灣學生書局，2002 年 12月，頁 1。原著《明治の漢學者たち》，東京：研文出版，1998 年 1 月。

晚於東京帝國大學「支那古典講習科」（1882 年成立）20 多年，東京有「近代的」和「江戶的」兩個面相，東京帝國大學是以西洋歐化為教育理念，藉以培育具有近代文明新知識人才，至於「古典講習科」則繼承江戶時代政教合一的方針，以造就經濟致用的人才為理想。❷但是京都中國學所開展的是「中國的」和「京都的」面相。伊藤仁齋（1627-1705）開設「古義堂」而終身致力於儒學的講述和著作是江戶時代以來京都學風的象徵。內藤湖南等人既繼承伊藤仁齋回歸原典的古典主義，又以司馬遷「通古今之變，成一家之言」的歷史意識為宗尚，以清朝考證學的實證精神為依歸，對以中國為主的東方學術文化進行研究，而架構了「東洋文化史學」。這是京都中國學的特質所在。

　　中國史學家的歷史意識與清朝考證學的實證主義是京都中國學派的學問根底，而京都的歷史傳統與典雅文化則蘊釀出京都中國學派兼具風雅的學問特色。因此既有學者的博識融通，又有文人的風雅優遊乃是近代京都中國學派學者的風範。不僅內藤湖南既有文化史學的論述，又有中日繪畫藝術的鑽研，❷狩野直喜旁通經學文學，又善於詩書。❷二人的知交長尾雨山（1864-1942）雖是東京帝國

---

❷　同注❶，〈東京大學古典講習科的諸子〉，頁 151。
❷　有關內藤湖南的學問，參見連清吉《日本近代的文化史學家：內藤湖南》，臺北：臺灣學生書局，2004 年 10 月。
❷　有關狩野直喜的學問，參見高田時雄〈狩野直喜〉，《京大東洋学の百年》，京都大學出版會，2002 年 5 月，頁 3-36。張寶三《唐代經學及日本近代京都學派中國學研究論集》，臺北：里仁書局，1998 年 4 月。頁 83-253。

大學古典講習科出身，但是其《中國書畫話》❷的講述，則是在大正三年（1914）至昭和十七年（1942）以詩文書畫而優遊自適於京都的晚年。富岡桃華（1872-1918）為富岡鐵齋之子，既有家學淵源，任京都帝國大學文科大學講師，輔翼狩野直喜、內藤湖南成就京都中國學於世界漢學重鎮之地位。雖英年早逝，以其淵博的學識，運用清朝金石學的方法而深入古鏡的研究，又鑽研清朝初期的南畫，不但精詳地探究四王吳惲繪畫的特色，更匹配六人於清初朱彝尊、王漁洋在詩壇，顧炎武、閻若璩在學界的地位，足見於學問的廣識與非凡的見識。狩野直喜的《桃華盦古鏡圖錄·序》稱譽富岡桃華的「學問尚洽，不主一家，和漢典籍皆能究其原委，自經史諸子百家，以至書畫金石之細，無一不淹貫。平居慕王伯厚、閻百詩之風，一事之不知，以為深恥，一物之不明，盡心檢討，爬羅剔抉，必得其要然後止」，蓋能道破富岡桃華學問的特色。❷神田喜一郎（1897-1984）繼承內藤湖南的學問，不但貫徹歷史考證的學風，也

---

❷　《中國書畫話》，東京：筑摩書房，1965 年 3 月出版。神田喜一郎於序文指出：長尾雨山的《中國書畫話》深入淺出，內藤湖南的《中國繪畫史》是以歷史的觀點探究中國繪畫的發展，二書比較參看，即可理解中國繪畫藝術的全貌。至於吉川幸次郎的解說則指出：沉潛於中國的學問、藝術、生活而蘊釀出異於「和臭」，一掃「日本的歪曲」之清新的學問藝術風尚，是狩野直喜、內藤湖南、長尾雨山三人的共通所在。而「學問的實踐」與「藝術的實踐」又是三人體得中國最新學風與趣味之學問宗尚所在。

❷　富岡桃華學問的論述，參狩野直喜〈富岡鐵齋翁〉，《讀書纂餘》，東京：みすず書房，1980 年 6 月，頁 180-185。神田喜一郎〈支那學者富岡桃華先生〉，《敦煌學五十年》，《神田喜一郎全集》第九卷，京都：同朋舍，1984 年 10 月，頁 386-413。

堅守渾融學問與趣味於學問研究的理念，更潛心於日本古典文化的
發揚。由於擅長詩文，所以受聘為臺北帝國大學的教授。《敦煌學
五十年》是兼顧歷史考證與東西文化交流史之世界性新學問的論
述，《中國書道史》的研究與《書道全集》的編集是反映了京都學
派融合學問與趣味的學術理念。㉙青木正兒（1887-1964）以實證與獨
創的精神，繼承狩野直喜、幸田露伴、王國維的成果，著作《中國
近世戲曲史》，開拓中國戲曲研究的新領域，又留意中國文學之美
感意識的歷史變遷，又撰述《支那文學藝術考》探究中國文學、書
畫、自然觀等分野之重要問題的沿革。誠如吉川幸次郎所說的：青
木正兒之實證與獨創的學問精神固然與其狷介不羈的性格有密接的
關連㉚，然則以實證熟慮而究明中國文學戲曲的歷史發展，又以敏
銳的鑑賞力從事美感意識的分析，未嘗不反映出京都中國學派重視
實證與獨創而開拓新的研究領域，又以詩文書畫的造詣優遊於藝術
風雅境界的學風。至於吉川幸次郎說狩野直喜、內藤湖南、長尾雨
山的共通點是：從本質上把握尊重祖述實踐中國文明而於日本創造
新的學問體系與美的體系。㉛此一敘述正說明了京都中國學的學問
主體性的所在。

㉙　神田喜一郎的學問，參連清吉〈神田喜一郎及其《敦煌學五十年》〉，《第
　　一屆臺灣儒學研究國際學術研討會論文集》，臺灣：成功大學，1997 年 4
　　月，頁 471-491。

㉚　吉川幸次郎的青木正兒學問論，見所著〈青木正兒博士業績大要〉，《東方學》
　　第三十一輯，1965 年 11 月，其後收入《東方學回想 III　學問の思い出(1)》，
　　東京：刀水書房，2000 年 3 月，頁 181、2。又《東洋學の系譜》（東京：大
　　修館書店，1992 年 11 月，頁 262-270）亦收載有水谷真成〈青木正兒〉。

㉛　同注㉓。

章學誠與內藤湖南

關鍵詞 獨斷 道器論 六經皆史 通變史觀

前言：內藤湖南研究章學誠史學的因緣

內藤湖南的學問淵源於中國的史學傳承，❶其以司馬遷的「通古今之變，成一家之言」為史學的究極，又以劉向、劉歆父子辨章學術考鏡源流的目錄學為史學的方法，劉知幾所謂才學識的兼備是鑽研歷史的素養，章學誠的「獨斷」是成就論理性史觀的原動力。內藤湖南以為章學誠的學問雖淵源於劉向、劉歆、劉知幾、鄭樵，卻有其獨自透徹而發前人未發的見解，又以為章學誠標榜史學，而

---

❶ 內藤湖南之以《史記》為史學究極的論述，見於所著《支那史學史·史記》（收載於《內藤湖南全集》第十一卷，東京：筑摩書房，1969 年 6 月，頁 106-121）。至於劉向、劉歆父子的論述，則見於《支那目錄學》（《內藤湖南全集》第十二卷，東京：筑摩書房，1970 年 6 月，頁 369-389）。又有關劉知幾與章學誠的論述，則見於〈章學誠の史學〉（《支那史學史·附錄》，收載於《內藤湖南全集》第十一卷，東京：筑摩書房，1969 年 6 月，頁 471-483）。

以方法論的原理來探究所有的學問，《文史通義》在辨彰學術考鏡源流，《校讎通義》則用心於著錄的方法與校讎的條理，即以歷史流變的著眼，從根本架構系統性的學問，則是無以倫比的卓見。於是通讀《章學誠全集》及全集未收的《遺書》，編纂〈章學誠年譜〉，❷參究清人與時人，如張爾田、孫德謙、胡適、劉咸炘、姚名達等的研究，闡揚章學誠的史學於日本的學界，進而以章學誠史學方法論的獨見，樹立「通變史觀」，探究東亞文化史學的究竟。❸

一、內藤湖南對章學誠的理解

一般以為章學誠是史學家，但是內藤湖南主張章學誠的學問宗

---

❷ 內藤湖南於大正九年（1920）十一、十二月編纂〈章實齋先生年譜〉（刊載於《支那學》第一卷第三、四號），胡適參採校注內藤湖南的〈章實齋先生年譜〉、內藤湖南所藏未刊《章氏遺書》的目錄及數篇遺文而編纂〈章實齋年譜〉。內藤湖南亦撰述〈胡適之君の新著章實齋年譜を讀む〉（收載於《支那學》第二卷第九號，大正十一年五月），條舉胡適糾謬匡正補苴遺漏的所在，指摘胡適〈章實齋年譜〉的可疑之處。內藤湖南又指出浙江圖書館出版的《章氏遺書》活字本二十四卷與其所藏版本大抵相同，唯其所藏《章氏遺書》有王宗炎所編的目錄，王氏目錄包含已刻《文史通義》各篇的目錄，可窺知章學誠著述的全貌，但是浙江刊本僅記載新刊的目錄而刪除已刊舊編，誠有不明王氏原編面目的遺憾。

❸ 內藤湖南闡揚章學誠史學的用心，見載所著〈章學誠の史學〉（《支那史學史·附錄章學誠の史學》，收載於《內藤湖南全集》第十一卷，東京：筑摩書房，1969 年 6 月，頁 471-472）與《支那史學史·清朝の史學》（收載於《內藤湖南全集》第十一卷，東京：筑摩書房，1969 年 6 月，頁 361-368。）本文所論內藤湖南對章學誠史學的理解，大抵根據〈章學誠の史學〉一文。

尚在於文史的研究。所謂「文史」是指涉著述的全體，由《唐書・藝文志》〈文史類〉所歸屬的書目看來，「文史」是指廣義的文學評論，因此，所謂「文史通義」即著述批評的原論。至於表現著述思想的首要關鍵則是「道」。章學誠在《文史通義・原道上》強調「道」是：「萬事萬物之所以然，非萬事萬物之當然也。人可得而見者，則其當然而已矣。」唯「人生有道，人不自知，……則必有分任，……或各司其事，或番易其班」，而後道著。雖然如此，卻有「不得不然之勢也，而均平秩序之義出矣。故道者，非聖人智力之所以能為，皆其事勢自然，漸形漸著，不得已而出之」，於是「道」乃逐漸發展形成。以「道」的形成軌跡推論歷史的發展，則歷史的發展亦是「時會使然」。章學誠說：「法積美備，至唐虞而盡善焉。殷因夏監」，至周公而大成。然周公之「集千古之大成，則亦時會使然」。至於孟子雖稱孔子集大成，實則孔子乃大成周公之道，而以「盡其（周公）道以明其教」為宗尚。欲彰明周孔之道的由來，則需辨明「道」與「器」的關係。

(一)道器不離說

《文史通義・原道中》說：「《易》曰『形而上謂之道，形而下謂之器』，道不離器，猶影不離形，後世服夫子之教者自六經，以謂六經載道之書，而不知六經皆器也。」內藤湖南推衍章學誠的論述說：《六經》是古代聖人的前言往行，既是前言往行則皆以器而存在著。換句話說記載前言往行是《六經》，則六經所具存的道，皆因器而體現。古代以器立教，而政教不分官師合一，學問由政治的形器而表現，學者亦以器而進道，器之外無道，故以器而體

得其道。然周世衰微，政教分離，官師為二，孔子乃以著述形器而欲教之，至是而以文字為著述。以器形道是人間世界的本然，但是記載之於《六經》以後，則不能無所言，故孔子嘗感嘆地說：「予欲無所言」（《論語·陽貨》）。至於孟子說：「予豈好辯哉」（《孟子·文公》）則是道器分離，道不以器現形，而由人稱道，故彼我之道分岐，乃有論辯的必要。雖然如此，《文史通義·原道中》指出：「夫子自述春秋之所以作，則云『我欲託之空言，不如見諸行事之深切著明』」，即孔子之道非徒託空言，而是以表現之於行事者為切要。至於孔子所謂的「行事」，即是古來的前言往行，而表現此「行事」的即是「史」。故內藤湖南彰明章學誠的論述說：章學誠所謂的學問即是史學，不是史學就不是學問。

《文史通義·原學上》說：「《易》曰『成象之謂乾，效法之謂坤』。學也者，效法之謂也，道也者，成象之謂。夫子曰：『下學而上達』，蓋言學於形而下之器，而自達於形而上之道也。」即以學於形而下之器，而達於形而上之道為學問目的與方法。至於如何知「成象」而模倣之，則在於「求其前言往行，所以處夫窮變通久者而多識之，而後有以自得所謂成象者，而善其效法也。」窮究前言往行的變遷是學問的目的，多識時代文化的異同而模倣自得則是學問的方法。只是後世道、教多岐，如儒家有「學而不思」而無所發明者，亦有「思而不學」而徒託空言者。諸子百家紛起亦如是。

內藤湖南以為道器不離，「道」與「學」一體，學問即史學是章學誠學問思想的宗尚，章學誠即以此主張評論《六經》及其他典籍。由於章學誠對古來著述批評的方法，有其獨特的見解，是經學

史學極為重要的研究法。

㈡六經皆史

　　一般以為章學誠的「六經皆史」是將聖人立言的經典與後世學者文人編纂的史書置於同一地位，內藤湖南則強調章學誠「六經皆史」的本義在「六經皆先王之政典型」，即《六經》皆記錄古來的前言往行，亦即記載聖人之道的形器。《文史通義・易教上》說：「易象亦稱周禮，其為政教典章，切於民用，而非一己空言。」又《文史通義・言公上》亦說：「古人之言，所以為公也，未嘗矜於文辭而私據為己有也。……其道果明於天下，而所志無不申，不必其言之果為我有。」即《易》乃《周禮》之器，《易》之所以尊者，乃記載古代聖人以之為禮制之道具而傳遺法之書。換句說《易》乃記錄先王聖賢實際使用器具之書，有其歷史來歷，有載器明道之義，故尊之為經典。至於揚雄《太玄》，司馬光《潛虛》雖是一家之言，於先王之道全無所得，亦不明古來憲章的究竟，徒為以私意恣其說的「妄作」。

　　經典既有來歷，則其記錄亦有方法，故內藤湖南以為《文史通義・書教上》所說的「三代以上，記注有成法，而撰述無定名，三代以下，撰述有定名，而記注無成法。夫記注無成法，則取材也難，撰述有定名，則成書也易，成書易，則文勝質矣，取材難，則偽亂真，偽亂真而文勝質，史學不亡而亡矣」，是探究歷史著述的方法與品評史書優劣得失的重要見解。「記注」是歷史資料的收集保存，旨在不忘前言往行，故必須建立如實記載事實的法則而無遺漏地傳諸後世。至於「撰述」是根據史料而制作史書，則需依據著

述旨趣而正確地記述。如《尚書》的〈召誥〉〈洛誥〉意在記載周代奠都，乃摘取奠都的史料而為著述，誠為最適當的著述方法。〈康誥〉是天子分封諸侯而貽訓於後世，乃自記錄摘出有關封建諸侯的始末而為著述。換句話說著述的體裁未必固定，其所根據的記錄非確定是不能成立的。然而三代以後，體裁雖有定式而根據的記錄卻未必確實，故不可信的歷史著述乃孳乳而生，故曰「三代以下，撰述有定名，而記注無成法」。雖然如此，三代以後的撰述良史皆未必有一定的體裁，每有別識心裁的所在。如《史記》於記述史事之後，存錄所據的原文，《通典》雖記述禮儀的變遷，而間雜禮論。《尚書》是記注成法的理想著述，《左傳》一變為編年，《史記》再變為紀傳，《左傳》以年月敘事而《史記》則以類例撰述歷史。《史記》記述古今的歷史而通觀古今的變遷，《漢書》但記劉漢一代的歷史，司馬光以編年體撰述《通鑑》，袁樞依《尚書》之舊而載記《通鑑紀事本末》。換句話說章學誠以為三代以後，史書著述的體裁多所變遷，其為良史者，要皆有別識心裁的主意，著述的體裁形式雖不一，正確記注與存其真實的史學精神卻是大同小異的。《史記》之分別本紀、書、表、世家、列傳，不僅外在體裁形式有異，內容趣旨各有不同，記述的內容也極自由而無遵守定式的拘限，如〈伯夷列傳〉不只是記述伯夷的傳記，也是《史記·列傳》的總序。《通鑑紀事本末》雖只是記述《通鑑》記事的本末，就歷史發展而言，卻與《尚書》的著述旨趣相合。也與近代西洋歷史名著之以紀事本末為體裁的吻合。內藤湖南以為章學誠強調歷史著述要記注史實與存其指歸的論述，在一百五十年前即肯定《通鑑紀事本末》於歷史發展上的地位，的確有先見之明。

(三)獨斷史學

乾隆時代，時人每將馬端臨的《文獻通考》和鄭樵《通志》並稱，且多褒馬而抑鄭，如戴震即痛詆《通志》之失。❹然章學誠則尊鄭而貶馬，其推崇鄭樵《通志》具有「卓識名理，獨見別裁」❺，雖「無考索之功，而通志足以明獨斷之學，君子於有取焉。馬貴與無獨斷之學，而通考不足以成比次之功。」❻是知別識心裁之獨斷之學的有無是章學誠褒貶史書的根據。故在歷史的撰述上，其以為浙東之修補舊史是整輯排比的史纂，浙西之考訂舊史是參互搜討的史考，二者皆非常史學。❼章學誠以為史學不只是收集史料或選擇史料，而是要有如何處理史料的「獨斷」。唯其所謂的「獨斷」並非空言空論，而是記注史實的客觀依據與存其指歸之「獨見別裁」兼備的史觀。其以《史記》《漢書》等家學撰述的史書是中國史學興盛的象徵，而唐代以後聚合多士的纂輯史書是中國史學衰微象徵的主張，即以著述之有無一貫的史學精神為根據的。由此可知考究歷史的源流變遷而成就其獨斷的一家之學是章學誠學問的宗尚，而此此通觀的獨斷也正是內藤湖南探究東亞文化史學的理論根據。

---

❹　見《文史通義・答客問上》。

❺　見《文史通義・釋通》。

❻　見《文史通義・答客問上》。

❼　見《文史通義・浙東學術》。章學誠對浙東與浙西學術的批評，為內藤湖南論述清朝史學的根據。見其所著《支那史學史・清朝の史學》，收載於《內藤湖南全集》第十一卷，東京：筑摩書房，1969 年 6 月，頁 294-447。

㈣方志學的重視

重視方志學是章學誠史學研究的特色之一，其於方志學的立論亦有別識心裁的所在而與戴震的主張有所差異。章學誠以為方志不僅是記載地理沿革而已，必須兼具「志」、「掌故」、「文徵」三者。《文史通義·方志立三書議》說：「凡欲經紀一方之文獻，必立三家之學，而始可以通古人之遺意也。倣紀傳正史之體而作志，倣律令典例之體而作掌故，倣文選文苑之體而作文徵。三書相輔而行，闕一不可」。內藤湖南推演章學誠的立論，說：「志」在逐時記載一代之事，「掌故」記錄政治上實際施行的法令公文等文書，「文徵」則蒐集與政治有關的詩文，撰述其他相關的叢話等，三者兼具的地方志則猶如地域的文化史，為歷史研究不可或缺的重要史料，故章學誠於方志學的見解誠有其精闢獨到的所在。❽

㈤考鏡源流的目錄學

章學誠於校讎目錄學的立論能體現其學問的宗尚，故內藤湖南說校讎目錄學是其最卓越的研究。《校讎通義》所載「互著」、「別裁」的目錄學方法，「校讎條理」之校讎方法的建立，皆表現出其架構「史法」的用心。至於目錄學非唯存錄或排列書目的「部次條別」而已，「將以辨章學術，考彰源流」（《校讎通義·敘》）的主張，更足以理解其以「通古今之變」為學問究極的旨趣。

內藤湖南綜括章學誠的學問說：章學誠是清朝浙東史學的大成

---

❽　見《支那史學史·清朝の史學》，收載於《內藤湖南全集》第十一卷，東京：筑摩書房，1969 年 6 月，頁 362-364。

者，其學問不在博識而在學問法則的建立，換句話說史法的架構是章學誠史學的真髓，也是其有功於清朝史學的所在。唯章學誠的史學不是記錄事實的學問，其根本在於原理原則的樹立，雖可謂之為哲學的思惟，但是章學誠卻強調學問的根本不是哲學而是史學，所有的學問皆史學，沒有通變之史學意識的研究就不是學問。《文史通義》之窮究於精密原理方法的架構，至近代西洋學問東漸以後，始為中國學界體識其學術價值。就所有學術領域的研究而言，章學誠的學風至今依然有其「生命」存在，故有闡揚其學問宗尚於日本學界的必要，此乃論述章學誠史學的旨趣所在。

二、「通變史觀」是內藤史學的真髓

宮崎市定說：所謂「通」既是貫通的通，也是普通的通。如《通典》《通志》意味著是古今歷史的貫通及禮式的綜合，《通義》則是古今普遍通用的原理，《史通》的「通」或近於通義。《資治通鑑》本名《通史》，有供政治參考的通史之意。「通」一字最能表現內藤湖南的學問。❾桑原武夫則說：內藤湖南推崇劉知幾兼備才學識以為史家之說，而以博學識見成就其「獨斷」的史學。❿雖然二者的指陳皆為知人之言，實則內藤湖南以「通變史觀」掌握劃時代的關鍵，辨彰時代文化的異同，考鏡歷史的源流變

---

❾ 宮崎市定〈獨創的なシナ學者內藤湖南〉，《宮崎市定全集》24 卷，東京：岩波書店，1994 年 2 月，頁 268-271。

❿ 桑原武夫〈《日本文化史研究》解說〉，收載於內藤湖南《日本文化史研究》，講談社學術文庫 77，東京：講談社，1985 年 11 月，頁 174。

遷，而成就「通古今之變」的史學。茲以內藤湖南的「應仁之亂是
日本文化形成的契機」、「宋代為中國近世說」、清代史學的變遷
與發展、中國目錄學的發展、探究源流變遷的定位說等論述，探究
其史學的究竟。

(一)應仁之亂是日本文化形成的契機

　　一般而言，應仁之亂（1467-1477）是在京都一帶所發生的歷史
事件，是日本下剋上之黑暗時代的象徵。但是內藤湖南則認為應仁
之亂是日本歷史劃時代的關鍵，「日本的」文化都是應仁之亂以後
形成的。就社會階層而言，日本各地的「大名」（即貴族）大抵是
在應仁之亂產生的，在應仁之亂的百年間，日本各地陸續出現以貴
族為中心的集團，換句話說應仁之亂以後，日本社會產生新生「大
名」貴族取代以皇族為中心之新舊交替的現象。至於文化方面則有
保存傳統文化用以流傳後世，進而作為復興舊制規章之根據的努
力，如一條兼良（1402-1481）撰述《樵談治要》《小夜の寢覺》
《日本紀纂疏》，記載當時現存書籍的原始本末與信仰意識，不但
可以窺知亂世的知識階層如何致力保存古代文化以流傳於後世的用
心，而竭盡心力而保存的文化，則成為豐臣秀吉平定天下以後，復
興舊制的根據。至於蒙古襲來（1274、1281）得天神之助而免於戰
禍，乃產生日本為神靈之國與萬世一系的信仰意識，此一信仰意識
也由於《日本紀纂疏》的傳世而為後世之人所確信，於百年之後的
元龜（1507-1573）天正（1573-1592）年間，神靈之國與萬世一系的信
仰成為日本統一的思想意識。再者，由於貴族階級與宗教團體為了
謀生，或進行知識的傳授，如《古今集》的傳授，或開放參謁與發

行「具注曆」，結果原本是貴族所獨占的文化也逐漸擴大到民眾的傾向。又由於以傳授作為生計營為的手段，乃產生家學門派的傾向，此流派的意識成為日本文化藝術傳播的規律。

內藤湖南將發生應仁之亂的足利時代（1336-1573）比對於中國的五代，是中世到近世的過渡期，貴族階級的知識文化逐漸擴大到庶民階層，神靈之國與萬世一系的思想統一，皆在應仁之亂以後萌芽，故內藤湖南主張應仁之亂不是日本黑暗時代下剋上的歷史事件，而是日本文化形成的契機。❶

(二)宋代為中國近世說

在內藤湖南的時代，一般以為唐宋是不可分割的時代，但是內藤湖南從政治、社會、經濟等文化現象，說明唐代是中國的中世，而宋代則是中國近世的開端。就政治史的發展來看，中國中世的君王雖然是共主，地方由中央政府派遣的官吏來統治，但是政治的權力大抵掌握在豪族貴族之手。再從社會史角度來看，中世時代的門第家世是貴族與庶民區別的判準，但是世襲貴族到了宋代則完全沒落，天子的權威也因而強大，形成君主獨裁，支配天下的時代。至於庶民的地位也有所推移，中世的庶民無異是貴族的奴隸，但是宋代以後，不但由於科舉取士，通過科舉即能獲得官位，又由於王安石的新法變革，庶民逐漸擁有個人的土地和財產，再加上都市商業的發達，庶民遂取得社會的市民權。再就儒家思想學術的流衍來

❶ 內藤湖南〈應仁之亂について〉，《日本文化史研究》，講談社學術文庫77，東京：講談社，1985 年 11 月，頁 61-87。

看，漢武帝以後，不但以五經為中心而展開經傳注釋的學問，亦重
視師承的淵源。北宋以來，不但是開展出系統化的新儒學，也產生
疑經的意識而未必墨守經師之說。在文學體裁方面，中世是詩的時
代，近世以後則是散文的時代，庶民化的平話、說書乃因應而生。
⓬就繪畫而言，六朝到唐代是壁畫為主，又以金碧山水是尚，到了
五代宋代，則流行屏障畫一，又以墨畫為多。而且宋代文人畫的興
起，則象徵著由嚴守家法之畫工專擅而趨向表現自由意志之水墨
畫。由於宋代的文化現象大異於唐朝，故內藤湖南主張宋代為中國
近世的開端。⓭

㈢清代史學的變遷與發展

一般而言，考證學是清朝學術的主流，清朝史學也頗受考證學
的影響。唯內藤湖南以為乾嘉考證學風之形成乃得力於楊慎以來，
明末遺老顧炎武等人所提倡的考證學風與經世致用之類書的編纂方
法。章潢系統性地搜羅群書而撰述《圖書編》不但是明代類書的代
表，其材料的選擇與編纂的方法也是顧炎武《日知錄》的先驅。楊

⓬ 以文化史的觀點區分中國歷史，進而論述中國各個時代的文化特色，參採內
　藤湖南〈《支那上古史・緒言》〉（收載於《內藤湖南全集》第十卷，東
　京：筑摩書房，1969 年 6 月，頁 11-13），〈概括的唐宋時代觀〉〈近代支
　那の生活〉（收載於《內藤湖南全集》第八卷，東京：筑摩書房，1969 年 8
　月，頁 111-139）及吉川幸次郎〈中國文學史敘說〉（收載於《吉川幸次郎遺
　稿集》第二卷，東京：筑摩書房，1996 年 2 月，頁 3-23）。
⓭ 內藤湖南的唐宋文化論，見其所著〈概括的唐宋時代觀〉、〈近代支那の文
　化生活〉（收載於《內藤湖南全集》第八卷，東京：筑摩書房，1969 年 8
　月，頁 111-139）。

慎的博識與研究音韻、比較《新唐書》《舊唐書》的優劣而輕野史重實錄等學問性格皆與顧炎武、乾嘉學者的學問宗尚極為相近。至於清初以迄乾隆期之以舊史修補與舊史考訂為主體的史學則是顧炎武與黃宗羲的學問傳承。就此意義而言，清朝初期的史學是繼承明代中葉的學風而發展開來的。

乾嘉史學的特色是考證方法之運用於史料修訂上，浙東萬斯同以來的修補舊史一派即有整輯排比之考證學風的出現，至於浙西之舊史考訂一派則於舊史修補上進行考證校訂的工作，特別是錢大昕的史學，不但應用考證方法於史料研究而建立史學方法，更開創新的史學研究領域而改變乾嘉以後的史學風氣，可以說是具有清朝特色之史學的開創者。內藤湖南指出錢大昕精通數學與天文學，潛心於史料的判別與選擇，留意沿革地理的學問，並運用校勘學、金石學、經學於歷史的研究，因此宋代王應麟以來，明代楊慎、顧炎武的考證方法，至錢大昕而大成。

錢大昕之重視元代的歷史研究以後，清朝考證史學一派的學者，如祁韻士、張穆、徐松、何秋濤、洪鈞、李文田、柯劭忞等埋首於西北塞外的歷史地理的研究，中國史學遂有由中國史發展成東洋史的傾向，此為中國近代史學的發展。再者，乾嘉以後，於考證史學確立之上，又有歷史研究的文字亦宜簡潔精鍊的風氣產生，特別是在地理志的撰述上，除了精詳的考證外，又形成以文學的手法撰寫地理志的體裁。換而言之，學問藝術化不但是中國文化的特產，也是中國近代史學的變化。

到了清朝末期，由於甲骨彝器的出土，遂興起古代研究的學風，即古史研究是中國現代史學的潮流。

乾嘉史學沿襲明末遺風而以舊史修補與考訂為主體，錢大昕開啟元代歷史研究的風氣而促使中國史學有發展成東洋史之近代化的傾向，又由於甲骨鐘鼎的出土，遂興起古代研究的現代史學，此為有清一朝近三百年的史學發展大勢。❹

㈣中國目錄學的發展

劉向、劉歆父子《七略》的旨趣在於辨析學問流派的異同，究明學術的沿革，為中國目錄學的始祖。《隋書·經籍志》雖改以四部分類古今圖書，依然繼承《七略》《漢書·藝文志》的編纂宗旨，可以考知漢代以來學術發展的歷史，知幾亦以史學的觀點歸類史書為六家。五代與趙宋的正史目錄頗為粗疏，《舊唐書·經籍志》只記錄當時所見的書目，《新唐書·藝文志》也極為粗略，唯《崇文總目》取法《隋志》的體例，既有書目解題，又留意學問的沿革，足以考見《隋志》以來學問與書籍的變遷。鄭樵的《通志·藝文略校讐略》雖不著錄書目的解題，卻以目錄為專門的學問而致力於方法理論的建立。高似孫的《史略》則引述前人的議論或佚書的著錄而建立史學理論，王應麟的《玉海》雖是類書而《玉海·藝文志》則有說明現存與亡佚書目之關連性的所在。換句話說高王二人皆以學術的沿革為目錄學的主旨，於佚書的研究方法尤有發明。《宋史·藝文志》甚為雜亂，《明史·藝文志》則是只收集明朝一

---

❹ 內藤湖南於清朝史學的論述，見其所著《支那史學史·清朝の史學》（收載於《內藤湖南全集》第十一卷，東京：筑摩書房，1969 年 6 月，頁 294-447）。

代書目的斷代式目錄，焦竑《國史經籍志》的分類不免雜亂，亦無解題，然著錄子目的總序，多少有留意學問源流的用心，頗為《四庫全書總目提要》的序論所採錄。《四庫全書總目提要》是清朝文化的代表性產物，唯精於書籍的考證而疏於學問沿革的總論，章學誠的《校讎通義》既辨彰學術考鏡源流，又用心於著錄的方法與校讎的條理，即以歷史流變的著眼，從根本架構系統性的學問，是中國目錄學的集大成者。由此可知內藤湖南是以沿革通變的史觀，析理學問的異同源流，進而說明中國目錄學的歷史發展。❶⑤

㈤探究源流變遷的定位說

開風氣之先，更革舊制前規，集諸法之大成皆可謂之為劃時代的存在，如董其昌所謂南北畫宗，乃以李思訓、王維分別開啟金碧著色、淡彩水墨的先聲，明王定堂則從變革前人法則的觀點說六朝畫風至王維而一變，至五代荊浩、關同再變，王世貞亦稱山水畫至二李一變，荊、關、董（源）、巨（然）再變。至於內藤湖南所說的北宋真宗以迄神宗是五代以來水墨完成的時代，北宋的畫大成於徽宗時代，則是集大成的例證。然而從文化與時代變遷的角度，探討因革情形，究明影響關係，也是說明畫家於中國繪畫史之地位的重要根據。如荊浩的水墨畫乃取吳道子的筆和項容的墨而成，就山水畫的發展而言，王維的抽象，荊浩的寫生，關同的渾成，荊浩乃是山水畫過渡期的人物。又將荊浩《山水訣》所提出的「氣韻思景筆

---

❶⑤ 內藤湖南於中國目錄學發展的論述，見於《支那目錄學》（收載於《內藤湖南全集》第十二卷，東京：筑摩書房，1970 年 6 月，頁 369-436）。

墨」六要與謝赫的六法相比，可知荊浩把氣韻分別為二而著重
「韻」，至於「筆墨」的比重，則「墨」重於「筆」，似比謝赫較
為進步，於郭若虛的氣韻說有所的影響。關同的畫揮灑胸中的丘壑
而一氣渾成，炫染山崖之法有董源、巨然之意，於樹木的刻畫則有
李成、郭熙之法，故關家山水為南北畫派的畫家所取法。董源以皴
法描繪山稜凸凹形勢，是前代所未嘗有的技法，南宗畫派的皴法雖
有各種變化，而開皴法風氣之先的是董源。巨然為董源的門下，時
稱董源下筆雄偉，有嶄絕崢嶸之勢，巨然氣質柔弱，然《宣和畫
譜》評其畫為「幽處可居，平處可行，奇處可驚，嶮處可畏」，米
芾父子亦推崇備至，巨然的山水富有逸趣，於元末四大家有極大的
影響。元末四大家雖取法於董源、巨然的畫意，考其畫跡，除黃公
望以外，殆不留董、巨之跡，雖脫胎於前代名家，卻學其意境而不
求形似，於前人的氣質之外，蘊釀出逸趣，此近世繪畫之清新境界
的創出，於中國繪畫史上自有其重要的地位。至於黃公望之「大要
去邪甜俗賴四個字」的山水樹石論，是後世南宗畫家的金科玉律，
清初四王的王時敏、王鑑即祖述黃公望，其後的山水畫，大抵通過
王原祈而黃公望一派的畫風鼎盛吳鎮有骨力勝於興會的傾向，明代
初、中期，特別是沈石田的南畫多流行此一畫風，可謂是梅道人的
時期，至於倪雲林之極意超越畫院形式的畫風，則為明清隱者僧侶
所取法。元末四大家的於作畫的形式雖多少有所差異，然重視神來
興會的精神則是四人共通的所在，此畫風即成為後來畫家作畫的標
準，至清初的四王吳惲而極於全盛。中國近代山水畫的畫家或遠紹
董源、巨然，或祖述米芾、米友仁父子，其實皆通過元末四大家的
精神與手法而學作古畫，換句話說中國近代畫家甚少能超越元末四

大家的範疇而創作新的畫風，故中國近代山水畫可以說是始於元末四大家而終於清朝初期的四王吳惲。❶

結語：內藤湖南是日本近代文化史學家

東洋的學問未以邏輯論理的思考與論述見長，然內藤湖南則是少數的例外。如以螺旋史觀考察東亞文化的發展，以歷史加上說探究中國古史傳說形成的軌跡，以通變史觀說明中國文化史的變遷等，皆為其體系化架構學問的表現。❶至於其所以能考鏡時代地域的異同，辨明學術文化的原始本末，而成就一家之言，固然與其以中國史家的才學識兼備為學問的究極有深厚的關連，但是其個人的際遇，生存的時代，生活的地域，學問的意識亦不無決定的影響。

秋田師範畢業是內藤湖南的最高學歷，雖沒有接受大學的教育，卻也沒有所謂學派家學的束縛，乃能成就獨特的學問。上京以後的二十年雜誌編輯與記者的生涯，養成其博聞強記的根底。至於其生存的明治時代是文明開化的時代，西化革新是時代的風尚，學問方法的突破更新自然應運而生。任教大學至逝世的京都二十餘年歲月，成就了內藤的文化史學，既於傳統與現代之間，守成而創新，又在對抗於東京的學問意識下，融合西歐的合理主義、清朝的

---

❶ 定位中國畫家的論述，見內藤湖南《支那繪畫史》，收載於《內藤湖南全集》第十三卷，東京：筑摩書房，1973 年 12 月，頁 278-284。

❶ 有關內藤湖南的學問，參連清吉〈日本近代的文化史學家：內藤湖南〉，《笠征教授華甲紀念論文集》，臺北：臺灣學生書局，2001 年 12 月，頁 307-324。

考證學與江戶時代的文獻主義而樹立以考證為基礎的近代中國學學風，使京都的中國學得與北京、巴黎分庭抗禮，並列為世界漢學的中心。

一八九九年三月遭祝融之災，所有的藏書付之一炬，內藤湖南逐稱以往所從事者皆為雜學，今後則專心致力於中國問題的研究。一九○七年應聘京都帝國大學東洋史講師以來，於安定的環境下，以學者的生活，貫徹其以中國學的沉潛為天職的志向，窮究其學識與精力於東洋史的研究，凝集其學問於以中國為中心的東洋文化史學。

內藤湖南與狩野直喜或可並稱為京都近代中國學的雙璧，二人不但各有專擅，內藤湖南沉潛於東洋文化史與滿清史的研究，狩野直喜則致力於中國經學、文學與清朝制度史的鑽研，又開啟日本研究敦煌文物的先聲，且能為漢詩文而與當時中國的文人學者酬唱應對。故其所窮究的是能與中國傳統知識分子比肩的通儒之學。其弟子如神田喜一郎、吉川幸次郎亦能繼承師學，既有堅實的學問素養，成就博學旁通的學問，又能優遊於詩文藝術，發揮京都中國學的學問性格。換句話說京都中國學者之以通儒為極致的學問，或將是近代世界漢學的絕響，故以內藤湖南於日本近代中國學的定位為開端，考察京都中國學者為學的究竟，辨章京都中國學派的學問傳承與發展，或可探究京都中國學的宗尚所在。

神田喜一郎
及其《敦煌學五十年》

關鍵詞　敦煌學　京都中國學　臺灣帝國大學教授

一、神田喜一郎的學術生平

　　神田喜一郎（1897-1984）、號鬯庵、京都人。大正十年（1921）畢業於京都帝國大學文學部史學科，主修中國歷史。同十二年應聘大谷大學教授。十五年受命宮內省圖書寮，編纂漢籍目錄解題。昭和四年（1929）轉任臺北帝國大學文政學部副教授。同九年十一月昇任教授，講授東洋文學（即中國文學）。同年十二月受命為臺灣總督府在外研究員，留學英、法兩國。十一年八月返臺復職。十四年客座京都帝國大學文學部。二十年七月委任東方文化研究所，同年十二月辭退臺北帝國大學教授，返回日本。二十一年再任大谷大學教授。二十三年轉任大阪商科大學，二十四年任大阪市立大學教授。二十五年獲得京都帝國大學文學博士。二十七年任命京都國立博物館館長。二十八年辭退大阪市立大學教授，兼任於京都大學文

學部及文學研究所。三十五年辭退京都國立博物館館長一職。昭和五十九年四月十日去世，享年八十六歲。著有《支那學說林》《東洋學說林》《日本書紀古訓攷證》《敦煌學五十年》《日本における中國文學》《墨林閑話》《藝林談叢》《中國書道史》《嵒庵藏曲志》等。所著蒐集為《神田喜一郎全集》十卷，陸續由同朋舍出版。

江戶中期（十八世紀）以來，學問的趣味主義高昂，除了茶道、花道的陶冶心性外，國學（即日本古典文學）的俳諧（俳句、短歌）與漢學（即中國古典）的詩文也傳頌於商賈之間。至於珍本或充棟的國學古文書與中國漢籍的蒐集也成為商賈間引為自豪的象徵。神田家於江戶初期上京，代代經營錢莊，為京都商賈的名門。或許是潮流的趨勢，也或許是神田家歷代中好學之士輩出，不但收藏有大量的書籍，詩文吟歌也成為傳家的學問之一。特別是神田喜一郎的祖父神田香嚴更有深厚的漢學造詣，不但擅長於詩文的創作，也由於珍本漢籍的玩味，為當時鑑賞漢籍的權威。所藏唐代抄本四種於大正八年出版《容安軒舊書》傳世。神田喜一郎自幼即受到祖父的寵愛與教導，因此，不但具備深厚的漢學根基，也由於家學的薰陶，能撰寫純熟精湛的詩文。弱冠以前即能出入以內藤湖南、狩野直喜為盟主之漢詩文吟唱的麗澤社，又由於流暢的漢文，頗獲得先後來京都的董康、王國維、羅振玉等人的賞識。

大正六年（1917）入學京都帝國大學文學部，由於仰慕內藤湖南的人格和學問而入於其門下，主修中國歷史。十年（1921）畢業，論文為「山海經より觀たる支那古代の山嶽崇拜」（「從《山海經》看中國古代的山嶽崇拜」）。在內藤湖南門下四年的鍛鍊，造就了

神田喜一郎成為歷史學家的學問性格。從神田喜一郎的著述看來，無論是書目解題、或是敦煌資料整理、藝術評論、日本文化、日本漢文學等研究，都是從史的觀點，縱貫性綜觀文學藝術與文化的源流發展，進而開拓視野，藉著敦煌秘籍的整理，剖析東西文化交流的歷史發展。再再地發揮京都學派的史學研究方法，開闢新的學術領域。

昭和四年（1929），由於精通漢詩文的聲名知聞一時，在藤田豐八的推薦下，應聘為臺北帝國大學的副教授，九年（1934），接替久保天隨之後，升任教授。臺北帝國大學任教的十六年間，在時間充裕、圖書豐富、精英教學的教育環境下，神田喜一郎得以專致於學問的存養和學生的啟發。奠定學問大成的根基。又在充裕資金的援助下，獲得海外進修研究的機會。於昭和九年到十一年的一年半的時間，至英、法兩國留學。調查大英博物館與法國國民圖書館所藏敦煌資料。先後出版《敦煌秘籍留真》《敦煌秘籍留真新編》，完成《敦煌學五十年》的著作，為戰前日本京都敦煌學派的集大成。

除了宮內省編集漢籍目錄的一年與臺北帝國大學教授的十六年以外，神田喜一郎生於京都、長於京都、死於京都。其學術生涯的所在也始終是在京都大阪一帶。求學與教學在於斯，師弟友人也是以內藤湖南、狩野直喜為中心的京都學派的學者居多，如武內義雄、吉川幸次郎等人。至於董康、王國維、羅振玉的相知也在京都。因此，探究神田喜一郎的學問與交遊，不但可以瞭解戰前京都學派的學問性格，也可以進而比較當時二十世紀初中期的中國學問與日本學問的異同所在。

　　綜觀神田喜一郎的生平，可分為啟蒙、定向、沉潛、開花、大成等階段。出生到高中畢業，接受祖父香嚴庭訓的家學涵養與中日前輩學人的提攜、京都文化的陶養是啟蒙期。京都大學四年間，在內藤湖南門下研習中國史學，底定其學問性格，為其定向期。臺北帝國教學的十六年間，專事教學研究，為其學術生涯的沉潛期。戰後返回日本，於京阪學術界的教學是其研究活動的開花期。昭和三十五年（1960）辭退京都國立博物館長職務，至昭和五十九年（1984）去世的二十多年間，專事著書立說，出版全集，為其學問的大成期。

二、《敦煌學五十年》
——集京都敦煌學派大成的代表作

　　《敦煌學五十年》一書經過三次增補。初版、即由二玄社出版的有〈敦煌學五十年〉〈敦煌學の近況（一）〉〈敦煌學の近況（二）〉〈內藤湖南先生と支那古代史〉〈貝塚教授の《甲骨文字》圖版篇を手にして林泰輔博士を憶う〉〈狩野先生と敦煌古書〉〈支那學者富岡桃華先生〉〈董授經先生〉〈羽田先生の想い出〉〈中國の書物のことども〉〈鹿田松雲堂と內藤先生〉〈《冊府》の發刊された頃〉〈《目睹書譚》序〉〈《支那史學史》跋〉〈《日本文化史研究》解說〉〈陳列館の地下室〉大正癸丑の蘭亭會〉〈懷德堂の文藝〉〈慈雲尊者の餘技について〉等十九篇。第二次出版、即筑摩書房出版的則刪除〈懷德堂の文藝〉〈慈雲尊者の餘技について〉二篇，再添補〈《內藤湖南先生と支那古代史》

補遺三題〉〈內藤湖南先生と支那古文書學〉〈大谷瑩誠先生と東
洋學〉〈石濱純太郎博士を悼む〉〈漢文作家としての吉川博士〉
〈《桑原隲藏全集》推薦の辭〉〈上野有竹齋の中國古書畫〉
〈《中國書畫話》序〉〈荷蘭高羅佩著《書畫鑑賞彙編》〉等九
篇。至於第三次出版、即收入《神田喜一郎全集》的，則依照筑摩
版之舊，而增加〈內藤先生と文廷式〉〈王靜安先生を憶う〉〈豹
軒先生の思い出〉〈武內博士を偲んで〉〈石田杜村博士を悼む〉
〈內藤乾吉教授を偲んで〉〈青木正兒譯注《芥子園畫傳》解說〉
等七篇。

　　神田喜一郎之所以撰述《敦煌學五十年》，是取法於董作賓的
《甲骨學五十年》的論述，說明敦煌文物出土的經緯並論述五十年
來東西雙方於敦煌學研究的成果。❶至於神田喜一郎論述五十年來
敦煌學的最主要原因是在光大師承學術，即發揚近代京都學派於敦
煌學研究的成就。因為敦煌學的研究成果，不但反映出京都學派與
東（以羅振玉、王國維為主的清末民初的中國學者）西（以伯希和為主的英法學
者）學術界交流的情形，更主張敦煌學的研究是以內藤湖南與狩野
直喜為首的京都學派之足以與當時東西漢學界並駕齊驅的所在。❷

---

❶　神田喜一郎於〈敦煌學五十年〉（收於《敦煌學五十年》，東京：筑摩書
　　房，1984 年 5 月）一文指出：「臺灣大學教授董作賓是甲骨學的大家，於前
　　年（1950）在臺灣發行的《大陸雜誌》以《甲骨五十年》為題，整理五十年
　　來有關甲骨文的研究成果。於是效顰而倣傚之，敘述出土以來將近五十年的
　　敦煌學研究情況。

❷　神田喜一郎於〈敦煌學五十年〉與〈《冊府》の發刊された頃〉〈大谷瑩誠
　　先生と東洋學〉（皆收載於《神田喜一郎全集》卷九，京都：同朋舍出版，
　　1984 年 10 月）指出：京都學派於敦煌學的研究，不但開啟日本研究敦煌文

神田喜一郎首先在〈敦煌學五十年〉一文中，敘述敦煌文物出土以來五十年的敦煌學的研究概況。茲歸納成「敦煌學五十年（1900-1950）年表」，條列於下。

敦煌學五十年年表

一九〇〇年　王道士發現千佛洞的古物。

一九〇七年　三月英人史坦英取得數千卷敦煌古物。

　　　　　　十二月法人伯希和至敦煌。

一九〇八年　三月法人伯希和取得數千卷敦煌古物。

　　　　　　三月二十六日法人伯希和寄函史納爾（E. Senart）報告敦煌所見。

　　　　　　十二月法人伯希和返法。

　　　　　　大谷西域探險隊出發。❸

一九〇九年　五月法人伯希和為法國國民圖書館購買漢籍而至北京，藉便向中國學者展示敦煌所得的一部分古書。

　　　　　　八、九月間羅振玉發表〈敦煌石室書目及發見之原始〉。

　　　　　　十、十一月間羅振玉出版《莫高窟石室秘錄》。

　　　　　　王仁俊出版《敦煌石室真蹟》。

　　　　　　田中慶太郎（東京文求堂書店店主）於北京訪伯希和借閱敦煌古書，十一月一日於《燕塵》第二卷第十一號發

物的風氣之先，其成就也足以與世界學術並駕齊驅。

❸ 京都西本願寺大谷光瑞上人派遣野村榮三郎等人探險西域。二年後帶回大批的西域包含敦煌在內的文物。

表〈敦煌石室中の典籍〉。田中氏與羅振玉寄函內藤
湖南、狩野直喜報告敦煌古書發現一事，並希望於京
都舉行敦煌學討論會。十一月初東京與大阪的朝日新
聞以〈敦煌石室の發見物〉為題報導敦煌古物一事。
十一月二十四日至二十七日、內藤湖南於朝日新聞連
載〈敦煌發掘の古書〉。十一月二十八、二十九日京
都大學史學研究會於府立圖書館召開總會，展示敦煌
古書的影本，並由京都大學教授內藤湖南、狩野直喜
等人說明敦煌古書的內容。《史學雜誌》十二月號、
翌年一月號登載敦煌古書展示目錄。

一九一〇年　一月二十日濱田青陵博士將京都大學教授等人的講演
整理成〈敦煌石室發見の古書畫に就て〉於《東洋時
報》第一百三十六號發表。

二月大谷西域探險隊帶回敦煌文物。

三月十九日東京大學國史學助教授黑板勝美博士於東
京帝國大學文字研究會講演「歐洲に於ける支那考古
學の研究」，發表其兩年來於歐洲、特別是柏林民俗
博物館、大英博物館所藏東洋古文書及美術品的見
聞。

七月羽田亨博士發表〈ペリオ氏の中央亞細亞旅行〉
（〈伯希和的中亞旅行〉、京都文科大學《藝文》第一年第四號）

秋、藤田豐八於北京出版《慧超傳箋釋》。❹

---

❹　《慧超傳箋釋》見載於羅振玉的《敦煌石室遺書》中，羅振玉只做簡單的札

八月三日起三天、內藤湖南於朝日新聞刊載〈西本願寺の發掘物〉。

八月京都大學派遣內藤湖南、狩野直喜教授等五人至北京調查清政府自千佛洞運回的古書。

一九一一年　二月十一、二日於京都大學展示千佛洞殘留的古書影本，展示影本編成《京都帝國大學文科大學清國派遣員報告展覽會目錄》。

春、羽田亨博士於《東洋學報》發表〈大谷伯爵所藏新疆資料解說〉。

春、松本文三郎於《東洋學報》發表〈敦煌石室五種佛典の解說〉。

五月瀧精一博士於東京史學會講演「新疆發掘の繪畫に就て」。

一九一二年　秋、京都大學派遣狩野直喜教授前往倫敦、巴黎調查敦煌古書。同一時間東京大學派遣瀧精一博士前往歐洲調查敦煌繪畫。

一九一六年　法人伯希和發表敦煌《尚書釋文》的考證文章。（法國金石文藝學院出版）

一九二四年　內藤湖南教授與石濱純太郎教授遊學歐洲。

一九二五年　夏、石濱純太郎教授於大阪懷德堂講演「敦煌石室の遺書」。

記而已，藤田豐八則做詳細的箋註。又此書於 1912 年在東京訂正再版。昭和五年（1930）北京影印初版再版。

一九二六年　羽田亨博士與伯希和共編《敦煌遺書》第一集。

一九二九年　小島祐馬博士出版《沙州諸子廿六種》（高瀨惺軒還曆記念會）。

十二月小島祐馬於《支那學》第五編第四號起九次發表〈巴黎國立圖書館藏敦煌遺書所見錄〉。

神田喜一郎遊學歐洲（1935-6）二年。

一九三八年　一月神田喜一郎出版《敦煌秘籍留真》（小林寫真製版所）。

一九四七年　九月神田喜一郎出版《敦煌秘籍留真新編》（國立臺灣大學）。

一九五二年　十一月神田喜一郎於龍谷大學講演「敦煌學五十年」。

至於六十年來敦煌學的研究情況❺，神田喜一郎說：

> 敦煌文物發現以來的三十年間，是以千佛洞發現的敦煌古書的研究為主。近年（即 1950 年）以來，雖然敦煌古書已然持續被研究，但是研究的主要對象則有所轉變。首先值得一提的是由於交通較以往便利，東西方的敦煌學研究者相繼地前往敦煌，實地調查千佛洞莫高窟的壁畫藝術，造成敦煌學的熱潮。一九二六年陳萬里的《西行日記》一書中首先提到千佛洞的壁畫。一九三一年賀昌群於《東方雜誌》第二十八卷

---

❺　見〈敦煌學の近況(一)〉〈敦煌學の近況(二)〉。此二文是神田喜一郎於昭和三十五年（1960）在大阪的講演稿。收入《敦煌學五十年》時略做增補。

第七號發表〈敦煌佛教藝術的系統〉。一九四〇年到四二年張大千模寫千佛洞的壁畫，於一九四三年出版《大風洞堂臨摹敦煌壁畫》、四四年出版《張大千臨敦煌壁畫展覽特集》。張大千不但繼伯希和之後，發掘洞窟，重新為千佛洞編號，又除了千佛洞以外，也模寫西千佛洞、榆林窟、小千佛洞等洞窟的壁畫。其後由於甘肅橫斷公路開通，于右任（當時國民政府的監察院長）視察千佛洞後，向教育部建議設置敦煌研究所。一九四三年教育部委任高一涵、常書鴻擔任籌備委員，翌年二月正式於敦煌成立敦煌藝術研究所。又國立中央研究院也於一九四二年組織西北史地方考察團，調查甘肅、寧夏、青海三省及敦煌千佛洞。考察團的一員向達於一九五〇年七月在《國學季刊》第七卷第一期發表〈西征小記〉，詳細地考證西千佛洞、榆林窟的歷史和地理。❻謝稚柳於一九四二、三年在敦煌專門研究壁畫，於一九四五年出版《敦煌藝術敘錄》一書。概述敦煌的藝術，敘錄西千佛洞、榆林窟小千佛洞等洞窟的形狀、壁畫、塑像等。一九四三年於重慶出版的《說文月刊》發行「敦煌特輯」。收錄有衛聚賢的〈敦煌石室〉、何正璜的〈敦煌莫高窟現存佛洞概況之調查〉、姜亮夫的〈敦煌經卷在中國學術文化上之價值〉、董作賓的〈敦煌紀年〉、勞榦的〈伯希和敦煌圖錄解說〉、金毓黻的〈敦煌寫本唐寫本天寶官品令考釋〉等論文。

---

❻　「西征小記」收入 1957 年向達增補再版的《唐代長安與西域文明》中。

　　敦煌藝術研究所成立以後的第二年、即一九四五年便改隸於國立中央研究院。一九五一年改稱敦煌文物研究所。文物研究所所長為常書鴻。常氏上任以後即致力於千佛洞的現狀調查、修理保存及壁畫模寫拓印的工作。因此敦煌學有長足的進展。如閻文儒的〈莫高窟的石窟的構造及其塑像〉（1946 年刊載於瀋陽博物館發行的《歷史與考古》創刊號）。史岩的《敦煌石室畫象題識》（1947 年由敦煌文物研究所、華西大學博物館、比較文化研究所聯合出版），皆與常書鴻有深厚的關連。至於一九五五年陳明達的〈敦煌石窟勘察報告〉（《文物參考資料》第 2 卷第 4 期）、一九五六年京都大學人文科學研究所的長廣敏雄教授的〈最近に於ける敦煌石窟の研究〉（《史林》第 39 卷第 2 號），都是由於敦煌文物研究所細密地調查千佛洞的現狀，進而進行修理保存及壁畫模寫拓印的工作以後，而產生的新領域的研究報告。一九五八年敦煌文物研究所常書鴻一行數人來日，於東京、京都展示敦煌文物研究所於近年出版的《敦煌藝術敘錄》（謝稚柳編）、《敦煌莫高窟藝術》（潘茲編）、《敦煌莫高窟》《敦煌壁畫集》《敦煌壁畫選》（敦煌文物研究所編），引發日本學者於敦煌藝術的研究投入大量的心血。常氏來日的當時，日本《佛教藝術》發行了「敦煌の佛教美術特集」。水野清一教授發表〈敦煌石窟ノート〉。此文與研究東洋建築史的福山敏男博士於一九五二年發表的〈敦煌石窟編年試論〉（《建築史研究》第七號）為研究千佛洞歷史所不可或缺的重要資料。

　　外國學者到千佛洞做實地調查則是美國的 Irene Vongehr Vincent 夫人開風氣之先，於一九四八年親自到千佛洞拍攝照片，於一九五三年出版《*The Sacred Oasis*》，概說敦煌藝術與敦煌遊

記。❼一九五二年大英博物館東洋部長 Basil Gray 博士在中國政府的接待下視察敦煌。Gray 博士於一九五九年出版《Buddhist Cave Paintings at Tunhuang》圖錄，為敦煌甚至於東洋美術的重要資料。繼西洋學者考察敦煌之後，日本學者也接踵而至。如昭和三十一年（1956）六月福田豐四郎、同年九月北川桃雄、龜田東伍二人、三十二年（1957）日本考古學會與每日新聞社派遣駒井和愛、岡崎敬等一行五人相繼到千佛洞作實地調查。岡崎敬教授於返回日本之後不久即出版《中國考古の旅》，北川桃雄則於一九五九年出版《敦煌紀行》一書。

　　有關敦煌石窟的綜合的研究，即針對敦煌石窟的壁畫與塑像的圖像，作分析整理而有大成的敦煌文物研究所的分類。就圖像性質的不同，分為經變、本生、佛傳故事、尊像及其他五大類。由於這樣的整理分類，再加上中國、英法所藏敦煌古書的目錄編集完成，如一九三一年、陳援庵編纂北京圖書館所藏敦煌古書而成的《敦煌劫餘錄》、一九七五年 Lionel Giles 博士編纂大英博物館所藏而成的《Descriptive Catalogue of the Chinese Manuscripts from Tunhuang in the British Museum》問世，特別後者將大英博物館所

---

❼　在 Irene Vongehr Vincent 夫人之前，美國 Langdon Warner 博士於 1925 年率團調查千佛洞，1938 年在哈佛大學發表有關榆林窟壁畫的論文 "Buddhist Wall-painting; a study of a nineth-century grotto at Wan Fo Hsia"。1931 年美國 B. Bohlin 氏考察西千佛洞，於 1936 年在《Harvard Journal of Asiatic Studies》vol.1, No.2 撰寫 "Newly Visited Western Caves at Tun-Huang" 介紹西千佛洞的壁畫。但是二人的調查以及發表報告都鮮為世人所知。五十年代 Irene Vongehr Vincent 夫人的探訪之後，形成敦煌洞窟實地調查的風潮。

藏七千卷的敦煌古書分為佛教文獻、道教文獻、摩尼教文獻、非宗
教文獻、印刷文書、等五大類，便利於敦煌學的研究，而有新的發
展。在日本方面，由於東京大學的山本達郎教授、榎一雄教授協助
Lionel Giles 博士編纂大英博物館所藏的目錄，東洋文庫乃得以收
藏大英博物館所藏的敦煌古書微卷。至於北京圖書館所藏的敦煌古
書，由於國際印度文化協會會長 Raghu Viira 博士的努力，四千八
百八十八多卷的書物悉數製成微卷，又 R. Guignard 夫人的巴黎國
國民圖書館所藏敦煌古書目錄的完成，促使日本東洋學者廣泛地研
究敦煌學，不但有蓬勃的發展，也有斐然的成績。特別是社會經濟
史、法制史的研究，佛教關係資料的探討以及變文、即講唱文學的
研究更有與中西學者比肩的成果。社會經濟史法制史的研究有東京
大學仁井田陞博士的〈唐の律令および格の新資料〉〈スタイン
（史坦英）敦煌發見の唐代奴隸解放文書〉〈スタイン敦煌發見の
唐宋家族法關係文書〉（皆發表《東洋文化研究所紀要》）。山本達郎博
士的〈敦煌發見計帳文書殘簡〉（《東洋學報》）〈敦煌發見戶制田
制關係文書十五種〉（《東洋文化研究所紀要》）。佛教關係資料的研
究有一九五八年龍谷大學出版的《敦煌佛教資料》（《西域文化研
究》第一卷）。而一九五九年藤枝晃教授的〈敦煌の僧尼籍〉（《東
方學報》京都第二十九冊），則是反映世界敦煌學的一新傾向，即綜合
佛教史和經濟史的研究。在這一方面的權威是一九五二年法國 P.
Demieville 教授的"Le Concile de Lhassa"（《Institut des Hautes Etudies
Chinoises》巴黎大學支那學研究所叢書第七冊）。此書譯註伯希和敦煌文書
第四六四六號《頓悟大乘政理決》，不但詳細地翻譯而且謹慎地注
釋，可以說是歷史的注解，為研究西藏佛教史極其重要的參考資

料。至於變文的研究，在中國方面，一九五四年周紹良編纂《敦煌變文彙錄》、一九五七年王重民、曾毅公等人編集《敦煌變文集》上下二卷，並附有曾毅公的〈敦煌變文論文目錄〉。一九五九年蔣禮鴻的《敦煌變文字義通釋》。於日本則有一九五五年那波利貞博士的〈中晚唐五代の佛教寺院の俗講の座に於ける變文の演出方法に就きて〉（《甲南大學論叢》）。有關曲子詞的研究，一九五〇年王重民出版《敦煌曲子詞》、一九五四年任二北《敦煌曲校錄》《敦煌曲初探》。至於俗文學史的研究，日本則有狩野直喜的支那俗文學史研究の材料」（《藝文》1916 年 1、3 月，1917 年 1、3 號）。中國則有王國維於一九二〇年在《東方雜誌》第十九卷發表的〈敦煌發見唐朝之通俗詩及通俗小說〉。❽最近則流行王梵志的研究，胡適對於王梵志的研究，收載於所著的《白話文學史》中。法國 P. Demieville 教授於一九五七年的"L'Annuaire College de France, 57 annee"中，對於王梵志的詩有詳細的考證。入矢義高教授也於一九五七年發表〈王梵志詩集攷〉（《神田先生還曆記念書誌學論集》）。

神田喜一郎以為敦煌學（1900-1960）的發展，可分為：

一、早期（1900-1930）是以敦煌文物發現的消息傳播，北京、歐洲所藏敦煌古書的查訪、影印進而研究報告為主。日本於敦煌學的研究則以京都學派的學者為主。

二、近年（1930-1960）則以調查敦煌各洞窟的現狀、模寫石窟的壁畫，塑像進而從事敦煌繪畫藝術的研究。又由於各地（北京、倫

---

❽　狩野直喜及王國維於中國俗文學史研究的記載，見於〈狩野先生と敦煌古書〉，收載於《敦煌學五十年》，東京：筑摩書房，1984 年 5 月。

敦、巴黎）所藏敦煌古書的內容分類與目錄編纂的完成，敦煌學的研究乃有蓬勃地的發展，從文學、社會史、佛教史各角度進行探討研究。在日本方面，東京的學者於敦煌學的研究也有輝煌的成就。

對於神田喜一郎六十年來敦煌學發展大勢的敘述而值得稱述的是：

一、世界性、國際化的學術視野。由於神田喜一郎通曉外文，因此對於中國、英、法的研究情況瞭若指掌。

二、持論公平客觀。「敦煌學五十年」「敦煌學の近況（一）（二）」的論述雖以介紹日本學界的研究情況為主，但是對於外國學者的研究成果，也能給予極高的評價。而日本研究之所不足的地方，也能指摘而出。如肯定敦煌文物研究所所長為常書鴻於千佛洞的現狀調查、修理保存及壁畫模寫拓印的工作。以為法國 P. Demieville 教授的"Le Concile de Lhassa"是研究西藏佛教史極其重要的參考資料。日本於社會經濟史、法制史的研究，佛教關係資料的探討有比美中西學者的成果；至於曲子詞、即俗文學的研究，則遠不及中國學者的研究。

三、具有史學上的意義。京都學派是開啟日本研究敦煌學的先鋒，內藤湖南、狩野直喜與羅振玉、王國維有深厚的交誼，於敦煌學的研究上，中日兩國學術有密接地交流。神田喜一郎繼承此一關係，再加上能熟練地運用英、法文，與歐洲學者進行學術交流。可謂是京都學派於敦煌學研究的集大成者。神田喜一郎的《敦煌學五十年》是世界敦煌學史上不可或缺的重要資料。

三、結語——京都學派的學術性格

　　一般而言京都學派的學問是考證學。❾就治學的方法而言，京
都學派的學者所崇尚的是以清朝考據學為基底的科學實證之學。所
探究的也是以有清一代的文獻為主。如京都帝國大學文科教授、也
是京都學派的大家之一的狩野直喜即繼承太田錦城、海保漁村、島
田篁村一派的考證學，潛心於清代乾嘉的學術與清朝的制度。❿內
藤湖南則是遠紹章學誠、錢大昕的學問宗尚，⓫以史學的角度綜觀
中國的學術發展。著有《支那史學史》《支那上古史》《支那中古
の文化》《支那近世史》《清朝史通論》。⓬其實京都學派的學問
性格，特別是內藤湖南的學問，不純然只是考證而已。是在目錄學
的基礎上進行旁徵博引、精詳考證，而建立通貫宏觀的史學性識
見。⓭又由於京都、即日本古文化之所在的學術環境與江戶中期以

---

❾　狩野直喜說：「我（的學問）是考證學。」（小島祐馬「通儒としての狩野
　　先生」《東光》第五號）興膳宏也說：所謂京都學派的學問，一言以蔽之是
　　清朝考證學。（「吉川幸次郎先生の人と學問」，《異域の眼》，東京：筑
　　摩書房，1995 年 7 月。）

❿　有關乾嘉考據的探討是狩野直喜《中國哲學史》（岩波書店出版）一書最精
　　彩的所在。又代表乾嘉以來學術之一的《左傳》《公羊傳》，狩野直喜也有
　　《春秋研究》（東京：みすず書房，1994 年 11 月）的專著。至於清朝制度
　　的論著則有《清朝制度與文學》（東京：みすず書房，1984 年 6 月）。

⓫　內藤湖南的學問是取法章學誠、錢大昕的記載，見於神田喜一郎的〈內藤湖
　　南先生と支那上古史補遺三題〉，《敦煌學五十年》，東京：筑摩書房，
　　1984 年 5 月。

⓬　各書皆收入《內藤湖南全集》，東京：筑摩書房，1970-1976 年。

⓭　以為內藤湖南的學問是精審考證而又有宏觀的識見的評論，見於神田喜一郎

來考證風氣的傳承，「學問與趣味兼容並蓄而渾然融合的研究，才能真正地理解中國文化」❹，則是京都學派的學者的為學理念。❺至於所處理的材料也不限於中國的典籍而已。除了中國傳統經書歷史與文學以外，又潛心研究足以與世界漢學界分庭抗禮的敦煌學，致力於先賢學問的闡揚與足以比美中國的日本學術文化的發掘。❻

　　神田喜一郎繼承內藤湖南的學問❼，不但貫徹歷史考證的學風，也堅守渾融學問與趣味於學問研究的理念，更潛心於日本古典文化的發揚。由於擅長詩文，所以受聘為臺北帝國大學的教授❽。《敦煌學五十年》是兼顧歷史考證與東西文化交流史之世界性新學

的〈內藤湖南先生と支那上古史補遺三題〉（《敦煌學五十年》所收）及內藤湖南著《日本文化史》（講談社文庫、《內藤湖南全集》，東京：筑摩書房，亦收入有之）所附的桑原武夫的解說。

❹　見神田喜一郎〈大谷瑩誠先生と東洋學〉（《敦煌學五十年》所收）。

❺　狩野直喜兼治經傳文學，又能詩善文，書法也自成一家。內藤湖南於史學的著述外，也能為詩文和歌，更著有《支那繪畫史》，論述中國繪畫的歷史。

❻　有關日本學術文化，內藤湖南著有《近世文學史論》《日本文化史研究》《先哲の學問》（皆收入《內藤湖南全集》）。主張「文明移轉論」（見於《近世文學史論》）「應仁之亂是中國文化日本化的轉捩點」「中國文化點化日本文化說」（皆見於《日本文化史研究》）「富永仲基的《加上說》是東西學術的通說」（見於《先哲の學問》，東京：筑摩書房，1987 年 9月）。

❼　平岡武夫說：神田（喜一郎）先生學問的廣博不止是文學史學，也及於藝術佛教。不止是中國而已，也及於日本的漢字文化。神田先生的學問正是內藤（湖南）先生的學問（〈故神田喜一郎會員追悼の辭〉《日本學士院紀要》第四十卷第二號）。

❽　說見「《先學を語る》神田喜一郎」，《東方學回想 V　先學を語る（4）》，東方學會編，東京：刀水書房，2000 年 5 月。

問的論述。《中國書道史》的研究與《書道全集》的編集是反映了
京都學派融合學問與趣味的學術理念。至於《日本における中國文
學》《日本書紀古訓攷證》則是闡述日本古典文學與中國文學的關
係的著作。就此意義而言，神田喜一郎的學問足以說明京都中國學
以成就通儒之學為極致的所在。

近代中日學者的文化交流
──以董康「書舶庸譚」的載記為例

關鍵詞 訪書 交遊 記事

一、前言

　　清末學者之接受日本文化，蓋留意於日本明治維新成功，於近代化之措施，或有助於中國的興革。如康有為奏議選派人才遊學日本（〈請派遊學日本摺〉光緒二十四年戊戌），廣譯日本書（〈請廣譯日本書派遊學摺〉光緒二十四年），進而以此觀點，輯錄《日本書目志》，其「自序」曰：

> 天道後起者勝於先起也，人道後人逸於前人也。泰西之變法至遲也，故自倍根至今五百年而治藝乃成。日本之步武泰西，至速也，故自維新至今三十年而治藝已成。大地之中，變法而驟強者，惟俄與日也。俄遠而治效不著，文字不同也。吾今取之至近之日本，察其變法之條理先後，則吾之治

效可三年而成，尤為捷疾也。且日本文字猶吾文字也，但梢
雜空海之伊呂波文十之三年。泰西諸學之書，其精者，日人
已略譯之矣。吾因其成功而用之，是吾以泰西為牛，日本為
農夫，而吾坐而食之。費不千萬金而要書畢集矣。……竊憫
夫公卿憂國者，為力至易，取效至捷而不知為之也。購求日
本書至多，為撰提要，欲吾人共通之。因漢志之例，撮其精
要，剪其無用，先著簡明之目，以待憂國者求焉。

蓋為致國富強，且取至捷至效之方，而廣搜日本書籍，擇其攸關宏
旨的精本，撮其旨要以成書目志。又有外交使節，納交於日本漢學
家，訪求昔時流傳至日本之中國舊刊善本。如黎庶昌知交於島田重
禮。島田氏為東京大學教授，精通清人考據之學，又嫻熟目錄版本
學，藏書至富。其嘗與黎氏書函（〈與黎純齋書〉，《箕村遺文》），論
及日本漢學源流。或以此相知，黎氏乃得島田氏之助，委託楊守散
搜訪秘藏在日本之漢籍而成《古逸叢書》。而楊守敬《日本訪書
志》之作，雖隨何如璋（黎氏前任）赴日時即按日人森立之《經籍訪
古志》所錄而索求古籍。而助黎氏成《古逸叢書》，得古抄舊刊，
孤本秘笈，即考其源流，以成《日本訪書志》。後者之搜訪或有得
於島田氏者。

　　受容於日本文化之文獻中，董康《書舶庸譚》一書頗值得注
意。據榊田喜一郎〈董授經先生〉一文（《神田喜一郎全集》，卷九）
所載，董氏曾於明治 39（1906）年 11 月 15 日至日本。

　　　　東京島田翰拉清國刑部郎中董康來。乞觀予所藏古書。（神

田喜一郎引述其租父神田香巖日記）

又於辛亥革命後，亡命京都，寄寓吉田山東麓的旅館。訪神田家，出示秘藏唐抄本《尚書》、《史記》、《世說》，後董宴神田香巖、山田永年、富岡桃華、島田翰於南禪寺畔之瓢亭，飲酒賦詩，酬酢互答，頗為相得。

《書舶庸譚》所載者，則是民國 15 年（1926），「被政潮波及」（自序），乃避居日本。書所載記者，有遊歷三都，習染於彼邦風土，抒發旅情之作。而知交於日本翻楚之漢學家，得見秘府藏書、私家珍本，為之著錄，則更有值得探討者。茲綜輯其書所載的訪書志、交遊酬酢、旅行見聞，以窺察近代中日學者於文化交流的梗概。

二、訪書記

董康《書舶庸譚》四卷，❶其所著錄書籍而存目者一五七本，記其篇目者（附錄一）四本（附錄二），記其板刻行款者三本（附錄三），為之校錄者二十三本（附錄四），著錄解題者六十三本（附錄五）❷。其中，記其板刻行款，著錄解題者，蓋為古抄本，或宋、

---

❶ 本文引用的《書舶庸譚》，是廣文書局印，《書目叢編》所收，1981 年 8 月再版。

❷ 書目之歸類有互著者，蓋董氏書之記述，雖一書而先存目後解題者，如《文館詞林》、李卓吾評點《水滸傳》，內閣文庫《明板小說戲曲書目》等，故分別而並存之。

元舊刊，或罕見之傳奇戲曲。此乃董氏序文所謂「凡遇舊刊孤本，記其版式，存其題識」之類。而存其書目，記其篇章者，泰半為小說戲曲類，即胡適於董氏書最推崇的部分。至於校錄者，除盛明雜劇、傳奇彙考外，全為敦煌抄本，此乃清代以出土物成為學術研究的顯學之一，東洋學者夙有專攻者，亦記載於董氏書中。

董氏載記之書目，其敦煌抄本，乃借目內藤湖南氏之巴黎，英倫博物館所藏抄本殘卷之影片，而繕寫校錄者。其宋元舊刊之著錄，泰半在官內廳圖書寮閱覽者，❸此類有三十九本（參看附錄四）。至於小論演義、傳奇戲曲之記述，大抵為內閣文庫之藏本，約一三一種。（參看附錄三、四）

搜訪小說、著錄舊刊善本，固為董氏用心之所在。而《書舶庸譚》尋繹日本秘閣、文庫藏書之源流，使後人得以考見東洋蒐藏漢籍之梗概，豈無益於目錄版本學之研究。茲徵引董氏所記日本文庫、館閣藏書始末，以知其一二。

東洋文庫（約建於 1906 年前後）

　　文庫之建，約及十年。最初購北京泰晤士報記者毛利生遺書

---

❸　董氏宋、元舊刊之著錄，除自宮內廳圖書寮所藏而出之外，又有佛經收藏於寺院，如宋、元、高麗藏經閱覽於東京芝區增上寺（卷三，頁 127、128），董氏稱之為《緣山三識》。亦有搜購自書肆之佛經，如：「（二月十四日，晴），訪田中，即在伊文求堂午餐。以二百圓購宋臨安刻巾箱本《妙法蓮華經》一冊（卷二，頁 85）。」又有私家收藏之善本，如「（十六年一月二日，晴），訪內藤湖南。……出藏北宋本《史記》、《毛詩正義》二書（卷一，頁 21）。」

十六萬圓。設辦事處以管理之後，益以岩崎氏所藏，募資達二百萬圓，作為財團法人。即定今名。岩崎分新舊兩家，此為舊岩崎。購弼宋樓藏書者為新岩崎。就原目增刊《靜嘉堂藏書志》行世。（十六年二月二十三日，卷二，頁93）

尊經閣文庫

前田侯十一世綱紀公性嗜古籍，凡本邦國典藝文及漢土佚書，徵求不倦。築藏書文庫，名曰尊經閣。明治革新雖稍梢散佚，而存留尚富。（三月十五日，卷三，頁134、135）

金澤文庫

金澤實時北條氏之族也。性耽書籍，營庫於武州之金澤，藏書萬卷，刻金澤文庫四字。鈐於佛經者朱色；儒家者黑色。後世獲其書，異常彌秘。其裔貞顯清原敦隆於金灘，講群書治要，今世所行者即其本也。（三月十七日，卷三，頁 140、141）

佐伯文庫

佐伯為日本藏書大家，文政丁亥獻諸德川幕府。至慶喜還政權，書儲於內閣文庫。經宮內省室提取佳本入圖書寮，凡鈐佐伯侯毛利字培松朱文鉅印者，皆營當時獻書之一也。（四

月六日，卷四，頁 207）

內閣文庫

德川幕府廣開獻書之路❹，右文致治，稱盛一時，維新歸
政，擇尤納諸宮內省圖書寮，群流匯海，典籍道宏矣。（序
文，頁 13）

日本內閣藏書雖無宋元舊刊，頗多罕見之本。（一月十日，卷
一，頁 38）

（內閣藏書）皆德川氏所遺，用小箱存儲，箱蓋題書名，約略
分類，佳者已提入圖書寮。餘書名目尚富，足為德川蕊府昌
明儒教之徵❺。（三月二十三日，卷三，頁 160）

---

❹ 長澤規矩也以內閣文庫舊藏書考文庫藏書之源流，蓋有紅葉山文庫本、昌平
坂學問所藏本、林家獻書、江戶醫學館本、和學講談所本、兼葭堂舊藏本、
市橋長昭獻納本、佐伯毛利高翰獻納本。（載見《長澤規矩也著作集》卷
四，〈內閣文庫展示圖書解題〉。）此一考源，亦可為德川幕府廣開獻書之
路的佐證。更可知其書之所從出。

❺ 德川幕府任藤原惺窩、林羅山為儒官，且立朱子學為國學以來，陽明學、古
學、古義學、古文辭學、考證學等學派前後興起，百家爭鳴，漢學鼎盛一
時。幕府廣開獻書之路，亦倡行學術之證。而漢籍之傳來，大庭脩《江戶時
代中國文化受容の研究》（京都：同朋舍出版，1984 年）一書，於日本漢籍
輸入之研究頗為詳細。大庭氏先從貿易關係，以所見購書帳目，考輸入書籍
為何。其次，以業已整理完竟之書目，探討舶來書輸入之年代及書目。然後
研究輸入書之重要課題，如〈前田綱紀と大明律之研究〉、〈德川吉宗と明
律之研究〉、〈享保時代における中日の文化交流について〉。據大庭氏書
指出，德川時代齎來書目之年代，有《正德四年第一番南京船齎來書目》

內閣書，小說最富。（三月二十五日，卷三，頁164）

圖書寮藏書源流

> 邕庵來談，詢以秘閣藏書之源流。邕庵繪甲乙兩表，如後，頗為明瞭，並允別撰一源流者，俾世人知東方國土亦有蘭臺東觀。

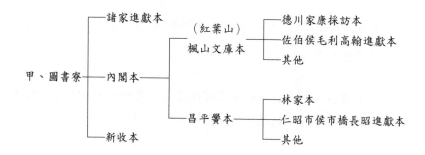

其他——書肆及寺院

董氏書記載寺院所藏佛經、《文館詞林》等書，書肆販售古本者，雖不能考其珍藏販賣漢籍之源流；卻也能知日本民間藏書頗富

（天理圖書館藏），此外，享保四年，寶曆九年、十年，寬政十一、十二年，享和元年，文化二年等皆有自己中國輸入書籍之記錄，足見幕府於漢學之大力提倡。

及書籍收藏之所在。就以今日言之，以者所知，京都黃檗山萬福寺即藏有《一切經音義》之銅版，而各地寺院亦有編修所藏書籍之書目者。至於書肆之收藏販售古籍，僅東京千代田座神道保町狹促之地，竟有百三十餘家古書店，其中固不乏舊刊善本。**❻**

再者，董氏之記日本內閣、圖書寮、寺院、私家等處所見書籍，而值得一提，尚有罕見本之披閱，可資考察典章制度之書、研究地方文獻者、備校讐舊刊者、傳奇戲曲之著錄。茲逐一引述於下：

罕見本之披閱者，如高野山藏原本《文館詞林》，董氏跋文曰：

> 藤原佐世《見在書目》已將此書著錄卷秩⋯⋯原本久經編列國寶，世人罕觀覩。（三月一日，卷二，頁103）

又如崔舍人《玉堂類稿》二十卷附錄一卷，崔舍人《西垣類稿》二卷（圖書寮藏），董氏解題曰：

> 《陳直齋解題》以下諸家書目皆不著錄，獨葉盛列之菉竹堂目錄，則明代中葉，其書猶存也。爾後，《四庫》、《敏求。等錄皆不復及，則或者已亡矣。此本古色鬱紛，其為當初原板不可疑焉。（三月三日，卷三，頁106）

---

❻ 東京千代田區神道田町「東京古書會館」不定期展示販賣古書。而展示前發行《愛書》書目，有關漢籍者，頗多清代刊本。

又敦煌《本草殘卷》影本（內藤湖南影印巴黎圖書館藏者），董氏題識曰：

> 《四庫提要》僅收宋唐慎微《類證本草》三十卷，此外各家注本蓋久已失傳。今發現梁代佚書，誠堪珍秘也。（三月十三日，卷三，頁130）

此罕見珍藏而可貴者。至於可資查考典章制度者，如敦煌《散頒刑部格卷》（同前），董氏考之曰：

> 大率補律所未備，如唐律無盜官物罪。卷中有盜兩京九城諸庫、司農諸倉、少府監諸庫及軍糧、軍資，治罪之文。此外關於手續者，頗多與唐律互證，殊有興味。（一月二十一日，卷一，頁57）

其可作為研究地方文獻者。如《滬上題襟集》五冊（求文堂書肆藏），董氏曰：

> （所錄）二十九家，因避洪楊之役，僑居於滬上者，頗可考見當時兵戈狀況及洋場掌故。以上海作為避亂區域，咸豐庚申已開先例案。（二月二十二日，卷二，頁92）

又如《吳郡歲華紀麗》十二卷（求文堂書肆藏），董氏曰：

引證繁博。（同上）亦志吳中文獻者，所應注意及之者。

備校讎舊本者，如中箱本《廣慶會史》一百卷（前田侯尊經閣藏）。

> 字體質勁，藉以知北宋槧木之模範。所引為唐以前史書，每
> 條冠以書名，頗可備校讎宋本之一助，不得以類書輕規之。
> （三月十五日，卷三，頁134）

以上諸端，乃董氏題識、著錄中，特別值得留意。蓋於董氏所記，
如圖書寮漢籍書目所見孤本，遠在天祿琳狼閣之上（頁20），京都
之名剎、舊家尚多宋元舊刊（頁284）等敘述，罕見本之著錄，可資
考察制度、備校讎、研究方誌之書籍的題識，或能具體地察知《書
舶庸譚》記載日本所藏漢籍之價值所在。

至於傳奇、戲曲、小說等俗文學之重視，除「內閣藏書雖無宋
元舊刊，頗多罕見之本」（頁38），進而摘錄明板小說戲曲，即廣
搜日本各文庫，私藏的傳奇、小說書目以著錄外，董氏更於日記
中，首先指出日本德川幕府於傳奇之大量刊刻，再以敦煌石室頗多
小說抄本，印證唐時盛行傳奇，進而提出其重視傳奇戲曲的主張。
董氏曰：

> 勵學之方，徑軌至繁，不宜囿於門戶，以狹其途。由經史諸
> 子，古今名家撰述以進者固是，小說章回亦未可概斥為非。
> （一月二十四日，卷一，頁61）

蓋反省儒家「不語怪力亂神」之莊嚴，以致視小說為道聽塗說、巷
議街譚，不足以登大雅之堂的偏狹，而強調小說章回者，亦有可觀
之所在。董氏又說：

> 在日本，當德川幕府之時，如《遊仙窟》、《剪燈新話》、
> 《餘話》，鐫刻尤多，儼如中學校之課本。漢學之不廢者，
> 賴此二書之力也。（同上）

日本漢學賴傳奇小說之力以不衰弊，不免言之太過，而大量出版小
說，則足以說明日本江戶時代，社會民間對小說的需求。其次，

> 自敦煌石室發現古寫本之小說，如《明妃曲》、《舜子至
> 孝》等，指不勝屈。可見唐時斯道大昌。逮宋理學盛行，此
> 類之書殆絕。……宋之小說，襄見《宣和遺事》、《通俗小
> 說》二種，此外竟未傳之。梨棗雖將羅貫中繫之於宋，然其
> 人究屬何代，亦一疑問。元時，雜劇風行，始有長篇小說。
> 至明而學士文人並起提倡，極盛一時。（同上，頁61、62）

由敦煌出土所見，小說曾興盛一時，及宋，以理學正道之故，稗官
中衰，至明始復興。再者：

> （二月二十一日，晴。）錄敦敦煌本《舜子至孝文》一卷，凡六
> 紙。平話小說至謂入書堂讀《論語》、《孝經》等書，尤堪
> 發噱。然其中稱前妻之子為前家男，女娘之稱妻，孃之稱

母，皆可考見唐代方言。且問答口吻與宋人通俗小說，微有
不同。此卷及《明妃曲》均足備識小說之助，未可因其鄙陋
而忽之也。（卷二，頁89、90）

雖小道亦有可觀者，此董氏極力推崇傳奇小說的意旨所在，故《書
舶庸譚》所載搜訪日本所藏漢籍舊刊書籍，有關此類書籍之著錄者
甚多。誠可知董氏《書舶庸譚》的宗尚所在。如胡適〈序文〉所謂
的「搜訪小說」，是董氏書的特徵之一，而董氏載錄「許多流傳在
日本的舊本小說，便將來研究中國文學史的人因此知道史料的所
在。」（頁2）確實地指出董氏著錄的用心所在。

三、交遊酬酢

董氏《書舶庸譚》所載在日交遊情形，除迎送接待、相偕會晤
時彥老成之小林（住京都，主司印刷）、田中子祥（住東京，經營求文堂書
肆）。古剎住持、館閣掌理之相識，以得古籍新刊之持贈，或承諾
閱覽善本，著錄板刻、解題外，知交於東瀛學者，或談論學術，或
借閱舊刊古本，或引介而入館閣閱書，或詩文酬酢而學術交流及文
化受容，蓋董氏書的主旨所在。董氏之相知而記載於《書舶庸譚》
者，有內藤湖南、狩野直喜、神田喜一郎、久保天隨等代表日本近
代中國學的學者。

董氏《書舶庸譚》記其1926年末，1927年春遊日本見聞。是
時，內藤湖南甫自京都大學退休。據董氏書所記，「內藤湖南博聞
疆記，收藏之富，誠今之狩谷掖齋也。」（一月二日，卷一，頁21）董

氏之知交於內藤氏者，蓋借《敦煌遺書影片二百餘除種》（同上，頁 22），故得以校錄群書，題識解題而載記於《書舶庸譚》。又有書籍之相贈，內藤贈所著《華甲壽言》、《航歐集》、《支那學》及羽田亨博士與伯希和出版的敦煌遺書影印活字本給予董氏；董氏則回贈呈《彙纂元譜》予內藤湖南。至於學術的討論，則以板本著錄之事為主。如論繆藝風荃蓀之妄改舊刊（頁 22），論敦煌影本《本草》之「朱書與神農本草經合，當為經之卷下。」（三月十三日，卷三，頁 129）論《二刻拍案驚奇》「為明人度曲家所取材，（僅圖書寮有之），中國絕無傳本。」（三月二十九日，卷三，頁 181）

以上三事之記載，董氏與內藤氏的討論，蓋皆於刊刻、板本考訂及傳本等目錄板本學之議論，固合於董氏書所記，初見內藤湖南時，「博聞疆記，收識之富，誠今之狩谷棭齋」之稱譽。

董氏《書舶庸譚》所載其與狩野直喜的知會，是狩野氏自京都大學退休的前一年。董氏借閱狩野氏之書，以傳奇、戲曲、小說者為多，如《馮夢龍評點西廂記》、《傳奇彙考》、《醒世恒言》等。而二人相談之話題則不拘於一事，舉凡漢籍提要之增補、滿清舊閱、清朝考試制度和學術升降等，皆研討涉及。據《書舶庸譚》所記，除論述清朝乾嘉道咸的學術變遷一事，董氏深服狩野氏之見解精闢外❼，論增補四庫提要，董氏提出四點補輯之法，及編輯注

---

❼ 狩野直喜論乾嘉道咸學術變遷，收載於狩野氏《中國哲學史》（岩波書店，1953 年 12 月）第六編〈清の學術と思想〉，分概說，漢學之預備時代，乾嘉時代之漢學，道光以後之學術及思想等四章。狩野氏將顧、黃、閻、毛、胡、浙東學派歸諸漢學之預備期。以惠棟及受影響者，阮元及受其影響者、婺源學派、高郵學派為乾嘉漢學的主流。道光以後之學術思想，則以公羊學

意事項以告狩野氏。（一月二日，卷一，頁23）有關清代考試制度，董
氏曰：

> 狩野博士詢余前清由學院逮殿廷考試制度，深服蓋則防弊之
> 嚴、掄選之公。欲輯以作大學生徒之講演也。❽（一月十八
> 日，卷一，頁55）

蓋狩野求證中國故實制度於董氏者。至於滿清舊聞的敘述，雖狩野
氏留學中國，適值庚子拳亂，或親身見聞，而董氏時掌刑部主事，
「於此事顛末均屬目擊。且於接收監獄，誅戮禍首，亦廁奔走之
列，各證所聞，若合符節。」（四月二十五，卷四，頁273）足以知之
其悉，而記之更詳。（同上，頁273-284）或能補狩野氏所見聞之不
足。

　　凡此三事，乃狩野得之於董氏者多。故二人之交誼，狩野氏借
覽所藏傳奇、小說予董氏，董氏得以著錄考校，使傳奇、小說書目
之著錄解題更為完備。而董氏之知曉舊聞、典章，精於目錄版本，
固有足以輔助狩野增廣見聞。以此亦能察知董氏之學養及其學術宗
尚所在。

　　據董氏〈書舶庸譚〉所載，久保天隨「所藏高麗人小說最富」
（三月十五日，卷三，頁135）且有詩文贈答，凡董氏贈詩五首、詩草

　　者為主。乾嘉、道咸學風渭分明，或董氏深服狩野直喜論乾嘉道咸學術變遷
　　之所在。
❽　清朝制度的論述，狩野直喜有《清朝の制度と文學》（東京：みすず書房，
　　1984年4月）的專著。

序文一；久保天隨之贈詩二首。又久保氏記述香妃有誤，而董氏為之糾謬。董氏書記曰：

> 《天隨集》中有〈香妃曲摭拾傳聞〉，謂香妃完節殉夫。然今之北京新華門為妃當年之寶月樓，其南即回回營，中有極鉅麗之禮拜寺，備妃思鄉時登眺。樓中舊懸妃之小影，作滿州裝，手持茗杯，牽帷而出，態極妍妙。循覽遺蹟，證以嘯亭雜錄，似香妃久承雨露。天隨所引，大率皆改革時，排斥滿清之資料，不足為據。舉以質之湖南，湖南亦言往時於奉天行宮曾見高宗與香妃並獵圖，妃納一矢於帝，情神美滿，洵稱寫生妙手。又航歐時，於西班牙歷史中，有高宗徵該國公主備職掖庭之文。書出於本國人之撰述，當無誣蔑。高宗獵艷嗜奇，則香妃之為入宮花蕊，無疑義也。（四月二十八日，卷四，頁 299、300）

董氏求證於內藤湖南，還原乾隆、香妃艷事之本色。而香妃一事的記載，董氏與久保氏的詩文贈答，可知久保氏不但珍藏小說、戲曲的刊本，❾亦能為詩文，為日本近世知名之漢文學家。

　　神田喜一郎為董康蓄識，是神田香巖之孫。董氏〈書舶庸譚〉

---

❾　久保天隨以《西廂記の研究》獲得文學博士學位，又有《支那戲曲研究》（弘道館，1928 年 9 月）《支那文學史（稿本）》（早稻田大學出版會，1903 年 8 月），《支那文學史》（博文館印刷所，平民書房發行，1907 年 2 月）的專著。詳參黃得時〈久保天隨博士小傳〉（《廣島大學中國中世文學研究》，第二卷，1962 年 12 月）。

記曰：

> （神田喜一郎）為香嚴翁之孫。余壬寅年客此，曾宴翁於南禪
> 寺瓢亭。今翁下世已久。君則深於漢學，洞悉宋元版本，充
> 宮內省圖書寮校理。（一月一日，卷一，頁20,21）

神田喜一郎任圖書寮校理，故得以引介董氏入寮借閱秘閣珍本，詳
示日本秘閣藏書源流。（頁241）又出示家藏善本，如《王百穀評本
文心彫龍》（頁20）、宋槧《漁隱叢話後集》（頁210）、趙松雪書
《圖覺經》（頁25）等，或充實其題識，或明瞭日本藏書源流，皆
董氏得神田喜一郎之助者。董氏書又記載：

> 邕庵嗜詞曲。（一月三日，卷一，頁25）邕庵欲傚楊星吾留真譜
> 之例，影公私各家所儲宋槧之首尾各葉。問名於余，余為題
> 百宋書影。首圖書寮，次足利學校暨各圖書館所藏。私家則
> 前田侯、尊經閣、岩崎、靜嘉堂、內藤及其與諸家。選擇之
> 例，凡孤本、精槧及普通宋刻有關書林掌故者，以百種為一
> 集。（四月二十九日，卷四，頁301）

茲翻檢神田喜一郎全集、漢詩文之輯錄（卷十）及邕庵藏書絕句（卷
三），則知神田氏確實能為漢詩文。又邕庵藏書絕句，乃於珍藏書
影前附所吟絕句以記該書。亦為能詩之證。而書影之作，雖未必如
董氏之議，搜輯成《百宋書影》，亦錄家藏珍本，《儀禮疏》、
《說文解字》、《西儒耳目資》、《華夷譯語》、《水經注箋》、

《史通注》、《三國英雄志傳》、《玉臺新詠》、《唐音戊籤》、《文心彫龍》、《草堂詩餘》、《倚聲初集》等十二種，作成書影，並附絕句一首以記之，或有從善之義。

此董氏書所述日本學者，而特別值得介紹的四人。蓋皆能助成董氏著錄群書之事，亦能以文相會。再者，或因緣巧合，四人皆與臺灣有關聯，內藤湖南任臺灣日報記者；狩野直喜任臺灣舊慣調查委員；久保天隨任臺大教授，且死於臺北，神田喜一郎亦任臺大教授。如此際會亦一趣事也。

四、扶桑記事

董氏《書舶庸譚》之記述日本見聞者，除舊刊珍本之著錄、學者交流之外，尚有歷史掌故，如豐臣秀次切腹事（頁 251-271）；人物傳略，如狩谷披齋（頁 141、142）、空海（頁 249）、金澤賓時（頁 140）；名物藝品，如清水燒、木製飯杓；宗教信仰及時事現況等，皆詳細記存，亦能反映日本文化之特徵。其中，宗教、時事二者更能說明日本受容中華文化，而轉益更新的東洋文化之性格。董氏記日本民間宗教信仰曰：

> 夕每聞市塵有鉦柝之聲，雜以佛唄和者，有十數人。始知乃淨土宗京極組僧人所組織之慈濟會，自二十一日起至二十七日止，每夜柱錫鳴鉦，持缽宣唱佛號，東至比叡，西達嵐山，浴門乞化，㈠勤勵自修；㈡引世人積喜捨之善根；㈢得資以助慈善事業。所謂一霧而修三善。（一月二十四日，卷一，

頁 59、60）

沿門托缽，化緣行善，固東方宗教文化之共同的特徵。又：

> 刻值興正寺法事，從九州、四國來宿此館者，約二百人。日
> 本信仰釋教，鄉僻尤甚。京都名剎每值法事，結隊參詣，亦
> 猶吾國之茅山天竺進香也。（四月七日，卷四，頁 211）

> 日本農家春時尚未播種，國民皈依佛教，每遇名山古剎，大
> 率結團參詣。（四月二十二日，卷四，頁 244）

蓋宗教信仰之虔誠，禮佛之殷勤，乃崇祀祭拜者之共同性格。日本
寺廟、道院，甚至神社皆有其年中行事，一遇法事之舉行，概如董
氏的記述，香客絡繹不絕，頗為壯觀。蓋日本文化的永續，或在其
形成習尚而在生活中施行。如日本人自生至死，皆與宗教崇拜之習
俗有關。幼兒出生、和三、五、七歲之時，由父母攜領往拜於附近
之寺廟、道院、神社、神宮。二十歲成人的男女著禮服或和服禮拜
參詣。男子四十、四十一、四十二歲，往拜除厄祈福。死亡則將遺
骨安置於寺院。細考其各階段往詣的意義，生死，固是報生送死之
義。三、五、七歲則有祈求福祐的寄託。二十則是冠禮之行，以責
成其成人之規範。四十是不惑之祈祐。儀式之舉行，不免繁縟，而
禮義的精神內涵，乃在莊嚴的氣氛中體現。

　　再者，寺廟於除夕敲鐘一百零八響，名曰「除夜鐘」，蓋有袪
除憂煩的祈請，元日初詣寺院、神社，法事施行之前往參拜，固有

平安的祈願，又何嘗沒有民德歸厚的教化意義。此外，兒童節時，每家懸掛絹布鯉魚，乃取法於鯉躍龍門之義。而此絹布鯉魚蓋由祖父購買，贈與孫兒。探究其義，蓋不忘所生與子嗣傳承之寓義。

凡諸行事，或能在中國傳統文化中探求其根源，而日本的實施，輒添增其東洋風味，雖不免精細太過，以禮失而求諸野，彼邦之行事，則有轉益更新的意義存焉。以此觀點，再看董氏的記載：

> 適值國恤，廛市俱休業，國旗閒以黑帶，民人纏黑腕章，盛胸綴黑蝶結，童女幼婦概用黑色麗繻。雖在歲首，仍現悲寂之象。（一月一日，卷一，頁20）

乃敘述日本大正天皇逝世，民間街景情形。至於喪儀情形，董氏於二月五日的日記記述著：

> 大阪朝日新聞附印大喪儀號外，並繪儀仗經歷詳圖。近御侍奉、文武高官皆著古代衣冠。御陵陳設頗單簡。節譯如後，藉悉博桑國故也。
> 靈輦用蔥黃色，罩蓋之色亦同，頂綴一大寶珠，導以音樂。有牟楯及黃白旛，俱對列而行。曳夫一百五十人，京都郊外八瀨地方召募來者。近御侍奉文武皆秉松明。御陵所於玄宮之前有祭湯殿，殿內左右張幕，前垂簾。秀植白木菊。燈設而不燃，昭敬畏也。壙洞在玄宮之側，中其石槨，柩置其中，前列御物櫃、御服櫃。槨外西偏有御插鞋，亦名葬場殿，陳設祭品如儀。玄宮閟以石扉，御陵誌瘞於此處。奉安

　　禮成，翌日，於祭湯殿行第一日之山陵祭。（卷二，頁 76、
　　77）

於靈輦、祭湯殿、壙洞等陳設記載甚詳。昭和天皇逝世（1989 年 1
月），其喪儀大抵與董書記載的大正喪儀近似。彼邦國喪儀式雖根
源於中國❿，而介紹東方國喪儀禮於世界者，卻在東瀛。其接受外
來文明的受容，轉益求精的變容，固為日本東洋文化的性格，誠值
得留意的所在。

五、結論

　　「受容」的日文是「うけいれ」，其意思是「接受包容」。蓋
人文活動固有相互影響者，中國學者於中土學術文化的浸染，或有
深於他邦之學者，故至日本，能以所專擅者示之於日本學者。然則
日本之政治舉措、民情風土、學術研究、漢籍保存等事，則不能不
受教於彼邦人士，一旦有特殊可取者而接受包容，亦理所當然之
事。本文即以董康的《書舶庸譚》為例，探討清末民初之交，近代
中日學者於文化交流的一端。

　　綜觀董康之書，其能詳盡的著錄日本秘閣、文庫珍藏的漢籍秘
本，明瞭江戶時代德川幕府及各藩諸侯之藏書情形，固得力於日本
學者之助者甚多。又由其所知交之學者的學養及學術崇尚，或可考
見日本當時的漢學研究趨勢。如內藤湖南治敦煌學，神田喜一郎亦

---

❿　昭和大喪儀之儀式節目頗相符於杜佑《通典》所載〈天子喪禮〉之禮儀。

治敦煌學，撰述有《敦煌學五十年》（《全集》卷八所收）。可知當時東瀛於敦煌學之研究甚為盛行。而狩野直喜於清代乾嘉以降之學術變遷頗有專攻，則知日本自江戶以來考證學興盛，於此際，除延續清代精詳考校之學風外，亦能留意清朝學術的研究。漢詩、詞之創作，雖明治四十年代以後，有中衰的趨勢⑪。而大正一代，如久保天隨能為漢詩、詞，尚有嘔心瀝血於詩騷之吟詠者，自此以後，終成絕響。神田喜一郎任宮內省圖書寮校理，故熟悉日本珍藏漢籍的情況，其所繪藏書源流表，固可推知德川幕府廣開獻書之路及推行漢學之概略。

至於《書舶庸譚》所載宗教信仰、年中行事及大正天皇喪儀，則是日本受容中華文化，進而注入日本特有的神道色彩。亦即承襲中華文化，而轉益更新，於儀式典禮之施行時，較所受容之原貌更精巧、更細緻。尤其可貴的是不失禮義的內涵精神，此由受容而變容之東洋文化的特徵，乃為董康所接受包容，而記載於《書舶庸譚》的主旨所在。

---

⑪　說見町田三郎先生〈漢文大系について〉，九州大學〈九州文化史研究所紀要〉第三十四輯，1989 年 3 月。

日本近代的文化維新主義

關鍵詞　文化維新主義　文化攘夷論　東西折衷和合論　文化啓蒙
主義　本土文化意識　古典文獻主義

問題提起：日本幕末的文化攘夷論

　　自從幕末「黑船」叩關以來，日本舉國上下皆震驚於西洋的船
堅砲利，西方的科技文明的新穎。隨著幕府解體，西洋文明崇尚的
風起雲湧，東洋傳統文化與思想，被認為是落後的象徵，甚且有不
合時宜，應全盤捨棄的主張。傳統文化面臨消弭無形的危機，學界
老成未嘗沒有維繫固有文化傳承的呼聲。堅持保存東洋文化以力挽
狂瀾的是昌平黌教授的安井息軒（1799-1876）。

　　安井息軒以為東方經典所描繪的理想世界及其所呈現的社會，
是井然不紊的階級社會；而非萬有平等的。再者，社會的主宰是才
德兼備的士大夫。換句話說，息軒秉持儒家精神，主張人間世界是
以人為主的；而不是神權支配的。故本著儒生的真執與力挽狂瀾的
文化使命感，於明治六年（1873）、七十五歲時，著《辨妄》一
書，強調儒家思想的合理主義，傾全力地展開對基督教的批判。而

貫通全篇的主旨是，以科學實證的合理主義批判聖經故事的荒誕不經。如聖經所載「夏娃為蛇所誘，食其所禁之果，乃罰婦女以胎孕之苦，重加之以產子之難」（辨妄一）的原罪論，息軒說：

> 夏娃食所禁之果不為無罪，罰之亦可。以夏娃之罪，並罰後世之婦女，使之產子是艱，何其冤也。凡有血氣者，皆有雌雄牝牡，各相配以蕃其類。彼亦犯何罪，使其雌與牝受胎孕之苦也。（同上）

即批判基督教原罪論之荒謬太甚。天地萬物之雌雄牝牡的結合，乃自然之事，又何罪之有。至於所謂雌牝受胎生子之苦，乃肇因於夏娃食禁果所惹禍，因而殃及後世婦女，則大有逕庭。其次，對於耶和華破天淵而淹沒生物的記載，息軒痛斥曰：

> 甚哉，耶和華之暴也。雖世人罪惡貫盈，未必盡為桀蹠，其中必有差善者焉。今不導之以其道，又不分其罪之輕重大小，出其不意，卒然破大淵之隙，盡淹殺之，并禽獸。獨愛諾亞，使之預造舟以免其災。用心如此，安在其為天地主宰哉。（同上）

由於世上的惡類罪行滿盈而欲誅殺殆盡，不但不符合宗教淑世博愛的精神，而且偏狹太甚。故息軒以為基督教不具生養萬物的宗教情懷。

安井息軒之所以批判聖經故事，蓋源自於幕末維新以來，崇洋

風氣盛行；但是西方文明之根源所在的聖經，卻是荒誕不經的，不但無淑世的精神，而且具有偏狹適排他性。由此記載所發展出來的西方文明，又如何值得頌揚宣傳。浸染於基督教教義研究的山路愛山推崇息軒的《辨妄》，說：

> 此書是耶穌教傳入日本時，首先提出非難之著作。亦為以日本傳統思想批判新信仰之最聰明者也。……固為非常之傑作。

即指出安井息軒抱持著老儒生的執著，堅信東洋文化的優越性。亦即東方世界自有既成的社會結構與思想傳承；即使西洋文明有其特性，卻未必可以不加思索地移殖至東方社會，進而全盤西化。否則，不但中西不能合璧；東方的優良傳統文化也將淪喪殆盡。❶

　　在明治六（1873）年，晚年的安井息軒以為蜂湧而來的歐美文化的本質是基督教，乃以其窮年研究聖經，指出聖經矛盾與虛妄的所在，進而以宿儒的立場尖銳地批判基督教的教義，撰述《辨妄》一書。山路愛山指出：「就當時的知識水準而言，《辨妄》一書是非凡的傑作」。但是，當時崇信基督教為文明支柱的青年人卻以為《辨妄》的主張，「無非是無用之觀」❷。執著於以儒家精神維持東洋社會秩序的老儒者的呼喚，只是一股極為微弱的維護傳統的呼

---

❶　關於安井息軒的事跡，參見町田三郎著〈安井息軒覺書〉，《東方學》七十二輯，1986年。

❷　見山路愛山《現代日本教會史論》，頁30-43。

聲，隨著明治文明開化的高揚，終被時代的洪流所吞沒。

一、日本幕末的東西折衷和合論

在合理主義高張，對既成傳統的儒教權威產生疑問的聲中，幕末知識階層所反省的問題有二，一為長久以來，江戶幕府所存在的政教分離的問題；一為西洋文明東漸以後，東方社會果真能接受西方文化而全盤西化。

德川幕府是以武士階級為主的封建體制，知識階層的地位與俸祿並不高。即使幕府將軍立朱子學為官學，其於儒學的接受，也有一定的限度。即江戶時代畢竟是武士統治為主導的社會。並且沒有科舉制度，知識分子欲以學問而取得高官厚祿的可能性甚低。因此，自始即形成政教分離的現象。學問的研究，乃有純粹學術化的傾向。再加上寬政年間頒行「異學禁令」，不但官學與私學的分途明顯化；而且更形成學不問政的學術純化的風氣。

幕末漢學家鹽谷宕陰（1809-1867）於安政四年（1858）、撰述《六藝論》，反省政教分離與學術純化的偏頗，提出政教合一、實學主義等主張。鹽谷宕陰《六藝論》的要旨可歸納為以下四個要點。

⑴所謂「六藝」，即以為學問乃是禮樂射御書數的實學；而不是易書詩禮樂春秋的經典之學。

⑵學問本來是文武一體、政教合一的。

⑶西洋的學校制度是大中小學體系化的，且教師的生活安定，學生的人數適當，教育成果可以預期，故值得採行。

⑷德行的實踐，固然在於止於至善；但是其遂行的責成，則必須以六藝的習得為基礎。

《六藝論》是鹽谷宕陰於安政四年，即明治維新前十年的幕府末期所提出的。其所指陳的，自然與當時的政治社會諸事象有密切的關連。亦即其對於時代背景是有所對對應的。例如對應於外來的「西洋衝擊」，《六藝論》是一種經世論。針對國內學者執著於心性論，或埋首於訓詁考證的研究方法，《六藝論》是學術風尚的批判論。除此之外，鹽谷宕陰所提出的六藝觀、即其學問論的論述，也頗有見解。

第一、主張六藝是以禮樂射御書數之技藝為中心的學問；而不是以易為中心的經典主義的學問。

第二、主張「道寓於器」，以展開個別學科研究之道。西洋學術的道德性雖然微薄；但是醫學、法律、教育等學科，乃至於射御書數及後起的科學技術之學，皆為實用之學。宜予肯定並加以倡行。

第三、學問若以六藝實用之學為宗旨，則儒家思想教育所重視的基礎教養之學，乃得以具體地落實。

繼承鹽谷宕陰的《六藝論》，極陳學校教育的缺失及其起弊振衰之道的是，與宕陰有師弟關係，且同為昌平黌教授的中村正直（1832-1891）。中村氏指出：國之強弱繫於人材的優劣；人材之優劣又在於養與不養。而人材的養成則在教化的施行。三代之際，教民以知行聖義忠和的六德、孝友睦姻妊恤的六行與禮樂射御書數的六藝。故「當時之士，德行足以為人師，才能足以應當世之務。」（《論學弊疏》）但是，幕末的日本，「學校之盛，百倍曩時，然士

務虛文,而疏實用。其能通當世之務者,百不一二有焉。」（同
上）即中村氏以為長久以來,經世濟用之學不為所重,士人也專致
於經典解詁的研究而不治實用之學。即使幕末頗重視學校教育;終
以傳承授受的墨守成規,不合時宜,以至教育的成果不彰,人材也
無由養成。中村氏指出當時學術風尚有五弊:

> 今之所謂學者,不惟其行、惟其書;不惟其事、惟其理。若
> 是而望實材之出,不已難乎。是其為弊一矣。……學校之盛
> 衰,不關於治化之隆替。是為弊二矣。……所學非所用,仕
> 學岐而為二。如是……望其治化之隆,則未也。是其為弊三
> 矣。……文與武分為二途,而士氣之頹靡,愈不可救矣。是
> 其為弊四矣。……方其學也,兼習諸經,又涉獵雜書,散漫
> 無紀。……今日治詩,而明日治書,雖伏生申公不能通其
> 義、今者人材之壞,正坐此。是其為弊五矣。（同上）

即不重經濟之學,故學校教育無關治化的宏旨。學仕分岐、文武分
途,故學問的研究,博而寡要。換而言之,中村氏乃繼承鹽谷宕陰
的論述,強調江戶幕府以來,以武士統治天下而有積弊產生。亦即
由於文武分途,且學未必能仕用,即使學校普遍設立,也無非是一
般的養成教育的傳授而已。至於一般讀書人則專注於純學術的研
究。由於學不能致用,故導致學術的研究有浮泛而無歸的傾向。因
此,中村氏針對上述的五弊而提出五項起弊振衰的方法。

> 今當路者苟能留意予此,取士以德行道藝,則弊去其一。使

儒通世務、吏知治道，則弊去其二。學其所仕，而行其所
學，使悉其用，則弊去其三。文武歸為一途，儒知戰陣，將
知仁義，則弊去其四。使士專治一經、專學一事，隨其材之
成，官之終身，則弊去其五。五弊去而實材出，實材出而國
勢之不振者，未之有也。（同上）

即主張文武合一、學成而仕用。進而以「學有專精、術德兼修」為
取士的標準。如此，方能培養文武兼修的人材，則國家乃能文治武
功兼備而國勢振興。

　　鹽谷宕陰與中村正直師弟相承，共同感受到學政的積弊陳痾，
有亟於振興的必要，進而提出改革之道。換而言之，二人皆著眼於
內政與學術的更革。然則，幕末的強烈震撼，在於西洋文明的東
漸，導致鎖國政策的傾頹，幕府政體的瓦解。

二、文化啟蒙主義

　　町田三郎先生將明治時代的學術思潮可分為四個時期，第一期
（明治元年～十年代初期）是漢學衰退而啟蒙思想隆盛的時期，第二期
（明治十年代～二十二、三年）是漢學復興的時期，第三期（明治二十四年
～三十六年）是東西哲學的融合與對日本學術關心的時期，而第四期
（明治三十七、八年～大正初期）是日中學術綜合而「日本化」學術鼎
盛的時期❸。此一學術思潮變遷的趨勢正可以用「中心文化向周邊

---

❸　町田三郎先生於明治時代分期的論述，見於所著〈明治漢學覺書〉，《明治

擴張」而後促使「周邊地區文化自覺」之「螺旋史觀」❹說明其文
化發展的軌跡。明治維新以後，由於「文明開化」的風潮興盛，全
面歐化的結果，始導致江戶時代以來漢學傳統的衰微，這是歐陸文
化輸入日本所產生的文化現象。明治十年以後，如何起弊振衰以重
建傳統文化的呼聲響起，在政教合一的前提下，於明治十六年
（1883）東京帝國大學設立了培育具備漢學修養而能經世濟民人才
的「古典講習科」，而獲得官方支持的「斯文會」也於明治十四年
（1881）成立，展開其宣揚以忠孝愛國宗旨而復興傳統思想的文化
活動。這是受到全盤西化的刺激而產生恢復傳統之自覺性反省的文
化現象。唯「古典講習科」未必能擔負培養經濟人才的時代使命，
終不敵西化是尚的橫流，設立五年，即明治二十一年就廢止了。至
於「斯文會」也在歐化主義的聲浪中，被批判為政治的附庸，於明
治二十三年中止其維繫傳統文化的活動❺。在「傳統與現代」的抗

の漢學者たち》，東京：研文出版，1998 年 1 月，頁 3。本文所引述的是町
田三郎先生於 2001 年 12 月 26 日，在臺灣淡江大學中文系舉辦的「中日比較
學術研討會」專題演講的講稿。

❹ 「螺旋史觀」是內藤湖南（1866-1934）所提出的，其以為：文化傳播的路徑
不是直線的，而是螺旋狀而提昇。（〈學變臆說〉，《淚珠唾珠》，《內藤
湖南全集》第 1 卷所收，東京：筑摩書房，1996 年 1 月）。至於以「螺旋史
觀」探究東亞文化發展的論述，參連清吉〈以內藤湖南的螺旋循環史觀論近
世以來中日文化傳播的軌跡〉，2001 年 6 月《慶祝莆田黃錦鋐教授八秩日本
町田三郎教授七秩嵩壽論文集》，臺北：文史哲出版社，2001 年 6 月，頁
339-355。

❺ 有關「古典講習科」的論文，參見町田三郎先生〈東京大學『古典講習科』
の人人〉，《明治の漢學者たち》，東京：研文出版，1998 年 1 月，頁 128-
150。至於明治期的漢學研究動向，則參見坂出祥伸〈中國哲學研究の回顧と

衡中，轉化「文化攘夷」❻為「融合東西」或「綜合日中」的動向
是明治第三、四期的新的文化自覺與開展。以融合東西哲學為主
旨，用西洋哲學史的方法而整理日本傳統學術的代表性著作是井上
哲次郎《日本陽明學派之哲學》《日本古學派之哲學》《日本朱子
學派之哲學》的三部著作。至於以綜合日中學術的觀點而顯揚江戶
時代儒者的成就，則有服部宇之吉編輯的《漢文大系》。

㈠井上哲次郎《日本陽明學派之哲學》等三部著作

　　井上哲次郎（1855-1944）於東京大學在學時，雖然是主修西洋
哲學；但是由於中村正直的影響，對漢學也極為關心。明治二十三
年，結束六年歐洲留學的生活回國，乃嘗試以西洋學術文化的觀點
取捨傳統漢學家的著述，構築新的東洋學問體系。《日本陽明學派
之哲學》（明治三十三年，1900 年）《日本古學派之哲學》（明治三十五
年，1902 年）《日本朱子學派之哲學》（明治三十九年，1906 年）是其代
表性的三部著作❼。在明治三十年代的時代，井上哲次郎何以撰述

　　展望〉，《東西シノロジ～事情》，東京：東方書店，1994 年 4 月，頁 17-
　　46。又「斯文會」於大正 8 年（1919），以東亞學術研究會為主體而重新展
　　開其學術文化事業。

❻　所謂「文化攘夷」是從文化的觀點說明日本近代以來，知識階層如何對抗西
　　洋文明與中國學術文化。參見連清吉〈日本幕末以來的文化攘夷論〉，臺
　　北：中央研究院《中國文哲研究通信》7 卷 1 期，1997 年 3 月，頁 9-19。

❼　井上哲次郎有自述其生平的《井上哲次郎自傳》，東京：富山房，1975 年 12
　　月。至於《日本陽明學派之哲學》等三部著作的論述，參見町田三郎先生
　　〈井上哲次郎と漢學三部作〉，《明治の漢學者たち》，東京：研文出版，
　　1998 年 1 月，頁 231-246。

此三部著作，其於大正十三年再版《日本陽明學派之哲學》序文
說：「近來於我邦雖有繼承歐美思想、唱導諸種主義者、至道德之
實行則甚不振。又有哲學的思索雖深遠者、陷於勃窈理窟、拘於堅
白同意之辨、執著於虛理論辨而不知返者。彼等宜少以東洋之活學
問刷新其枯燥之頭腦。然耽於東洋訓詁之學、於西洋哲學則掩耳
者、又固不足論。要之、融合東西洋之哲學而更出其上者、今日學
問之急務也。」

　　就德川儒學史而言，尚有考證學派與折衷學派的存在；但是朱
子學派、陽明學派與古學派則是其主流，探究其三派之學術即能掌
握德川儒學的思想流變及其全貌。井上哲次郎的這三部著作是日本
首先有系統地探究江戶儒學思想史的論著。在明治三十年代的德川
思想史的研究論著中，是無人可以與之比肩的。換句話說，以哲學
的思想體系論述德川儒學史是井上哲次郎的三部著作之最值得評價
的所在。就當時的學術研究情況而言，蓋可謂之為以嶄新的觀點而
開展其哲體系的論述。❽

(二)服部宇之吉編輯的《漢文大系》

　　由服部宇之吉編集的《漢文大系》刊行於明治四十一年（1909
年）到大正五年（1916 年）的八年間。共二十二卷、收載三十八種書
籍、由富山房出版。服部宇之吉編集《漢文大系》的目的有二、一
為系統的介紹具有代表性而且是常識性的中國古典及其精審的注

---

❽　關於井上哲次郎《日本陽明學派之哲學》《日本古學派之哲學》《日本朱子
　學派之哲學》三部著作的論述，參町田三郎先生前揭書，頁 235-245。

釋。二為蒐集日本幕末到明治時代儒學者的研究成果。至於《漢文大系》所顯示的意義，則在於吸收中國最新的學術研究，評價日本幕末以來的漢學研究成果。因為《漢文大系》所收集的中國古典注釋不但有唐宋及其以前的注解，更值得留意的是清人注釋的收集，如孫詒讓的《墨子間詁》、王先謙的《荀子集解》。至於本國前人的注釋，特別是諸子的注疏，更是大量的收錄。如安井息軒的《四書注》、《管子纂詁》，太田全齋的《韓非子注》等。因此，《漢文大系》的編集固然可以代表日本近代學術研究的成果，更重要的是，隨著日本近代化國家確立的時代背景，在學術研究上，日本也有足以與中國最新學問、即清朝學術比肩的研究成果，特別是諸子研究，日本的研究未必遜於清朝。這或許是服部宇之吉編集《漢文大系》的用心所在。❾

　　與《漢文大系》幾乎同時出版而性質和旨趣略有不同的是《漢籍國字解全書》。《漢籍國字解全書》於明治四十二年（1910 年）到大正六年（1917 年）的八年間，由早稻田大學出版部分四次出版。收集了江戶時代的國字解、即所謂「先哲遺著」和新的注解而成。特別是以代表日本漢學之頂點的元祿（1688-1704）至享保（1716-1736）年間的先哲論述為主。所謂漢籍國字解，是中國古典的國字化，即融和漢學與國學，形成日本文化的重要關鍵。換句話說是漢學的日本化。因此，《漢籍國字解全書》雖然和《漢文大系》同樣

---

❾　有關《漢文大系》的編集主旨，參町田三郎先生〈《漢文大系》について〉，《明治の漢學者たち》，東京：研文出版，1998 年 1 月，頁 185-208。

是整理漢籍，但是《漢籍國字解全書》的主要目的在保存日本文化的遺產與發揚近代日本學術研究的成果，不止是可以作為江戶到明治大正期漢學史的參考資料，更是探究日本近代學術文化的重要依據。再者，《漢文大系》的編集有兼收中國與日本於漢學研究成果，進而顯示日本漢學特色的用心。《漢籍國字解全書》則全盤顯示漢學日本化的色彩，換句話說日本本土文化意識的顯揚是《漢籍國字解全書》的編集目的。❿

三、本土文化意識的高揚

從漢籍叢書的刊行現象而言，大正至昭和初期是日本「本土文化意識」高揚的時期。《日本詩話叢書》、《日本藝林叢書》、《崇文叢書》、《日本儒林叢書》是反映當時「日本的」意識的產物。服部宇之吉主編的《漢文大系》雖有江戶先儒的學術成果足以匹敵中國清朝學問的用心，其編纂的宗旨畢竟在於綜合中日學術的精華。但是《日本詩話叢書》、《日本藝林叢書》、《崇文叢書》等書則繼承《漢籍國字解全書》顯揚日本漢學的旨趣。

《日本詩話叢書》十卷，池田蘆洲編輯，文會堂書店於大正九年（1920）一月到十一年（1922）六月，陸續出版，昭和四十七年（1972）六月，鳳出版復刻刊行。全書收錄江戶時代，特別是中期

---

❿ 關於《漢籍國字解》的論說，參見町田三郎先生〈《漢籍國字解全書》〉，《東洋の思想と宗教》第九號，早稻田大學東洋哲學研究會，1992 年 5 月，頁 1-16。

以後文人儒者的詩話五十三人六十六種。至於《日本詩話叢書》的內容，富士川英郎的論述，大抵可分為五類，一、說明詩的意義及作詩方法的入門書，如祇園南海《詩學逢原》，三浦梅園《詩轍》。二、積極地展開自身的詩論，如山本北山《作詩志彀》攻擊荻生徂徠一派的詩風而排斥徂徠所尊崇的李于麟而推崇袁中郎的性靈說。三、考釋中國詩詞中難解的字句及草木鳥獸蟲魚之名，如六如上人《葛原詩話》。四、敘述日本漢詩的歷史，如江村北海《日本詩史》。五、選別中國與日本古今詩詞，並注釋賞析，或記述詩人逸事，如菊池五山《五山堂詩話》。⓫

　　《崇文叢書》是崇文書院於大正十四年（1925）至昭和七年（1932）陸續刊行，全書分二輯收錄先哲，特別是江戶時代儒者十八人二十四部一百二十冊的名著。此叢書所收載的，大抵以經傳論孟諸子宋學的論著居多，即使所收近世儒者文集的論述亦多以經說理學為主，至於史部的著作及論述則付之闕如，蓋可窺知編輯者以為江戶漢學的成果在於經學、諸子學與宋明理學的見解。

　　《日本藝林叢書》十二卷，池田四郎次郎、三村清三郎、濱野知三郎共編，六合館於昭和二年（1927）十二月至四年（1929）十月陸續刊行。昭和 47 年鳳出版復刻出版。全書收錄日本近世漢學者及國學者的隨筆類著書，內容有論辨、考證、紀行、日記、書信、詩話、文話、隨筆、雜記等。此叢書所收載的，大抵以未刊行、絕版或藏書家所珍藏的典籍為主，於書籍的流傳有其重要的地位。其

⓫　〈「詩話」についての雜談〉，《新日本古典文學大系》月報 28，岩波書店，1991 年 8 月第 65 卷附錄，頁 1-4。

編纂的旨趣雖未有注記，每卷分別由池田四郎次郎、三村清三郎、濱野知三郎撰述「解題」，說明收載書籍的要旨、版刻、來歷及著者的傳略。《日本藝林叢書》之值得留意的是《慊堂日歷》的收載。《慊堂日歷》的作者松崎慊堂（1771-1844）是日本江戶時代後期重要的儒者，致力於漢唐注疏的研究，其所著《日歷》固為日記，如濱野知三郎的解題所述，內容廣泛，巨細靡遺，不但可以窺知其學問性格，亦可藉以探究當時儒林掌故與社會情況。若再參採龜井昭陽（1773-1836）的《空石日記》、廣瀨旭莊（1807-1863）的《日間瑣事備忘錄》、安井息軒（1799-1876）的《北潛日抄》，則可究明江戶後期的學術動向。

　　戰後有關日本思想、文學、文化的叢書陸續問世，如鳳出版復刻的《日本詩話叢書》、《日本藝林叢書》、《日本儒林叢書》，岩波書店出版的《日本思想大系》《日本近代思想大系》《日本古典文學大系》《新日本古典文學大系》，筑摩書房的《近代日本思想大系》《明治文學集》，ぺりかん社刊行的《近世儒家文集集成》《近世儒家資料集成》，中央公論社發行的《日本の名著》，明德出版社印行的《叢書日本の思想家》，汲古書院的《詞華日本漢詩》《詩集日本漢詩》，日本評論社的《明治文化叢書》等，大抵都是接續大正昭和初期的遺緒而致力於顯揚「日本的」學術文化的產物。⓬

⓬　有關日本近代以來漢籍出版的文化史意義，參連清吉〈日本近代以來出版的漢籍叢書〉，《東亞文獻研究資源論集》，臺北：臺灣學生書局，2007 年 12 月，頁 169-188。

四、古典文獻主義：日本近代中國學的樹立

　　自江戶時代（1603-1867）以來，以東京為中心的關東與以京都為中心的關西所呈現的社會文化諸相有顯著的差異。大抵而言，蓋如內藤湖南所說的：江戶（東京）是政治的中心而京都則是文化的中心。❸於江戶形成的林家朱子學雖然既是日本近世的先聲，又是日本近世學術的主流，但是探究其學問的宗旨，無非是德川幕府的御用之學，明治期井上哲次郎的《倫理彙編》與《日本陽明學派之哲學》等三部著作是日本近代融合西洋學問而樹立「日本的」學問的啟蒙之作，服部宇之吉主編的《漢文大系》是綜合日中學問而顯揚江戶漢學的代表作。至於東京成立的「斯文會」則在發揚「國體」而具有濃厚的政治色彩。相對地，江戶時代的關西，如京都伊藤仁齋的古義學，大阪中井履軒與筑前（今福岡縣）龜井昭陽的經學，大阪富永仲基的「加上說」，杵築（今大分縣）三浦梅園與日出（今大分縣）帆足萬里的「窮理學」與「條理學」都是具有獨特見地的學問。大正、昭和年間以西田幾多郎（1870-1945）為中心的京都大學哲學研究室的西洋，特別是德國哲學的研究，則以「西田哲學」而知名於西洋哲學研究界。在中國學方面，1906 年京都大學創立文科大學，狩野直喜擔任中國文學教授，翌年，內藤湖南聘任為東洋史講師，開啟了京都中國學研究的端緒。一般以為京都的中

---

❸　參見內藤湖南《近世文學史論》的〈序論〉及〈儒學下・東西儒風の異同〉，《內藤湖南全集》第一卷，東京：筑摩書房，1970 年 9 月，頁 23、頁 50-52。

國學是以清朝考據學為基底的科學實證之學。狩野直喜繼承太田錦城、海保漁村、島田篁村一派的考證學，潛心於清代乾嘉的學術與清朝的制度。內藤湖南則是遠紹章學誠、錢大昕的學問宗尚，以史學的角度綜觀中國的學術發展。其實京都學派的學問性格，特別是內藤湖南的學問，不純然只是考證而已；乃是在目錄學的基礎上進行旁徵博引、精詳考證，而建立通貫宏觀的歷史識見。又由於京都自古即是日本文化之所在，而且有與江戶中期以來考證學風的傳承，在此學術環境下，「學問與趣味兼容並蓄而渾然融合的研究，才能真正地理解中國文化」，則是京都學者的為學理念。故京都中國學的學問可以說是以科學實證為學問方法的經史文化之學。

內藤湖南應聘京都帝國大學東洋史講師以來，於安定的環境下，以學者的生活，貫徹其以中國學的沈潛為天職的志向，窮究其學識與精力於東洋史的研究，凝集其學問於以中國為中心的東洋文化史學。至於其在學問的研究上，則以中國的史學傳承為淵源，既以劉知幾所謂才學識的兼備為是鑽研歷史的素養，又以劉向、劉歆父子辨章學術考鏡源流的目錄學為史學的方法，章學誠的「獨斷」為是史論的理論根據，而成就「通古今之變，成一家之言」的史學究極。

狩野直喜的學術成就除以清朝考證學為機軸而樹立京都中國學外，於敦煌學的草創、宋元戲曲和《紅樓夢》之俗文學與小說研究的開拓和東方文化事業的策畫，堅持為學術而學術之理想而創立「東方文化研究」（京都大學人文科學研究所的前身）等，都是具有開創性的不朽的文化事業。京都中國學得以匹敵北京、巴黎而為世界三大漢學中心之一，狩野直喜是居功厥偉的。雖然狩野直喜遭受「中

國崇拜」之譏，而其學問的根底及其學術成就即在中國學的沈潛與發揚。

內藤湖南與狩野直喜或可並稱為京都近代中國學的雙璧，二人不但各有專擅，內藤湖南沈潛於東洋文化史與滿清史的研究，狩野直喜則致力於中國經學、文學與清朝制度史的鑽研，又開啟日本研究敦煌文物的先聲，且能為漢詩文而與當時中國的文人學者酬唱應對。故其所窮究的是能與中國傳統知識分子比肩的通儒之學。其弟子如武內義雄、青木正兒、神田喜一郎、宮崎市定、吉川幸次郎、貝塚茂樹、小川環樹等人亦能繼承師學，既有堅實的學問素養，成就博學旁通的學問，又能優遊於詩文藝術，進而樹立以實證為主體的學風，建立日本近代中國學，與北京、巴黎分庭抗禮，並列為世界漢學的中心。

至於以小島祐馬、青木正兒、本田成之為中心成立的「支那學社」而刊行的《支那學》❶雖只有十三卷，卻是以清朝考證學與西歐史學的實證方法研究東洋學問，開拓漢學研究新領域的象徵性刊物。換句話說大正至昭和初期於東京出版的漢籍叢書是日本「本土文化意識」高揚時期的產物，「斯文會」的文化活動所反映的是

---

❶ 有關「支那學社」及《支那學》的學術史地位，參見坂出祥伸〈中國哲學研究の回顧と展望〉（《東西シノロジ～事情》，東京：東方書店，1994 年 4 月，頁 46-79。連清吉譯〈中國哲學研究的回顧與展望——以通史的觀點〉，《國際漢學論叢》第一輯，臺北：樂學書局，1999 年 7 月，頁 47-96）及張寶三〈日本近代京都學派對注疏之研究〉〈日本近代京都學派經學研究年表〉（《唐代經學及日本近代京都學派中國學研究論集》，臺北：里仁書局，1998 年 4 月，頁 135-312）。

「日本的」意識。但是京都的西洋哲學和中國學則以「世界性學問」為究極，內藤湖南與狩野直喜的學問及《支那學》的結晶不但意味著日本近代中國學的樹立，也確立了日本東洋學於世界漢學的地位。

環中國海港市文化的構築

關鍵詞 海上絲路 文藝復興 再生 融合 建構 富而好禮

一、問題提起：近世以來是海上絲路的時代

　　思考「環中國海文化經濟」的命題時，或許可以從歷史、文化、經濟地理的觀點來探討。宮崎市定（1901-1995）指出：宋代的經濟之所以到達空前的盛況，乃因為漢唐以來的陸路東西貿易依然熱絡，再加上海上絲路的興隆，大運河連結海陸絲路，因此宋代的中國成為當時世界經濟貿易的中心之一。從經濟的角度來通觀中國的歷史變遷，古代到中世是以內陸為中心的時代，宋代以後的近世是以運河地帶為中心的時代，清朝晚期則是以東南沿海為中心的時代。❶

　　宮崎市定強調：文化因時間空間而有先後興衰，地域文化的水準與交通的質量成正比。閉關自守的社會，其文化必定停滯不前。

---

❶ 宮崎市定《東洋的近世・中國近世の社會經濟》，《宮崎市定全集 2》，東京：岩波書店，1992 年 3 月，頁 157-159。

如德川幕府的鎖國政策，太平洋戰爭的數年孤立，使日本成為世界的落伍者。再者，文化發達必須要有據點。文化物資最初定著於政權所在的政治都市，即使交通不便，由於政權的庇護，不但物資集中，交通幹線也輻輳交集於朝廷所在的都城。所謂大道通長安，即說明以中國為中心之東洋古代到中世的社會文化現象。交通發達以後，交通路線上四通八達的所在，便成為商業都市，又由於物資轉運交易之經濟重要性的劇增，朝廷實施特別的保護措施，商業都市也同時是政治都市。五代北宋以後，中國國都自長安、洛陽遷移至開封，正是著眼於商業發達和交通便利與否的要素，這也顯示出宋代社會重視商業和交通的近世性格。東亞和西亞的交通路線，除橫斷亞洲大陸的北迴陸路交通之外，近世以來，又有南方海上交通的航路。長江以北缺乏良港，海岸與陸上聚落距離遙遠，加上海上風波危懼，海路交通不甚發達。然而長江以南的浙江福建的海岸彎曲，不乏避風的港灣，大軍輸送的記錄，古來有之。至於海路貿易的發達則是以廣東為起點的南洋航路，由廣東出發，途中停泊占城，補給薪糧，一路南下馬來半島，到達新加坡，然後航路二分，東南經爪哇到香料諸島，或西進麻六甲海峽，出印度洋，橫斷波斯灣到達西亞南部。

連結東西亞南北海陸交通航線的是大運河的開鑿。北起白河，縱貫黃河、淮河、長江，南至錢塘江口之完備的水路網，不但促進中國南北交通，更具有發展世界交通貿易的重大的意義。由長安下黃河到開封，轉乘運河船舶而抵達杭州，再南下浙閩海岸而到廣州，然後經由南洋航路而通達西亞。中國遂成為世界交通網路的重要據點。大運河機能發揮的唐代，大食、波斯的商旅不僅到達長

安、廣東，也往來甚至居留於運河的通衢和長江江畔的揚州等地，進而促進商業貿易的興隆。五代以後，梁朝之所以遷都開封，即取決於經濟與交通的優勢。建都開封以後，運河與淮河交會的楚州，運河與長江交接的真州，江南食糧轉送中心的蘇州和運河終點的杭州盛極一時。南宋建都杭州以保持半壁江山，也是必然的趨勢。因此，宮崎市定強調：宋代以後是以運河為中心的時代，中國社會的中心運移到運河沿線，與商品經濟、貨幣制度和科學技術等社會情勢互為因果而形成近世的特質。運河的機能相於交通運輸，運河時代即意味著商業社會的發展。近世以後，中國商業面目一新。農業生產的商品化，導致莊園制度的瓦解，商業都市的形成。再者，生產商品化而促成生產的分工化，生產分工而促進工業技術與科學知識的發達。又由於商業的蓬勃發展，貨幣制度也應運而成立，對應於貨幣商業社會發達的局勢，政府的財政政策也因應變化。由於土地私有徵稅和商品生產專賣課稅的結果，形成資本集中於商工階級的近世社會的特質。❷

日本於江戶時代（1603-1886）開放長崎為對外貿易的港口，荷蘭船、唐船、臺灣船、南蠻船薈集往來貿易。日本統治臺灣（1895-1945），則以臺灣為南進政策的據點。換句話說，環中國海域是近世以來，東亞地區文化經濟交流的「場域」。

二十世紀九十年代，中國經濟起飛，由於外國資本與科技的引進，廉價勞工與中國經濟政策等因素，中國沿海地域成為「世界工

❷ 東西交通與宋代以後是運河時代的論述，見宮崎市定〈東洋的近世〉，東京：平凡社，東洋文庫版，1989年9月，頁210-224。

廁」。邁入二十一世紀，中國經濟貿易的遠景和發展國策，在於連結華南、華東、渤海經濟圈的「點」而形成「環中國海經濟縱軸線」，西部大開發的完成而形成「中國經濟版圖」的「面」，再擴大到「華語經濟文化」的圈域，則形成大中國經濟圈，而進昇為「世界市場」。若然，海陸絲路的連結再度重現，環中國海的經貿場域，或將是二十一世紀世界的中心。

二、二十世紀以來港市衰微是促成二十一東亞世紀文藝復興的契機
——以內藤湖南「應仁之亂是日本文化形成契機」論作為思惟方法轉換的根據——

　　藤原時代到鎌倉時代的四五百年間❸，日本的社會形態發生巨大的變化，即武士的勢力急劇擴張，逐漸形成「下剋上」的局勢。政治社會的情勢如此，思想文化也產生由下往上，即由武士庶民影響到皇族公家（公卿大夫）的現象，造成日本思想文化革新的機運。內藤湖南以為此一學術文化轉型的契機是應仁之亂（1467-1477）。應仁之亂是室町時代末期以京都為中心而發生的大亂。十年的戰亂，使京都幾乎成為廢墟，幕府失墜，莊園制度崩壞。地方武士的

---

❸　藤原時代是指平安後期遣唐使廢止（894）以後的三百多年間。政治上是攝關、院政、平氏掌政的時期。學術文化上「唐風」（即中國色彩）逐漸淡薄，宗教上則是淨土宗盛行。鎌倉時代（1885-1333）的文化特色是武士階級吸收公家文化，進而創造出反映時代性的新文化。影響所及，皇族公卿也產生思想改革的自覺。

勢力強大，加速戰國大名領國制度的發展。又由於公家避難到地方，造成地方文化的普及。至於應仁之亂何以是日本獨特文化創生的關鍵，內藤湖南從文物保存的苦心，文化權威的觀念等歷史事例，來說明應仁之亂的歷史意義。一條兼良為避免所藏的古籍遭到戰火的焚毀，將充棟的書籍藏於書庫。豐原統秋為了家傳的笙譜能傳諸後世而撰述《體源抄》一書。可見於擾攘之際，盡力保存古代文化是當時公卿士族共通的理念。❹再者，知識技藝的傳授，如神道的傳授，從奈良時代到平安時代的神代記事，並沒有哲學性的思考，到鎌倉時代末期到足利時代之間，則以佛教教義解釋《日本書紀》神代卷的記述，神道因而具備了哲學的內涵。如吉田家的神道架構形上思想體系而建立其權威性地位，非吉田家的傳承即非正統的神道。其他的技藝，如和歌的傳授亦然。換句話說，由於正統性、權威性的重視而形成所謂「某家」「某道」，即「文化性權威」的風氣。❺

就一般史學論述而言，應仁之亂是日本史上的黑暗時代，但是內藤湖南以為當時的貴族士人極力保存古來相傳的文物，或傳播可能失傳的技藝，成為後世恢復舊制的根據，進而形成日本獨特的文化。❻

二十世紀以來，環中國海港市固然衰微，在二十一世紀初，如

---

❹ 〈應仁の亂について〉，《日本文化史研究》（下），東京：講談社學術文庫，1985 年 11 月，頁 73-74。

❺ 〈日本國民の文化的素質〉，《日本文化史研究》（下），頁 98-100。

❻ 內藤湖南〈應仁の亂について〉，《日本文化史研究》（下），東京：講談社學術文庫 76，1987 年 3 月，頁 73-74。

何起弊振衰，則是當代重要的課題。若以內藤湖南的「應仁之亂是日本文化形成契機論」作為思惟方法轉換的根據，則促成二十一世紀東亞「文藝復興」（Renaissance）或是發展的取徑之一。宮崎市定主張文藝復興的歷史自覺是中世進入近世的關鍵。❼文藝復興的歷史自覺既是人類文化高度發展的結晶，中世長期停滯的必然趨勢，也是社會進化的標準。換句話說文藝復興不僅是思想飛躍的產物，更是在社會總合進步的基礎上所形成的精神和社會的象徵。就「文藝復興」的文化現象和精神而言，世界史上先後出現三次文藝復興，首先是八世紀在西亞發生，其次是十世紀的中國宋代，最後是十四到十六世紀的歐洲。換句話說文藝復興是東西共通的文化現象。其於所著《東洋的近世》一書首先說明東洋近世史的意義，其次敘述經由陸、海絲路的東西交流及由於大運河之連結陸、海絲路，宋代的中國乃成為東西經濟貿易要津。又由於政治的安定、經濟景氣的飛躍和知識階層的文化自覺而形成「中國的文藝復興」。東洋社會在十、十一世紀的宋代即發生文藝復興的現象，宋代社會經濟的躍進，都市的發達和知識的普及，都與歐洲文藝復興有並行同位的發展。宮崎市定在其所著〈東洋のルネサンスと西洋のルネサンス〉❽一文中，從哲學、文學、印刷術、科學發達、藝術發達的現象，說明東西文藝復興都具有復古、創造、進步和文化普及的精神。宋儒於新儒學的構築，古文家的古文復興和反映都市經濟生

---

❼ 宮崎市定〈東洋的近世〉，東京：平凡社，東洋文庫版，1989 年 9 月，頁 281-282。

❽ 收載於《宮崎市定全集》第 19 卷，東京：岩波書店，1992 年 8 月。

活之講唱文學的盛行，是繼承傳統的開新，火藥、羅盤的發明則意味著自然科學的進步，南北畫的大成，遠近構圖的技法不但是中國山水畫的基礎，也為東西繪畫創作所祖述。至於尤其象徵文藝復興初期階段的印刷術，在宋代即高度的發達，不但中國境內漢籍出版文化事業發達，傳播朝鮮、日本，促進朝鮮版和和刻本的刊行而形成東亞文化圈。分析東西文藝復興的文化表象，既有繼承發展的復古，又有科學理性和進步突破的創造，此乃是文藝復興的精神所在。❾

　　若以宮崎市定所論文藝復興的精神，作為構築環中國海港市文化的取向，則其具體的要素或為再生、融合、建構。

---

❾　《東洋的近世》，東京：教育タイムス社，1950 年 11 月。其後，先後收載於《アジア論考》，東京：朝日新聞社，1976 年 1 月，《東洋における素樸主義の民族と文明主義の社會》，東京：平凡社，東洋文庫 508，1989 年 9 月，《宮崎市定全集 2　東洋史》，東京：岩波書店，1992 年 3 月。有關東洋的文藝復興的論述，見於所著〈東洋のルネサンスと西洋のルネサンス〉，《史林》25 卷 4 號，26 卷 1 號，1940 年 11 月，1941 年 1 月。其後，先後收錄於《アジア史研究》第二，《東洋史研究叢刊 4》，東洋史研究會，1959 年 8 月，《宮崎市定全集 19　東西交涉》，東京：岩波書店，1992 年 8 月。至於「文化科學」一詞，則見於《東洋における素樸主義の民族と文明主義の社會》，《宮崎市定全集 2　東洋史》，東京：岩波書店，1992 年 3 月，頁 124-129。

三、構築環中國海港市文化的要素

再生：長崎さるく（長崎散策）→文化主體性

「さるく」是長崎方言，意謂「散策」，「長崎さるく」即長崎散策。平成 18 年（2006 年）4 月 1 日長崎市舉辦「日本首創步行城市博覽會長崎さるく博'06」（長崎散策博覽會'06），為期 212 天。旨在以觀光客與市民交流的新型式改變長崎的形象，進而發展長崎的觀光事業。翌年（2007 年），4 月 1 日，實施「長崎さるく」（長崎散策），除了推出「オーダーさるく」（預約導覽散策）、「修學旅行向けのさるく」（畢業旅行導覽散策），持續吸引觀光客來遊以外，更企畫「長崎遊さるく」（長崎遊散策）、「長崎通さるく」（長崎通散策）、「長崎學さるく」（長崎學散策），旨在加強市民理解長崎自近世至迄近代初期所形成的「和華蘭」的風土，即通過對長崎融合日本、中國、荷蘭異國風情的歷史文化之理解，進而根植市民熱愛鄉土的情懷。「長崎遊さるく」（長崎遊散策）共有 52 條路線，是根據長崎市繪製的地圖，案圖索記而悠遊散策。「長崎通さるく」（長崎通散策）是由導遊導覽的散策，共有 48 條路線，「長崎學さるく」（長崎學散策）是聽專家講解體驗而後深入探尋的散策，也有 48 條路線。❿如日本神社、唐人寺廟、西洋教堂等宗教信仰的巡禮，「丸山巡遊」是文人墨客風流冶遊的再現，三菱造船之近代產業軌跡的探訪，南蠻、唐船經濟貿易的史實考察，洋館

---

❿ 有關「長崎さるく」，參閱 http://www.saruku.info/。

住宅群、唐人屋敷和日本武家屋敷之史跡建築物的散策，原爆被害遺跡的悼念，以記取「原爆長崎」的教訓，訴求世界和平的念願，都是長崎特有的歷史風土。2009 年 5 月記念「安政開港」一百五十周年和配合 NHK「坂本龍馬」連續劇的播出，企畫「幕末編樂さるく」，悠遊幕末在長崎發生的「物語」，進而讓市民和遊客認識長崎的歷史文化。

在施行上，除了製作「長崎さるく」地圖，放置於車站、「觀光案內」（觀光服務處）、市政府等公眾場所，於路面電車（輕道）停車站設置「導覽圖」，以便於市民和旅客悠遊長崎外，又配合小學「綜合學習」的課程，於週末假日實施「長崎學さるく」（長崎學散策），體驗或再發現長崎的歷史文化，藉以繼承甚且創成長崎的文化主體性。

融合：文化的卓袱→折衷創成

「卓袱（しっぽく）❶」是長崎獨特的料理。在日本江戶鎖國時代，長崎是唯一對外開放的港口，中國人寄宿於日本家庭，將中國圓桌飲食的方式傳入，其後，又加上南蠻葡萄牙、荷蘭風味的料理和日本料理的特色，形成融合「和華蘭」的「卓袱料理」，主客圍著圓桌，不分公筷母匙而和樂的同飲共食。就文化意義而言，「卓袱料理」是折衷中國、日本和西洋的藝術性演出，具現長崎開放性文化的智慧結晶。換句話說，由個人「定食式」的飲食方式是「方」，圓桌共享美食是「圓」，化「方」為「圓」，再經過「受

---

❶ 「卓袱」是「桌布」，「しっぽく」是長崎的方言，語音源自安南。

容→選別→融合→創成」的徑路而創造新的文化，則是「文化卓袱」的特質。因此，會通東西，傳承慧命，開創融通的文化，或為構築環中國海港市文化的取徑。

連結：文化圈的創成→共有會通

媽祖信仰發祥於中國福建，近世以來，為中國沿海境內的華人和海外華僑所信仰。由於民間信仰的淵源流長，媽祖信仰不但保有中國文化主體性（identity），又為海外華僑及在地居民所信仰，形成民間信仰者的華人、華僑和環中國海居民的「共通表象」。換句話說，媽祖信仰所形成的「媽祖文化圈」＝「華僑文化圈」。而描繪點在於環中國海域媽祖信仰所在的「媽祖信仰地圖」，可以清楚的看出「媽祖文化圈」（＝「華僑文化圈」）與「漢字文化圈」、「儒教文化圈」是重疊的。漢字是近世環中國海域文化交流的共通媒介，儒教是近世以來環中國海域人格養成與價值取向的究極根源，媽祖信仰則是祈福禱祝以寄託心靈的所在，有宗教普世精神和建造和諧社會的終極理想。以漢字媒介、儒家思想、媽祖信仰為共通理念，或能建構環中國海文化圈。

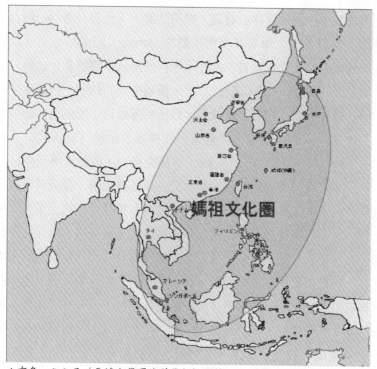

＊有島　こころ（長崎大學環境科學部）繪製

媽祖信仰地圖（媽祖文化圈）

　　日本文化之「受容→選別→融合→創成」的進路，或能作為融合而開新的事例。日本是縱身於黃海與東海的島國，就歷史文化的發展而言，到江戶時代的近世，大抵是中華文化的「受容」，明治維新以後到當代則是歐美文化的導入。但是日本在接受外來文化之際，始終有選別的近代化（modernistic）的精神，融合外來與固有文化而形成「日本的」主體性的二重構造和以形式承繼開展其傳統文

化內涵的「作用性保存」意義。換句話說,「受容→選別→融合→創成」是日本文化保有其文化主體性(identity)的進路,而「以外在形式保有文化外在實質」的作用保存則是日本傳統文化之所以能開新發展的所在。如平安時代以來,傳唱中國的詩歌,卻也產生日本的「俳句」和「短歌」。飲茶、書法和禪雖自中國傳入,卻衍生成日本東洋式的「茶道」「書道」和禪修。至於「成人式」「彼岸」(春秋祭掃)「御盆」(盂蘭會)等節慶祭祀,依然流傳至今日。

日本戰後經濟高度成長,儕身於世界經濟大國。探究其原因,蓋在於日本國民勤勉的民族性,敬業精神和集團意識的企業風土,合理的企業經營管理,明治維新以來精進的產業技術。唯「終身雇用」和「年功序列」則是戰後日本經濟快速發展和社會安定的根本所在。一旦就職,則盡己所能,終身效力於所屬企業機關,也隨服務年資而進昇加給,屆齡退休而配給退休年金,以安享老年而無後顧之憂。換句話說,「終身雇用」和「年功序列」所構築的是安定的勞動環境,故安土重遷,生於斯,長於斯而終老於斯,是老子「小國寡民⋯⋯安其居,樂其俗」(80章)之理想的再現。

綜上所述,「受容→選別→融合→創成」乃是日本文化形成的經緯,「受容」是文化新生萌芽的動力,「選別」是取捨判斷的近代化精神的要素,「融合」是文化主體性再生的動力,「創成」是繼往開來的時代使命。而日本東洋文化的創成則具現於「道」。日本的「茶道」「花道」等「道」有二層意義,一是「路」,即實踐工夫的方法論,一是「道」,即精神究極的境界論。各家流派體道的方法不同,看似繁文縟節,其實是由技進道,形器與神道兼修,「下學而上達」的體現。若日本文化形成的徑路足以為鑑,則日本

文化融通創成與實踐的徑路,將是構築環中國海文化的取向。

　　臺灣新儒家之傳承文化慧命而開創人文理想的時代使命或為構築環中國海文化圈的基底。臺灣地處東海之東南海隅的島嶼,就歷史文化的發展而言,「外來移殖」是臺灣文化的特徵,無論西荷的歐陸文化、明鄭滿清的禮教文化、日本的大和文化、戰後的中原文化與西洋文化都是隨著時代的推移而「外來」傳入臺灣的。臺灣歷來在接受外來文化時,雖不無「體用」的文化自覺,即使戰後臺灣有官方宰制性的儒學,民間宗教團體振興傳統文化的活動,對中國傳統文化和臺灣儒學繼承發展,作出了極大的貢獻,❷但是未必有鮮明地顯示出代表當時的「主體性」文化,因此「崇洋」「哈日」的風潮迭出於戰後臺灣的土地上。洞察臺灣文化之缺乏主體性與可能持續發展的所在,王邦雄先生強調以「鄉土情」的時代感受與「文化心」的文化認同,突破當前文化的困境,開出繼承性創新的進路。王邦雄先生說:民國以來新儒學的三大課題在探討天道性命、傳統與現代、中西文化的問題,但是面臨新的情勢,當代新儒學的課題應轉向「父子兩代的傳承問題、兩岸中國的統獨問題與男女兩性的互動問題。假如當代新儒學不再能對應這三大問題來進行思考,給出關懷,並尋求解答,儒學將失去主導文化走向的教化功能。」❸換句話說如何以返本開新的文化而開展新的人文化成是當前的急務,至於「鵝湖」師友以民間講學、社區大學的營造、社會

---

❷　鄭志明〈臺灣儒學本土化的發展方向〉,《第二屆臺灣儒學研究國際學術研討會論文集》,臺灣:成功大學,1999 年 12 月,頁 662。

❸　王邦雄先生〈追隨大師的腳步〉,《鵝湖雜誌》240 期的「鵝湖論壇」,臺北:鵝湖雜誌社,1995 年 6 月。

讀經而發揮主導社會文化走向的人文活動，未嘗不是以「臺灣經驗」建立當代「中華文化」主體性的進路。

中國於八十年代實施改革開放政策以來，經濟成長突飛猛進，特別是沿海地域集中大量勞工，吸引大量資金而成為「世界工場」的所在。二十一世紀初，與東南亞各國達成自由經濟貿易協議，加入世界貿易組織（WTO）以後，若能轉型為輸出與輸入均衡發展的經濟形態，中國或將成為「世界市場」，再加上南水北引而開發大西北、縱貫長江與黃河的 21 世紀巨大工程的完成，中國或有成為全球中心的可能。雖然如此，如果中國不以日本為殷鑑，日本現代的文化危機也將發生於中國，畢竟經濟優先、科技第一而文化其次的結果，人文教養將日趨微薄。更何況文化大革命以後，文化的主體性不顯，八十年代以來，由於經濟優先，科技第一的時潮盛行，相競於利益的追求，如何翻身致富是民眾的最大願望，因此利益是尚的價值取向遂成為當前中國社會的普遍現象。至於文化主體的覺醒與人文的關懷則未必是當代中國人的關心所在。就此情勢而言，以「鵝湖」為代表的臺灣新儒家之實踐社會教化的人文活動是中國文化起弊振衰的根本之道。

臺灣新儒家的學問性格大抵以學問的深化與經世濟民為宗尚，前者以中西思想文化的會通而建立圓融的學術思想體系，合理的詮釋中國的經典為極致，至於其新的發展進路則是哲學思想與社會科學領域融通的「應用倫理學」的探究。後者則是以圓熟的理解而深入淺出地講述中國思想文化於民間社會，或從根本著手而根植傳統文化的涵養，或以「富而好禮」為理想而推動讀經運動和社區大學人文講座，以提昇社會大眾之現代化文化素養的規畫。因此，鵝湖

師友以知識分子關心時代的情懷，並通過人文的活動，提昇大眾的素養，培育文化認同的共識，實現化民成俗之社會教化功能而建立的「鵝湖文化」則有「東亞的」文化復興的歷史意義與可持續發展的普遍性價值。因此鵝湖的人文活動不但是建構「文化中國」的理想模式，也是東亞儒教文化圈之維繫文化慧命的共通走向。

根據日本朝日新聞 2006 年 5 月 5 日的報導：中國社會感受到市場經濟的競爭中，道德觀低下的危機，儒家思想有力挽狂瀾的作用，於是南京、蘇州、山東等地出現了教授兒童或社會人士讀《四書》的教室，目前中國全國大約有五、六百萬兒童參加兒童讀四書班。至於北京也有企業為幹部開設儒家思想、道家思想和佛教的課程。北京的中國社會科學院於 2005 年 6 月設置「儒學研究中心」，各大學或研究機關也成立儒學研究的據點，進行古典研究，舉行有關儒家思想的研討會。2004 年，中國國務院推行「漢語橋工程」之文化「走出去」政策，預定與世界各國學術機構進行交流而設立一百所「孔子學院」，裨於二十一世紀的現代社會創造「富而好禮」之文化理念的新儒學。現代中國社會「儒教復權」的風潮，即意味著「文化中國」之理想模式的實現。若然，臺灣新儒家之架構和諧社會之人文精神，或是建構環中國海文化圈的根底。

四、構築環中國海港市文化的理念

環中國海諸國政治主權獨立自主，或山川阻障，或海洋相隔而保有自身的歷史文化和固有風土民情的國度。雖然如此，在歷史的發展中，又未嘗沒有由於漢字的使用，漢籍的流傳，儒教的傳播，

媽祖信仰的普及和經濟貿易的往來，❹而形成共生共通的文化經濟空間。因此，環中國海的港市都有其歷史文化，由於港市文化的再生，始能在繼承發展的基礎上，創成自身的主體性文化。而環中國海港市文化的構築是以異文化的交流為基底，因而必須兼備超越國界的融合性和相互理解的共通性。換句話說構築環中國海港市文化的理念，不是以自身主體性文化為中心的縱向支配，而是多元融合和相互理解為至極的橫向連攜。若然，則復古的再生、多元的融合、共有的構築是建構環中國海港市文化的理念，而主體性的確立、突破性的創出和文化圈的形成則是促成二十一世紀東亞文藝復興的動力。

---

❹ 環中國海經濟貿易圈和地域經濟交易圈，參小林多加士《海のアジア史》（東京：藤原書店，1998 年 6 月）所附的「アジアの循環交易路」和其所引浜下武士「インド‧東南アジア‧東アジア地域交易圈の相關」（《近代中國の國際的契機》，東京：東京大學出版會，1990 年）。二圖附載於文末。

臺灣儒學文化與
二十一世紀東亞文藝復興

關鍵詞 鵝湖文化 龍珠臺灣 文化中國 螺旋循環史觀 文化的卓祓 文藝復興

一、問題提起：臺灣於東亞文化經濟上的位置

　　思考「臺灣地位」的命題時，或許可以從歷史、文化、經濟地理的觀點來探討。宮崎市定（1901-1995）指出：宋代的經濟之所以到達空前的盛況，乃因為漢唐以來的陸路東西貿易依然熱絡，再加上海上絲路的興隆，大運河連結海陸絲路，因此宋代的中國成為當時世界經濟貿易的中心之一。從經濟的角度來通觀中國的歷史變遷，古代到中世是以內陸為中心的時代，宋代以後的近世是以運河地帶為中心的時代，清朝晚期則是以東南沿海為中心的時代。❶小

---

❶　宮崎市定《東洋的近世・中國近世の社會經濟》，《宮崎市定全集 2》，東京：岩波書店，1992 年 3 月，頁 157-159。

林多加士（1928-）於所著《海のアジア史》強調：近世期（AD1200-1800）的亞洲是海上貿易的全盛時期，在世界史的發展動向中，亞洲諸文明發展是由陸路到海路的變遷軌跡。❷日本於江戶時代（1603-1886）開放長崎為對外貿易的港口，荷蘭船、唐船、臺灣船、南蠻船薈集往來貿易。日本統治臺灣（1895-1945），則以臺灣為南進政策的據點。至於土著文化的面相，臺灣原住民的民俗文化則是南島文化的呈現。再就地理形勢而言，臺灣相當環中國海的中心位置。換句話說，臺灣是近世以來，環中國海海上絲路經濟文化交會的所在。

　　二十世紀九十年代，中國經濟起飛，由於外國資本與科技的引進，廉價勞工與中國經濟政策等因素，中國沿海地域成為「世界工廠」。邁入二十一世紀，中國經濟貿易的遠景和發展國策，在於連結華南、華東、渤海經濟圈的「點」而形成「環中國海經濟縱軸線」，西部大開發的完成而形成「中國經濟版圖」的「面」，再擴大到「華語經濟文化」的圈域，則形成大中國經濟圈，而進昇為「世界市場」。若然，以八十年代，臺灣創造「經濟奇蹟」的經驗作為中國經濟發展的模式，前瞻中國經濟巨龍的飛躍，描畫大中國經濟圈的地圖，則臺灣是龍珠，上海是龍頭，北京是龍心，西安則是龍尾。海陸絲路的連結再度重現，環中國海的經貿場域，或將是二十一世紀世界的中心。

---

❷　小林多加士《海のアジア史》，東京：藤原書店，1997 年 1 月，頁 31-33。

二、臺灣新儒家的文化傳承：文化中國的構築

　　當代的「鵝湖」是臺灣新儒學之人文活動的表徵。王邦雄先生說：「（鵝湖）朋友學問各有專長，也各有偏好，……大家聚在一起一自會有說不完的話，難得的是感情這麼融恰，誠可謂道並行而不相悖，雖殊途而亦同歸。問題在中國哲學的開展，中國文化的接續。……遂有創刊哲學性雜誌的構想，也為了這是中國與西方，傳統與現代接通會合的園地，故以朱陸會面論學之地的「鵝湖」為名，一者紀念前賢盛事，二者藉以警擴自勉。❸二十多年來，《鵝湖》所代表的新儒家的活動，是以牟宗三先生所說的：以「大情感」恢弘吾人之生命，展露價值之源與生命之源；以「大理解」疏導問題之何所是與其解答之道路❹的文化認同與存在感受，作為安身立命的價值根源，又自覺地以繼承往聖先哲慧命的歷史意識與對傳統文化的繼承發展為主體，進而以「究天人之際」的天道性命問題，「通古今之變」的傳統和現代化問題和解決中西文化問題之「成一家之言」為學術研究的終極理想。在此文化認同與存在感受的時代使命下，鵝湖的師友致力於中西學術文化的會通與人文化成之社會教化的實踐。以歐美的思想體系詮釋中國的經典之學院式的研究，固然有助於思想脈絡的釐析，而應用倫理學的開展以與社會科學的結合，則是學院性研究的進路。至於民間講學的施行、讀經運動的提倡與社區大學的營造，則具體的發揮其社會關懷、文化省思的功

---

❸　王邦雄先生〈「鵝湖」心路七年〉，《鵝湖》85 期，1982 年 7 月。

❹　牟宗三先生《五十自述》，臺北：鵝湖出版社，1989 年 1 月，頁 129。

能,顯著地表現其存在認同、文化認同與秩序認同的究極理想。畢竟在校園講壇的傳授,雖然是薪火相傳,培養人才,以固邦本的大業;但是學術走向社會,以哲學的思考探究人生問題,提供人文的省思,使民眾涵養文化共同體的認同歸屬,其社會教化之機能實踐的歷史意義就更為深遠了。王邦雄先生以人文化成的哲學慧命,心靈虛用的生命理境,為傳統文化立心,通過新儒家深入淺出的古典新詮釋,臺灣人文教養的新生泉源逐漸根植於民間,儒學也發揮其主導文化走向的教化功能。至於社區大學的主旨則在涵養現代公民的素養,袁保新於〈現代公民素養學程計劃書〉說:社區大學是當前以臺北為中心之臺灣文化在向邁「市民社會」(civil society)的過程中,以「人性自覺」為主題,從真實問題出發,而以現代公民的能力與素養的提升為目標。亦即以獨立自主且具有批判性思惟的健全人格和具有人文素養而提升都會生活的品質為宗旨,提高現代公民的生活品質與人文素養,進而促成「社區總體營造」之公民社會的建構。❺而臺灣的讀經運動在王財貴的策畫下,先由兒童讀經開始展開,至 1998 年 12 月既已超過一百萬的學童參加讀經的活動。其後則推廣至臺灣的社會,進而及於世界華人社會。王財貴說:持續發展此具有普及力的活動,不但能提昇教育的品質,更能底定民族歷史文化之傳承與重建的基礎。❻換句話說,由於讀經風氣的形

---

❺ 有關臺灣儒學現代化的問題,參連清吉〈就中日儒學的因革論臺灣儒學現代化的取向〉,《臺灣儒學與現代生活國際學術研討會論文集》,臺北:臺灣學生書局,2000 年 12 月,頁 257-277。

❻ 王財貴〈臺灣的讀經運動〉,第三屆大學通識教育國際研討會「大學通識教育中的中國文化經典」,1998 年。

成，儒學文化普及於華人世界的各個階層，進而根植傳統文化的素養於人心，藉以化民成俗，深遠流傳中華文化的慧命。

三、二十一世紀中國的新動向

中國於八十年代實施改革開放政策以來，經濟成長突飛猛進，特別是沿海地域集中大量勞工，吸引大量資金而成為「世界工場」的所在。二十一世紀初，與東南亞各國達成自由經濟貿易協議，加入世界貿易組織（WTO）以後，若能轉型為輸出與輸入均衡發展的經濟形態，中國或將成為「世界市場」，再加上南水北引而開發大西北、縱貫長江與黃河的二十一世紀巨大工程的完成，中國或有成為全球中心的可能。雖然如此，如果中國不以日本為殷鑑，日本現代的文化危機也將發生於中國，畢竟經濟優先、科技第一而文化其次的結果，人文教養將日趨微薄。更何況文化大革命以後，文化的主體性不顯，八十年代以來，由於經濟優先，科技第一的時潮盛行，相競於利益的追求，如何翻身致富是民眾的最大願望，因此利益是尚的價值取向遂成為當前中國社會的普遍現象。至於文化主體的覺醒與人文的關懷則未必是中國人的關心所在。但是 21 世紀初期，則有了轉變。根據日本朝日新聞二〇〇六年五月五日的報導：中國社會感受到市場經濟的競爭中，道德觀低下的危機，儒家思想有力挽狂瀾的作用，於是南京、蘇州等地出現了教授兒童或社會人士讀《四書》的教室，目前中國全國大約有五、六百萬兒童參加兒童讀四書班。至於北京也有企業為幹部開設儒家思想、道家思想和佛教的課程。北京的中國社會科學院於二〇〇五年六月設置「儒學

研究中心」，各大學或研究機關也成立儒學研究的據點，進行古典研究，舉行有關儒家思想的研討會。二〇〇四年，中國國務院推行「漢語橋工程」之文化「走出去」政策，預定與世界各國學術機構進行交流而設立一百所「孔子學院」，禅於二十一世紀的現代社會創造「富而好禮」之文化理念的新儒學。現代中國社會「儒教復權」的風潮，即意味著「文化中國」❼之理想模式的實現。

就此情勢而言，「鵝湖」之實踐社會教化的人文活動則實現文化中國的理想模式。鵝湖師友的學問性格大抵以學問的深化與經世濟民為宗尚，前者以中西思想文化的會通而建立圓融的學術思想體系，合理的詮釋中國的經典為極致，至於其新的發展進路則是哲學思想與社會科學領域融通的「應用倫理學」的探究。後者則是以圓熟的理解而深入淺出地講述中國思想文化於民間社會，或從根本著手而根植傳統文化的涵養，或以「富而好禮」為理想而推動提昇社會大眾之現代化文化素養的規畫。王邦雄先生與曾昭旭先生既授業於大學，又致力於民間講學，二位先生除發揮古典的新義與其現代的意義而傳授文化的慧命外，曾昭旭先生又於現代的男女兩姓問題有慧見切論，王邦雄先生則以生命的智慧與時代的感受剖析人生的問題。換句話說，王、曾二先生的講學是「向生活說話」的人文活動，通過民間社會的講學，使人人身上都有一部經典，以養人生的

---

❼ 「文化中國」一詞見於王邦雄先生〈鄉土臺灣與文化中國〉，臺北：聯合報，1996 年 3 月 21 日，其後收入《在家·出家與回家》，臺北：九歌出版社，1999 年 1 月，頁 83-89，傅偉勳《「文化中國」與中國文化》，臺北：東大圖書公司，1988 年；杜維明〈「文化中國」初探〉，《九十年代》245 期，1990 年。

智慧，不但使當代人的心靈能有理想的歸鄉，民族的文化慧也得以持續發展。袁保新以人文教養、生活趣味、社會資訊、生活常識等分野為主軸而規畫社區大學運作，使現代的社會大眾於豐衣足食的同時，也能具有現代社會人基本應有的文化教養，進而得到精神上的優遊自在。王財貴推行閱讀中國經典的風氣，從兒童讀經到社會讀經到有華人處皆能讀經根植古典的基石，進而維繫傳統文化的命脈。換句話說鵝湖師友以知識分子關心時代的情懷，並通過人文的活動，提昇大眾的素養，培育文化認同的共識，實現化民成俗之社會教化功能而建立的「鵝湖文化」則有復興中華文化的歷史意義與可持續發展的普遍性價值。

四、臺灣之所以為龍珠的理論根據

㈠以「螺旋循環」說「鵝湖文化」是維繫中華文化慧命的理想模式

　　文化的橫向傳播是一種中心向四方擴散與周邊向中心回流的螺旋式循環❽。東亞文化的中心源頭在黃河流域，於黃河流域所形成

---

❽　內藤湖南〈學變臆說〉說：文化傳播的路徑不是直線的，而是螺旋狀的循環。（《淚珠唾珠》所收，《內藤湖南全集》第 1 卷，東京：筑摩書房，1996 年 1 月）。至於以內藤湖南的「螺旋史觀」探究東亞文化發展的軌跡，則有連清吉的〈以內藤湖南的螺旋循環史觀論近世以來中日文化傳播的軌跡〉，《慶祝莆田黃錦鋐教授八秩日本町田三郎教授七秩嵩壽論文集》，臺北：文史哲出版社，2001 年 6 月，頁 339-355。

的文化隨著時代的推移而向四方周邊發展，周邊地區受到中原文化的影響而產生文化的自覺，進而融合本有文化的雛型與中原的文化以形成自身的文化，其後，邊陲文化隨著政治形勢的消長或文化發展等因素而傳入中原。就歷史發展與地理形勢而言，中國大陸是中心而臺灣是邊陲。唯文化的中心乃隨著時代的推移與朝代的更迭等人文因素而有所轉移。一般而言，中國歷代的都城即是當時文化的中心，如秦漢大唐的長安，南朝的金陵，宋代的汴京、杭州，元明滿清的北京既是政治中心也是文化中心。但是內藤湖南（1866-1934）則主張元明以後的北京是人為的都城，只是政治中心而已，長江下流的揚州、南京、蘇杭依然是經濟文化的中心，為人文薈萃的首善之區。至於日本亦然，江戶時代以後，江戶（東京）固然是幕府發號施令的政治中心而經濟文化的中心則在大阪與京都所在的關西。❾換句話說時代的中心並非唯一，政治與經濟、文化的中心或在異地別處。綜觀今日中國的情勢，北京是政治的中心，上海位於東亞經濟縱軸線的中心，是環中國海地區的樞紐，但是就近代文化的發展而言，戰後五十年，臺灣致力於傳統文化的維繫與中西文化的會通，中國大陸則由於「反傳統」「破四舊」「文化大革命」而停滯了文化的發展，到了二十一世紀初期，才有「儒教復權」，建立和諧社會理想的提出。因此臺灣的近代化文化則先進於當前的中國大陸。至於鵝湖師友之民間講學、提昇市民文化、落實學童中國古典涵養的人文活動，則是建構「文化中國」的理想模式，維繫

---

❾ 內藤湖南的「文明中心轉移說」見其所著《近世文學史論·序論》，收載於《內藤湖南全集》第一卷，東京：筑摩書房，1970 年 9 月，頁 19-23。

中華文化圈之文化慧命的共通走向。換句話說臺灣是維繫中華文化道統的所在，尤其是以文化認同與人文化成而實踐社會教化功能為極致的鵝湖文化或為建構「文化中國」的理想模式。

(二)以「文化卓袱」定位臺灣儒學

　　「卓袱（しっぽく）❿」是長崎獨特的料理。在日本江戶鎖國時代，長崎是唯一對外開放的港口，中國人寄宿於日本家庭，將中國圓桌飲食的方式傳入，其後，又加上南蠻葡萄牙、荷蘭風味的料理和日本料理的特色，形成融合「和華蘭」的「卓袱料理」，主客圍著圓桌，不分公筷母匙而和樂的同飲共食。就文化意義而言，「卓袱料理」是折衷中國、日本和西洋的藝術性演出，具現長崎開放性文化的智慧結晶。換句話說，「受容→選別→融合→創成」是「文化卓袱」的特質。鵝湖師友致力於中西文化的會通，傳承中國文化的慧命，開創現代儒學的新進程，是融通創新的文化體現。

　　臺灣地處東海之東南海隅的島嶼，就歷史文化的發展而言，「外來移殖」是臺灣文化的特徵，無論西荷的歐陸文化、明鄭滿清的禮教文化、日本的大和文化、戰後的中原文化與西洋文化都是隨著時代的推移而「外來」傳入臺灣的。而臺灣歷來在接受外來文化時，雖不無「體用」的文化自覺，即使戰後臺灣有官方宰制性的儒學，民間宗教團體振興傳統文化的活動，對中國傳統文化和臺灣儒學繼承發展，作出了極大的貢獻，❶但是未必有鮮明地顯示出代表

---

❿　「卓袱」是「桌布」，「しっぽく」是長崎的方言，語音源自安南。

❶　鄭志明〈臺灣儒學本土化的發展方向〉，《第二屆臺灣儒學研究國際學術研

當時的「主體性」文化，因此「崇洋」「哈日」的風潮迭出於戰後
臺灣的土地上。洞察臺灣文化之缺乏主體性與可能持續發展的所
在，王邦雄先生強調以「鄉土情」的時代感受與「文化心」的文化
認同，突破當前文化的困境，開出繼承性創新的進路。王邦雄先生
說：民國以來新儒學的三大課題在探討天道性命、傳統與現代、中
西文化的問題，但是面臨新的情勢，當代新儒學的課題應轉向「父
子兩代的傳承問題、兩岸中國的統獨問題與男女兩性的互動問題。
假如當代新儒學不再能對應這三大問題來進行思考，給出關懷，並
尋求解答，儒學將失去主導文化走向的教化功能。」⑫換句話說如
何以返本開新的文化而開展新的人文化成是當前的急務，至於「鵝
湖」師友以民間講學、社區大學的營造、社會讀經而發揮主導社會
文化走向的人文活動，未嘗不是以「臺灣經驗」建立當代「中華文
化」主體性的進路。

五、創成二十一世紀東亞文藝復興 是臺灣儒學的新取向

宮崎市定（1901-1995）說：文藝復興（Renaissance）是中世轉向近
世的關鍵，卻未必只是西洋史上畫時代的事件。就「文藝復興」的
文化現象和精神而言，世界史上先後出現三次文藝復興，首先是八

討會論文集》，頁 662，臺灣：成功大學，1999 年 12 月。
⑫　王邦雄先生〈追隨大師的腳步〉，《鵝湖》240 期的「鵝湖論壇」，1995 年
　　6 月。

世紀在西亞發生,其次是十世紀的中國宋代,最後是十四到十六世紀的歐洲。換句話說文藝復興是東西共通的文化現象。其於所著《東洋的近世》一書首先說明東洋近世史的意義,其次敘述經由陸、海絲路的東西交流及由於大運河之連結陸、海絲路,宋代的中國乃成為東西經濟貿易要津。又由於政治的安定、經濟景氣的飛躍和知識階層的文化自覺而形成「中國的文藝復興」。

宮崎市定說:文藝復興的文化現象是思想文學的復古,印刷術的更新而文化普及,藝術的輝煌燦爛,科學技術的進步而創造新的世界局勢。歐洲於思想、文學的復古,在於羅馬、希臘古典文化的回歸與拉丁文或方言的使用,以活版印刷術而將思想部文化普及於民間。彫刻和繪畫的藝術創造,是千古不朽的文化遺產。以火藥開採鑛產,羅盤運用於航海,而促進產業革命和海上絲路的流暢。進而以科學為機軸而發展理性的「文化科學」,自然科學促進文明生活的發展,文化科學則構築人文與科技調和的社會,開創歷史的新紀元。至於中國的思想復興,則是對抗佛教而主張新儒學,相對於漢唐注疏而提出義理之學。文學復興則是古文運動和講談演義的盛行。木版印刷的發明,書籍廣布流傳,振興學術,知識階層遂成為社會的中堅。而南畫的大成,特別是山水畫的遠近構圖手法,不但是東方繪畫的特徵,也是西洋文藝復興時期,於繪畫構圖的空間設計上,參照取法的所在。分析東西文藝復興的文化表象,既有繼承發展的復古,又有科學理性和進步突破的創造,此乃是文藝復興的精神所在。⑬

---

⑬　《東洋的近世》,東京:教育タイムス社,1950 年 11 月。其後,先後收載

　　若以文藝復興的文化現象來考察日本的學術文化，江戶時代（1603-1886）以宋代理學取代中世的佛學，元祿年間（1688-1704）伊藤仁齋（1627-1705）批判朱子學未必能體得孔孟的真義，主張回歸原典而提倡古義學，則是思想的復古。荻生徂徠（1666-1728）脫胎於王世貞、李攀龍「文必秦漢，詩必盛唐」的「古文辭學」，提出思想的「古文辭學」，主張詩文創作，文藝思潮風行一時，乃是文學的復古。其又強調日本江戶通行的「漢文訓讀」不如長崎唐通事以日語標注漢籍的「崎陽學」，而「俚諺抄」即口語式的「國字解」，方有助益於庶民文化水準的提昇，則是言語的復古。至於漢籍傳入而翻刻成和刻本，更促進文化的普及。浮世繪的畫風影響西洋印象畫的創造，則是藝術的結晶。西洋醫學傳入而形成「蘭學」，促進日本傳統醫學的發展，則是科學的進步。就漢學與國字解的復古，藝術創造與醫學的進步而言，日本近世也是文藝復興的時代。唯日本近世文化除了具有文藝復興的復古與創造的精神之外，其接受中西外來文化，選別適合日本風土的要素，融合固有文

於《アジア論考》，東京：朝日新聞社，1976 年 1 月，《東洋における素樸主義の民族と文明主義の社會》，東京：平凡社，東洋文庫 508，1989 年 9月，《宮崎市定全集 2　東洋史》，東京：岩波書店，1992 年 3 月。有關東洋的文藝復興的論述，見於所著〈東洋のルネサンスと西洋のルネサンス〉，《史林》25 卷 4 號，26 卷 1 號，1940 年 11 月，1941 年 1 月。其後，先後收錄於《アジア史研究》第二，《東洋史研究叢刊 4》，東洋史研究會，1959 年 8 月，《宮崎市定全集 19　東西交涉》，東京：岩波書店，1992年 8 月。至於「文化科學」一詞，則見於《東洋における素樸主義の民族と文明主義の社會》，《宮崎市定全集 2　東洋史》，東京：岩波書店，1992年 3 月，頁 124-129。

化，而創成具有日本東洋文化特質的進程，或許是開展新世紀文藝復興的取徑。如日本庭園「石橋、溪流、借景」的構圖雖取法於中國，但是建造於平安時代宇治平等院的庭池象徵極樂世界的淨土，鎌倉時代以來的庭園，如京都龍安寺方丈石庭的枯山水是禪趣境界，乃僧侶修道的場所。江戶時代的大名庭園是貴族遊心的空間，近代庭園融合西洋寬敞開放的設計而展現人與自然一體的心象風景，則是日本東洋庭園的文化。特別是近世庭園的藝術性不但是日本庭園文化的極致，也是日本近世文藝復興的象徵。德川幕府的江戶（即今日的東京）庭園是與都市生活結合的產物，人口一百三十萬，庭園則有千家以上，不但有大名庭園，如後樂園、六義園，也有庶民閒暇的場所，如龜戶天神的庭園。各個庭園是賞心悅目的所在，江戶全體即是「庭園都市」（garden city）的景觀，形成江戶名所百景。至於千利休的「茶庭園」的靜寂，是超越境界的心靈歸鄉，其抽象法式的空間設計，是日本獨創性的藝術表現。島根足立美術館的庭園將日本近世山水畫再現，又巧妙設計大小壁窗借景室外庭園景觀，創造「活生靈動」的山水畫，不但是日本古今庭園的集大成，也是現代思惟的藝術結晶。❹

---

❹　日本庭園的敘述，取材自「日本庭の物語—江戶大名庭園から未來の庭へ—」，日本 NHK Bshi 2009 年 1 月 4 日，8：00-9：50。至於日本庭園的論著，則有白幡洋三郎《大名の庭園：江戶の饗宴》，東京：講談社，1997 年。金子裕之《古代庭園の思想：神仙世界への憧憬》，東京：角川書店，2002 年。枡野俊明《夢窗疎石　日本庭園を極めた禪僧》，2005 年 4 月，東京：日本放送出版協會出版。進士五十八《日本庭園：造景の技とこころ》，東京：中公新書，2005 年 8 月。

　　日本戰後經濟高度成長，儕身於世界經濟大國。探究其原因，蓋在於日本國民勤勉的民族性，敬業精神和集團意識的企業風土，合理的企業經營管理，明治維新以來精進的產業技術。唯「終身雇用」和「年功序列」則是戰後日本經濟快速發展和社會安定的根本所在。一旦就職，則盡己所能，終身效力於所屬企業機關，也隨服務年資而進昇加給，屆齡退休而配給退休年金，以安享老年而無後顧之憂。換句話說，「終身雇用」和「年功序列」所構築的是安定的勞動環境，故安土重遷，生於斯，長於斯而終老於斯，是老子「小國寡民……安其居，樂其俗」之理想的再現。

　　綜上所述，日本文化形成的徑路是「受容→選別→融合→創成」，「受容」是文化新生萌芽的動力，「選別」是取捨判斷的近代化精神的要素，「融合」是文化主體性再生的動力，「創成」是繼往開來的時代使命。而日本東洋文化的創成則具現於「道」。日本的「茶道」「花道」等「道」有二層意義，一是「路」，即實踐工夫的方法論，一是「道」，即精神究極的境界論。各家流派體道的方法不同，看似繁文縟節，其實是由技進道，形器與神道兼修，「下學而上達」的體現。若日本於文化創成與實踐的徑路足以為鑑，則如何以臺灣新儒家的文化活動和時代感受為基底，構築大中華文化圈，進而創成二十一世紀東亞的文藝復興，則是臺灣儒學發展的新取向。

原載刊物一覽

京都中國學派的二祖三宗
　　未刊
狩野直喜：京都中國學的創始者
　　2009 年 10 月　第七屆漢代文學與思想國際學術研討會論文集
　　（政治大學）
內藤湖南：日本近代文化史學家
　　2001 年 12 月　笠征教授華甲紀念論文集（臺灣學生書局）
武內義雄：日本近代諸子學的先驅
　　2008 年 3 月　鵝湖雜誌 393 期（臺灣）
宮崎市定：日本東洋史學的巨峰
　　2006 年 8 月　古典文獻的考證與詮釋（臺灣學生書局）
吉川幸次郎：日本近代中國文學的泰斗
　　2003 年 6 月　杜甫與唐宋詩學國際學術研討會論文集（里仁
　　書店）
　　2004 年 7 月　文學與美學第七集（文史哲出版社）
京都中國學的特質
　　2006 年 4 月　漢學研究回顧與展望國際會議論文集（臺灣師
　　範大學）
念眉師
　　未刊
京都中國學者的時空座標論

　　2009 年第五屆環中國海國際漢學研討會論文集（淡江大學）

章學誠與內藤湖南

　　2005 年 2 月　章學誠研究論叢（臺灣學生書局）

神田喜一郎的《敦煌學五十年》

　　1997 年 4 月　第一屆臺灣儒學研究國際學術研討會論文集
　　（成功大學）

近代中日學者的文化交流—以董康「書舶庸譚」的載記為例—

　　1989 年 6 月　中外關係史國際學術研討會論文集—思想與文
　　物交流—（淡江大學）

日本近代的文化維新主義

　　2009 年 3 月　文學視域（臺灣學生書局）

環中國海港都文化的構築

　　2009 年 4 月　北京師範大學國際聯合學院講演稿

臺灣儒學文化與二十一世紀東亞文藝復興

　　2009 年 9 月　中國文化與世界——文化宣言五十週年紀念論
　　文集（臺灣中央大學儒學研究中心）

國家圖書館出版品預行編目資料

日本京都中國學與東亞文化

連清吉著. – 初版. – 臺北市：臺灣學生，2010.04
面；公分

ISBN 978-957-15-1492-5 (精裝)
ISBN 978-957-15-1491-8 (平裝)

1. 中國學 2. 漢學 3. 日本

033.1   99003154

日本京都中國學與東亞文化（全一冊）

著　作　者：連　　　清　　　吉
出　版　者：臺 灣 學 生 書 局 有 限 公 司
發　行　人：孫　　　善　　　治
發　行　所：臺 灣 學 生 書 局 有 限 公 司
　　　　　　臺北市和平東路一段七十五巷十一號
　　　　　　郵 政 劃 撥 帳 號 ： 0 0 0 2 4 6 6 8
　　　　　　電　話　：（0 2）2 3 9 2 8 1 8 5
　　　　　　傳　眞　：（0 2）2 3 9 2 8 1 0 5
　　　　　　E-mail：student.book@msa.hinet.net
　　　　　　http：//www.studentbooks.com.tw

本書局登
記證字號　：行政院新聞局局版北市業字第玖捌壹號

印　刷　所：長 欣 印 刷 企 業 社
　　　　　　中和市永和路三六三巷四二號
　　　　　　電　話　：（0 2）2 2 2 6 8 8 5 3

定價：　精裝新臺幣四六〇元
　　　　平裝新臺幣三六〇元

西 元 二 〇 一 〇 年 四 月 初 版

臺灣 學生書局 出版
日本漢學叢刊

臺灣 **學生書局** 出版

國學研究叢書

臺灣 **學生書局** 出版

文獻與詮釋研究論叢

臺灣學生書局 出版

文獻學研究叢刊

臺灣 學生書局 出版

中國文學研究叢刊